Informatik-Fachberichte

Herausgegeben von W. Brauer
im Auftrag der Gesellschaft für Informatik (GI)

46

Organisation und Betrieb von Rechenzentren

Fachgespräch der GI
Erlangen, 12./13. März 1981

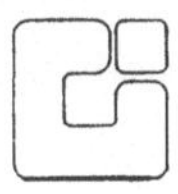

Herausgegeben von F. Wolf

Springer-Verlag Berlin Heidelberg GmbH 1981

Herausgeber

Franz Wolf
Friedrich-Alexander-Universität Erlangen-Nürnberg
Regionales Rechenzentrum Erlangen
Martensstraße 1, 8520 Erlangen

AMS Subject Classifications (1979): 68-02
CR Subject Classifications (1979): 2.4

CIP-Kurztitelaufnahme der Deutschen Bibliothek
Organisation und Betrieb von Rechenzentren:
Fachgespräch d. GI, Erlangen, 12./13. März 1981 / hrsg. von F. Wolf. –
Berlin; Heidelberg; New York: Springer, 1981.
(Informatik-Fachberichte; Bd. 46)

ISBN 978-3-540-10831-3   ISBN 978-3-642-46438-6 (eBook)
DOI 10.1007/978-3-642-46438-6

NE: Wolf, Franz [Hrsg.]; Gesellschaft für Informatik; GT

2145/3140 – 5 4 3 2 1 0

<u>**Vorwort**</u>

Dieser Band enthält die Vorträge, die anlässlich des Fachgesprächs
der Gesellschaft für Informatik über "Organisation und Betrieb von
Rechenzentren" am 12. und 13. März 1981 in Erlangen gehalten wurden.
Das Fachgespräch wurde vom GI-Fachausschuss 3/4 (Rechnerorganisation
und Betriebssysteme) veranstaltet und vom Regionalen Rechenzentrum
Erlangen durchgeführt. Es war dies bereits die vierte Veranstaltung,
die sich mit diesem Themenkreis beschäftigte; vorausgegangen sind
Workshops 1975 in Karlsruhe, 1977 in Göttingen und 1979 in Bonn im
Rahmen der GI-Jahrestagung (siehe Informatik-Fachberichte Band 2, 15
und 19).

Das Fachgespräch wandte sich an Fachleute der Datenverarbeitung, an
Mitarbeiter von Rechenzentren aus Wirtschaft, Verwaltung und Wissen-
schaft, um moderne Lösungen der organisatorischen und technischen
Probleme des Rechenzentrumsbetriebes zu diskutieren. Der Workshop
war mit ca. 200 Teilnehmern (48 % aus dem wissenschaftlichen Be-
reich, 41 % aus der freien Wirtschaft, und 11 % aus der öffentlichen
Verwaltung) recht gut besucht und bot die Möglichkeit zu einem
Austausch von Erfahrungen zwischen Rechenzentren ganz verschiedener
Aufgabenstellung und Betriebsweise.

Dem Programmausschuss gehörten an:

Helmut Grohmann, Leiter des IBM-Rechenzentrums Stuttgart

Dr. Erich Jasper, Direktor des Regionalen Hochschulrechen-
    zentrums Bonn

Dipl.-Ing. Franz-Otto Retzke, Leiter des Rechenzentrums für
    Systemsoftware Kundendienst, Siemens AG München

Prof. Dr. Dietrich Seibt, Fachbereich Wirtschaftswissenschaften
    der Universität Essen

Stefan v. Ungern-Sternberg, Bereichsleiter Technik, DATEV e.G.
    Nürnberg

Dr. Franz Wolf, Leiter des Regionalen Rechenzentrums Erlangen

Die Vorträge des Workshops konzentrierten sich in dem weiten Feld der Fragen, die sich aus der Organisation und dem Betrieb von Rechenzentren ergeben, auf folgende Themenkreise:

Datensicherung und Katastrophenvorsorge
Kapazitätsplanung
Verteilte Datenverarbeitung
Verwaltung und Forschung
Betriebsablauf

Die Beiträge kamen aus verschiedenen Branchen der Wirtschaft, aus Verwaltungseinrichtungen der öffentlichen Hand, sowie von Forschungsinstituten und Hochschulrechenzentren. Neben theoretischen Ansätzen standen insbesondere praktische Erfahrungen mit den angesprochenen Themenkreisen im Vordergrund.

Die abendliche Diskussion - die traditiongemäss beim gemeinsamen Abendessen stattfand - stand unter dem Thema: Auswirkungen der organisatorischen und technischen Entwicklungstendenzen auf Grossrechenzentren. Eine kurze Zusammenfassung ist ebenfalls in diesem Band enthalten.

An dieser Stelle möchte ich allen danken, die zum guten Gelingen des Fachgesprächs beigetragen haben, den Vortragenden, die sich der Mühe unterzogen haben, ihre praktischen Erfahrungen so aufzubereiten, dass sie anderen als Anregungen dienen konnten, und die durch die Qualität ihrer Beiträge den Erfolg massgeblich bestimmt haben, den Sitzungsleitern und dem Leiter der abendlichen Diskussion für die Einführungen und Moderation der Diskussionsbeiträge und Fragen. Der Friedrich-Alexander-Universität Erlangen-Nürnberg danke ich für ihre Unterstützung, insbesondere für die Bereitstellung der Tagungsräume, den Mitarbeitern des Regionalen Rechenzentrums Erlangen danke ich für ihre Einsatzbereitschaft bei der Vorbereitung und Durchführung des Fachgesprächs und für ihre Mitarbeit bei der Zusammenstellung dieses Bandes.

Erlangen, März 1981   F. Wolf

INHALTSVERZEICHNIS

Computergestützte Dokumentation des Datenschutzbeauftragten

Oldrich Sova
Kaufring e.G , Düsseldorf

1. Der Datenschutzbeauftragte und seine Dokumentation

Nur eine geringe Prozentzahl der Datenschutzbeauftragten (DSB) wurden in diese Funktion hauptamtlich bestellt /1/. Für die Mehrzahl der DSB, die diese Funktion nebenamtlich zu ihren bestehenden Aufgaben erfüllen müssen (Buchhalter, Organisatoren, Revisoren, EDV-Leiter u.ä.), hat die Berufung zusätzliche Arbeiten gebracht.

Die Pflichten des DSB bestehen nicht nur darin, die Bestimmungen des Bundesdatenschutzgesetzes (BDSG) einzuführen und durch stichprobenweise Kontrollen dafür zu sorgen, dass sie eingehalten werden, sondern auch in der alltäglichen Arbeit mit der Führung der Dokumentation verschiedener Art. Dazu gehören insbesondere:

- Dateienregister gemäss Paragraph 29.1 des BDSG.
- Übersicht über Datenverarbeitungsanlagen,
- Aufstellung über geplante und realisierte organisatorische und technische Massnahmen zum Datenschutz und zur Datensicherung.
- Richtlinien. Arbeitsanweisungen und deren Verzeichnis u ä.

2. Dokumentationsanforderungen

Jede Dokumentation die ihre Funktion erfüllen soll. hat ausser anderem folgende Anforderungen einzuhalten:

- Übersichtlichkeit (Struktur, Inhalt. Transparenz).
- Benutzerfreundlichkeit.
- Gliederungsmöglichkeit je nach dem Empfängerbereich.
- Wirtschaftlichkeit in der Erstellung und im Einsatz,
- Möglichkeit des schnellen Zugriffs und
- Anpassungs-, Erweiterungs- und Änderungsfreundlichkeit.

Darüberhinaus muss die Dokumentation der Situation entsprechend aktuell sein.

Um die Ergänzungen und Änderungen in die bestehende Dokumentation in der richtigen Reihenfolge bzw. an den richtigen Stellen aufnehmen zu können, ist es zu überlegen, mit welchen organisatorischen und technischen Bürohilfsmitteln der Datenschutzbeauftragte die Dokumentation herstellen und pflegen kann; einerseits ist die Transparenz und Übersichtlichkeit der Unterlagen zu gewährleisten, andererseits ist auf Wirtschaftlichkeit zu achten.

3. Formalisierung und Wartung der Dokumentation

Zur Führung der Dokumentation eignet sich als Hilfsmittel der Einsatz einer Textverarbeitungs- oder Datenverarbeitungsanlage, die einen dialogfähigen EDITOR hat. Je nach Intelligenz des EDITORS ist weitgehende Formalisierung des Textes ermöglicht, wie z.B.:

- Spalten- und Seitenbreite,

- Absatz- und Seitenlänge,

- Bündigkeit des Textes links, rechts bzw. Zentrierung in die Mitte,

- Zusammenhaltung der Absätze, Tabellen und Seiten,

- Wiederholung der Überschriften (Kopf und Fuss der Seite),

- Führen von senkrechten und waagrechten Linien mit verschiedenen Zeichen,

- Zeilen- und Seitennummerierung u.ä.

Ferner - und das ist gerade für den Änderungsdienst bei der Aktualisierung der Dokumentation von Wichtigkeit - ist es möglich, Zeichen, Zeichenketten, zeilen- oder seitenweise Einfügungen oder Löschungen durchzuführen.

Bei einem derartigen Verfahren bleibt die Systematik der Dokumentation gewahrt, die Unterlagen können ständig aktuell sein und die Pflege beansprucht bei hoher Transparenz einen minimalen Arbeitsaufwand, weil man bei Modifikationen nicht alles neu schreiben muss.

4. Beispiele der computergestützten Dokumentation des Datenschutzbeauftragten

Im KAUFRING e.G., Düsseldorf, werden z.B. die in Abb. 1 weiter aufgeführten Dokumentationsunterlagen für den Datenschutzbeauftragten maschinell geführt.

Dokumentation	Verarbeitungsmodus	Datenbestand	Änderungshäufigkeit	Aktualisierung
Dateiregister gemäß BDSG (siehe Abb. 2)	Stapelverarbeitung	130 Bereiche 700 Sätze 10000 Daten	Bei Änderungen der ORG-Struktur, bei Einführungen, Änderungen oder Löschungen der herkömmlichen Dateien mit personenbezogenen Daten	Aktualisierung: sofort bei Änderung, Herausgabe: 2x jährlich
Verzeichnis der EDV- Listen mit Angaben über a) Vertraulichkeitsgrad b) Verteiler/Übermittlung (siehe Abb. 3)	Stapelverarbeitung	300 Jobs 450 Sätze 5000 Daten	Bei Erstellung oder Änderung der Programme mit Listen-Herausgabe ∗)	Aktualisierung: bei Übergabe der Programmdokumentation im RZ, Herausgabe: in RZ je nach bedarf, sonst 2x jährlich
Übersicht der organisatorischen und technischen Maßnahmen (insb. § 6 BDSG) (siehe Abb. 4)	interaktiv unter IBM/TSO	11 Kapitel 80 Paragraphen 280 Absätze	Bei neuen Anschaffungen, Konfigurationsänderungen, Herausgabe von Richtlinien, Arbeitsanweisungen u.ä. ∗∗)	Aktualisierung: sofort bei Änderung Herausgabe: 2x jährlich

∗) Das Verzeichnis der EDV-Listen dient gleichzeitig der alltäglichen Arbeit des Rechenzentrums für die Arbeitsvorbereitung und die Job-Nachbearbeitung. Die Änderungshäufigkeit ist deshalb sehr hoch.

∗∗) Bei der Übersicht der Datenschutz- und Datensicherungsmaßnahmen kommen Änderungen zwar nicht so oft vor, aber die Durchführung mit herkömmlichen Büromitteln (Schreibmaschine, Fotokopien, und Seiten-Umtausch) ist sehr arbeitsaufwendig.

Abb. 1: Maschinell geführte Dokumentationsunterlagen für den DSB /2/

Das Dateienregister kann man nach den gespeicherten Begriffen sortieren und ausdrucken; z.B. kann man zusammenfassen:

- Dateien pro speichernde Stelle/Bereich,

- Dateien je nach Zulässigkeit. Zugriffsrecht. Auskunftsberechtigung, Übermittlung u.ä.

Einen Ausschnitt aus dem Dateienregister zeigt Abb. 2.

Die Herausgabe des Verzeichnisses der EDV-Listen erfolgt in folgenden Versionen:

- Sortierung und Gruppenwechsel nach Empfänger. bzw.

- Sortierung nach Programm und Auswertungsnummer.

Einen Ausschnitt aus dem Verzeichnis der EDV-Listen zeigt Abb. 3.

DATENSCHUTZ   DATEIEN-REGISTER LAUT BDSG   AUSW-NR 7197   DATUM 09 03 81   BLATT   91

DATEI / SCHLUESSEL	01	02	03	04	05	06	07-UEBERMITTLUNG	08-ZUGRIFF	08-AUSKUNFT	09	10	11-AUFBEW.	12	13	14	15	16
261010																	
L+G UEBERW.-BAND	DI	PS	DB	T002	P	EE	DRMK ▬▬▬▬▬	DS L+G,RZ		Z	AS	N	M02	V	01	M	M
261011																	
LOHNTUETE	B	PS	DE	T002	P	Z		DG L+G	AG RL.PERS.	Z	AT	N	J10	V			M
									AL LINIE								
261012																	
LOHNKONTO	B	PS	DE	T002	P	VV	DRMV KRANKENKASSE	DG L+G	AG R.L.PERS.	Z	AS	N	J10	V			M
							DRMV BFA.LVA		AV LINIE								
							DRJF ▬▬▬▬										

```
01 = DATEI-ART                07 = UEBERMITTLUNGEN AN DRITTE             13 = SCHRIFTLICHE VERNICHTUNGSVORSCHRIFTEN
02 = INHALTSBESCHREIBUNG      08 = ZUGRIFFSRECHT/AUSKUNFT                14 = DATEI-DUPLIKATE
03 = ENTSTEHUNG               09 = AUFBEWAHRUNGSORT                      15 = SICHERUNG
04 = UMFANG                   10 = SICHERHEITSMASSNAHMEN                 16 = AKTUALISIERUNG
05 = ZWECK UND ZIELE          11 = SCHRIFTLICHE AUFBEWAHRUNGSVORSCHRIFTEN
06 = ZULAESSIGKEIT            12 = AUFBEWAHRUNGSDAUER
```

Abb. 2: Ausschnitt aus dem Dateienregister /2/

PROGR-NR	AUSW-NR	AUSWERTUNGSNAME	DTS	ANZ	FORM NR.	INTER VAL	D R	KOSTENSCHL. ABT	VERR	BEARB.-ART			ANFORDERUNG/ EMPF./VERTL			WEITERL. AN		
KBE0650	720200	VK-MARKTWERTAUSW.ALLER KR-ART.		3	38	QU	V	110	100	D	D	D	315 HA R			V		
KBE0960	716400	DATEIENREGISTER LAUT BDSG		2	38	2J	N	251	001	A	A		251 251			KV		
KBU1239	707400	UNERL.LAGERRE.OHNE WE.ABRECH.		2	35	DE	N			A D	A		446 446			R	315	
KBU1239	707401	UNERL.LAGERRE.OHNE WE-ABRECH.		2	35	MO	N			A D	AD		446 446			R	315	
KBU1960	607600	IMPORTSTATISTIK ABT/LAND		3	35	MO	N	446	200	A	A	A	312 312 315			H	R	V
KBU1980	706100	IMPORTSTATISTIK LAND/ABT		3	35	MO	N	446	200	A	A	A	312 312 315			H	R	V
KBU3240	612200	INVENTARLISTE		2	38	NB	V	443	001	AD	AD		443 KV					
KDA0170	711102	TAGESBERICHT	S	14	27	TA	N	110	100	AF	AF	AF	V H R					
KDA0170	711104	TAGESBERICHT SUMMENBLAETTER	S	3	27	TA	N	110	100	AF	AF	AF	V R HA					
KLG0440	500500	GEHALTDISPOSITIONSLISTE	SD	1	38	MO	V	261	300	D			261			KV		
KLG0850	527600	PERSONALSTATISTIK	SD	5	35	MO	V	261	300	D	D	D	261 261 261			241 R	KV	
										D	D		261 261					
KOS1031	512300	KOSTEN-KONTO	S	4	35	MO	N	445	360	D	D	D	445 445 445			KV		
										D			445					
KOS1031	512400	KOST.-PLAN-KONTO	S	1	35	MO	N	445	360	D			445			KV		
KOS1031	512500	KOST.-SOLL-IST-VERGLEICH	S	4	35	MO	N	445	360	D	D	D	445 445 445			KV		
										D			445					
KWA0140	108700	BEREICHSLISTE		8	38	TA	V	110	130	D	D	D	388 388 388					
										D	D	D	388 388 366					
										D	D		231 532					

ANZAHL DER AUSWERTUNGEN =   15

Abb. 3: Ausschnitt aus dem Verzeichnis der EDV-Listen /2/

Der Massnahmen-Katalog zum Datenschutz und zur Datensicherung ist entsprechend den 10 Kontrollmassnahmen gemäss Anlage zum Paragraph 6 BDSG aufgebaut. Zusätzlich wird eine Übersicht über die aktuelle Konfiguration geführt. Zur Anschaulichkeit wird die erste Seite dieser am Bildschirm lesbaren Übersicht abgebildet (Abb. 4).

5. Nutzung der Dokumentation

5.1. Erstellung und Wartung der Dokumentation

Der Datenschutzbeauftragte kann entweder selbst im Dialog mit Hilfe eines Bildschirms die Dokumentation sofort aktualisieren oder durch Veranlassung der Datenerfassung die Einfügungen, Änderungen und Löschungen einspeichern, einsortieren und ausdrucken lassen.
Bei der Dialogverarbeitung soll die Durchführung von Eingaben, Änderungen und Löschungen selbstverständlich mittels eines Passwortes geschützt werden.

5.2. Nutzung bei der EDV-Projektgestaltung und bei der Datenproduktion

Die Speicherungs- und Verarbeitungsform erlaubt einen schnellen Zugriff von Programmierung, Arbeitsvorbereitung, Operating und Job-Nachbearbeitung. Diese Abteilungen können sich bei Bedarf über

- Datenschutz-Vorschriften,

- Datei-Inhalte,

- Bearbeitungsart,

- Verteiler der EDV-Listen,

- Berechtigung der Empfänger u.ä.

informieren. Es ist möglich, auf die betroffenen Seiten, Kapitel, Paragraphen, Absätze, Zeilen, sogar auf einzelne Begriffe direkt zuzugreifen.

5.3. Nutzung für die Einhaltung der gesetzlichen (z.B. BDSG) und betrieblichen Vorschriften

Die maschinell geführten Verzeichnisse und Übersichten werden je nach den dateiführenden oder verantwortlichen Bereichen sortiert, gedruckt und zugestellt. Damit werden gleichzeitig zwei Aufgaben erfüllt. Zum einen können die zuständigen Bereiche direkt in die EDV-Liste Änderungen oder Ergänzungen eintragen und damit die Dokumenta-

```
PROJECT: BDSG           MEMBER: PAR 6           DATE: 81/01/02
LIBRARY: DSB            LEVEL : 01.15           TIME: 02:40
TYPE   : TEXT           USERID: OLSO            PAGE: 01 OF 13

----+----1----+----2----+----3----+----4----+----5----+----


251 DATENSCHUTZ                             STAND 31.12.1980
______________________                      ___________________


     ***********************************************************
     *     ORGANISATORISCHE UND TECHNISCHE MASSNAHMEN         *
     * ZUM DATENSCHUTZ UND ZUR DATENSICHERUNG IM KAUFRING     *
     ***********************************************************


                    INHALT                   SEITE
              _________________________       _______
               1. ZUGANGSKONTROLLE              1
               2. ABGANGSKONTROLLE              3
               3. SPEICHERKONTROLLE             4
               4. BENUTZERKONTROLLE             5
               5. ZUGRIFFSKONTROLLE             6
               6. UEBERMITTLUNGSKONTROLLE       7
               7. EINGABEKONTROLLE              8
               8. AUFTRAGSKONTROLLE             9
               9. TRANSPORTKONTROLLE           10
              10. ORGANISATIONSKONTROLLE       11
              20. ANLAGEN UEBERSICHT           14

TEXTZIFFERN MIT INHALTLICHEN AENDERUNGEN GEGEUEBER
DEM STAND VOM 31.12.1979 SIND MIT '*' GEKENNZEICHNET.


1. ZUGANGSKONTROLLE

1.1 RECHENZENTRUM

1.10 DAS RECHENZENTRUM ARBEITET IM CLOSED-SHOP-BETRIEB.

1.11 DIE EINGANGSTUER IST SELBSTSCHLIESSEND MIT
     AUSWEISLESERSTEUERUNG.

1.12 DIE MITARBEITER DES RZ KOENNEN DIE SELBSTSCHLIESSENDE
     TUER MIT NAMENTLICH AUSGEHAENDIGTEN AUSWEISEN OEFFNEN.

1.13 ES IST VERBOTEN DIE NICHT ZUM RZ ZUGEHOERIGEN PERSONEN
     OHNE BEACHTUNG DER UNTER 1.16 UND 1.17 BESCHRIEBENEN
     REGELN INS RZ EINZULASSEN.

1.14 DAS RZ IST IN 2 ZONEN UNTERTEILT.

1.141 MASCHINENRAUM:   2. ZONE

1.142 SONSTIGE RAEUME: 1. ZONE

* 1.15 MITARBEITERN DER ABT. 564, 567 UND 568 IST DER ZUGANG
       INS RZ MITTELS EINER ZUTRITTSERLAUBNISES MOEGLICH.
       FUER DAS BETRETEN DER 2. ZONE MUSS DIE
       ZUTRITTSERLAUBNIS VOM ZUSTAENDIGEN AL NACH
       ABSPRACHE MIT DER RZ-LEITUNG ERTEILT WERDEN.
```

Abb. 4: Aufstellung über organisatorische und technische Maßnahmen zum Datenschutz und zur Datensicherung /2/

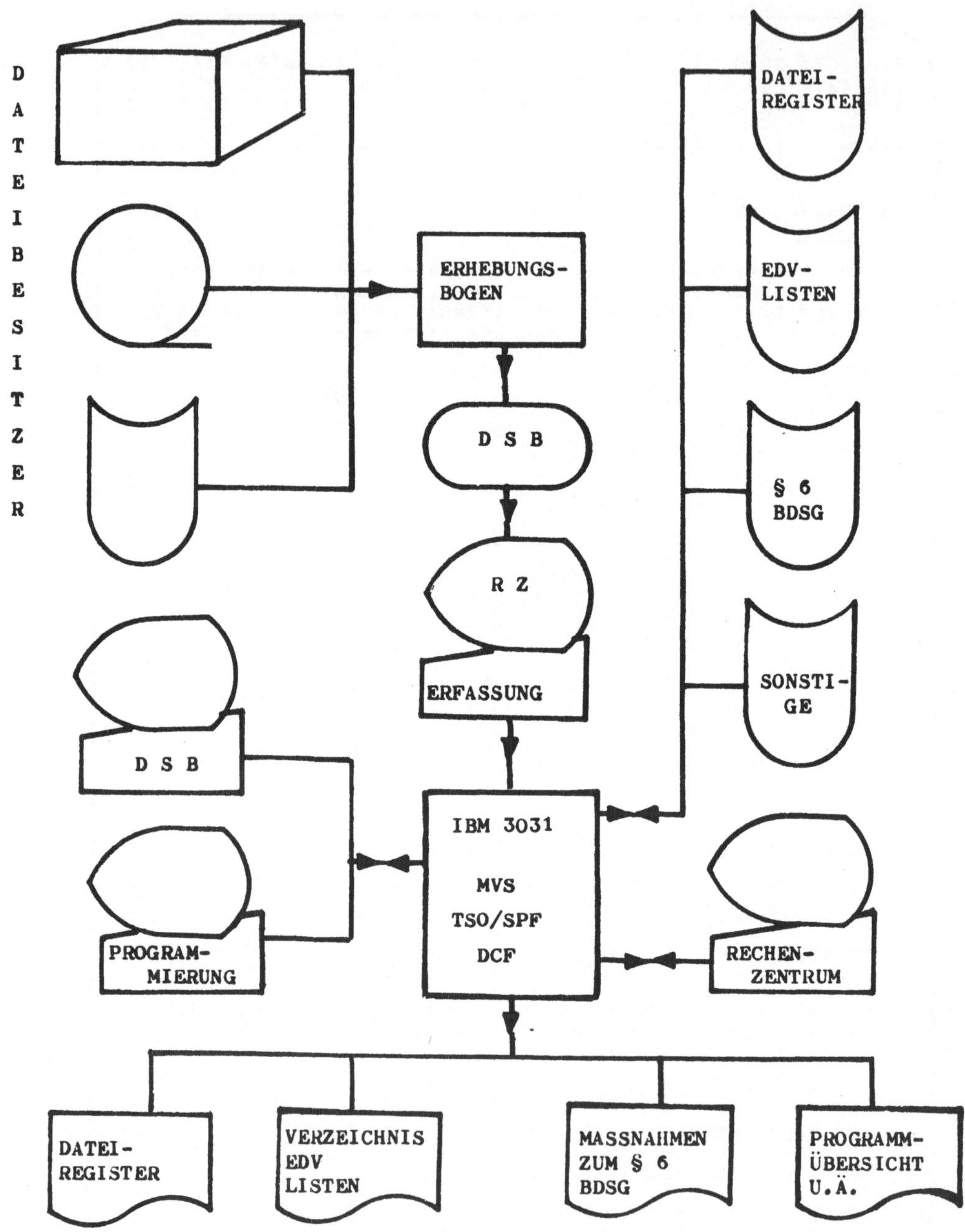

Abb. 5: Erstellung, Pflege und Nutzung der Dokumentation

tion auf dem neuesten Stand halten; zum anderen werden auf einem schnellen und wirtschaftlichen Weg alle verantwortlichen Stellen über die Pflichten, die Bestimmungen des BDSG und die innerbetrieblichen Vorschriften einzuhalten, immer wieder aufmerksam gemacht.
Abbildung 5 zeigt eine schematische Darstellung zur Erstellung und Pflege der Dokumentation sowie die Nutzung im Dialog.

Schlussbemerkung

Wie gezeigt, sollte man bei der Realisierung der Datenschutz- und Datensicherungsmassnahmen nicht nur die Datenschutz-Aspekte, sondern auch die Verbesserungsmöglichkeiten der Organisation und den rationellen Einsatz der geeigneten Methoden und Organisationsmittel beachten.

Literaturhinweise:

/1/ Grochla, E., Homberger, H.J.:
    DSB - ein Job zur linken Hand (Interpretation der AUDAFEST-Befragung),
    in Computerwoche, Sept./Okt. 1980

/2/ Firmenmaterial:
    Kaufring e.G., Düsseldorf, 1979/80

/3/ Sova, O., Piper, J.:
    Computergestützte Dokumentation des Datenschutzbeauftragten,
    in: ONLINE 5/1981 (im Druck)

<u>DATENSICHERUNGSMASSNAHMEN UND OBJEKTSCHUTZ IN</u>

<u>EINEM ZENTRALEN RECHENZENTRUM</u>

Wolfgang Schliffer
Rechenzentrum der Universität
Würzburg

Mit diesem Vortrag soll der Versuch unternommen werden, einen Weg aufzuzeigen, wie zentrale Hochschulrechenzentren, die personenbezogene Daten verarbeiten, bei einem vertretbaren Aufwand an Baumaßnahmen und Installationen den vom Gesetzgeber vorgeschriebenen Datenschutz sicherstellen können. Dabei müssen auch Fragen des Objektschutzes behandelt werden, da viele Datensicherungsmaßnahmen von Objektschutzmaßnahmen nicht zu trennen sind.
Dem Vortrag liegen die Planungsdaten des zentralen Rechenzentrums der Universität Würzburg zugrunde. Das Rechenzentrum versorgt als Zentraleinrichtung die Forschung und Lehre, die Universitätsverwaltung, die Universitätskliniken, die Bibliothek und die Fachhochschule Würzburg-Schweinfurt mit DV-Kapazität. Im Rahmen dieser Serviceaufgaben werden auch personenbezogene Daten, wie Personal-, Studenten- und Patientendaten auf den Rechenanlagen des Rechenzentrums verarbeitet.
Bevor jedoch auf die eigentliche Planung und die vorgesehenen Sicherungsmaßnahmen näher eingegangen wird, sollen zumindest die wesentlichsten Begriffe definiert und die einschlägigen Paragraphen und Artikel der Datenschutzgesetze (BDSG, BayDSG) angesprochen werden.

<u>Begriffe</u>

Für die Zwecke dieser Betrachtungen genügen die Definitionen der Begriffe "Datensicherung", "personenbezogene Daten", "Datei im Sinne des Datenschutzgesetzes" und "Objektschutz".

Definition 1

Die Datensicherung umfaßt alle Maßnahmen, meist technischer und organisatorischer Art zur Durchführung des Datenschutzes. Der Begriff Datensicherung, der übrigens nicht in den Datenschutzgesetzen zitiert wird, geht jedoch nach dem allgemeinen Sprachgebrauch über den eigentlichen Schutz personenbezogener Daten hinaus. Man versteht darunter Vorkehrungen gegen Zerstörung, Verlust, unberechtigte Veränderung und Mißbrauch von Daten.

Definition 2

Personenbezogene Daten sind Einzelangaben über persönliche oder sach-
liche Verhältnisse einer bestimmten oder bestimmbaren natürlichen
Person -Betroffener- (§2 Abs.1 BDSG; Art.5 Abs.1 BayDSG).
Der Gegenstand des Datenschutzes wird in §1 BDSG und in Art.1 Abs.2
BayDSG auf solche personenbezogene Daten eingegrenzt, die in Dateien
gespeichert, verändert, gelöscht oder aus Dateien übermittelt werden.

Definition 3

Der Dateibegriff hat im Sinne des Datenschutzgesetzes eine etwas andere Deutung, als sie sonst in der Datenverarbeitung geläufig ist.
Eine Datei im Sinne des Gesetzes muß garnichts mit EDV zu tun haben.
Hier ist eine Datei jede gleichartig strukturierte Sammlung von Daten,
die nach bestimmten Merkmalen erfaßt und geordnet ist und die nach anderen Merkmalen umgeordnet und ausgewertet werden kann, ungeachtet der
dabei angewendeten Verfahren.

Definition 4

Unter Objektschutz versteht man die Summe aller Maßnahmen und Vorkehrungen, welche die Sicherung der Gebäude und ihrer Einrichtungen
vor Zerstörung zum Ziel haben.

Datenschutzgesetze

Den bayerischen Großrechenzentren steht seit kurzem ein Katalog der
technischen und organisatorischen Maßnahmen zum Datenschutz gemäß
Art.15 BayDSG als Hilfe zum Vollzug des Datenschutzgesetzes zur Verfügung. Dieser Datensicherungskatalog hat sich bereits bei unseren
Planungen bewährt. Er beruht auf einem Schutzstufenkonzept, in dem
personenbezogene Daten in 5 Schutzstufen untergliedert werden und zwar
nach dem Grad der bei Mißbrauch möglichen Beeinträchtigung schutzwür-
diger Belange. Als schutzwürdige Belange sind einerseits die Rechts-
position anzusehen, die der einzelne gegenüber Hoheitsträgern oder im
Privatverkehr innehat, andererseits alle Beziehungen, die der einzelne in seiner Umwelt aufgebaut hat, sei es seine gesellschaftliche
Stellung, sein Ansehen oder seine wirtschaftlichen Verhältnisse.

Die Schutzstufen sind wie folgt definiert:

Schutzstufe A Frei zugängliche Daten

Schutzstufe B Daten, deren Mißbrauch keine besondere Beeinträchtigung erwarten läßt

Schutzstufe C   Daten, deren Mißbrauch den Betroffenen in seiner ge-
sellschaftlichen Stellung oder seinen wirtschaftlichen
Verhältnissen beeinträchtigen kann ("Ansehen").

Schutzstufe D   Daten, deren Mißbrauch die gesellschaftliche Stellung
oder die wirtschaftlichen Verhältnisse des Betroffe-
nen erheblich beeinträchtigen kann ("Existenz").

Schutzstufe E   Daten, deren Mißbrauch Gesundheit, Leben oder Freiheit
des Betroffenen beeinträchtigen kann.

Patienten- und Personaldaten müssen demnach der Schutzstufe D zugeordnet werden.

Ein Rechenzentrum, das solche Daten verarbeitet, hat,obwohl es im allgemeinen im Auftrag eines Benutzers arbeitet, die technischen und organisatorischen Datensicherungsmaßnahmen der Schutzstufe D zu treffen.
Für den Auftragnehmer, hier das Rechenzentrum, schreibt nämlich das
Bayerische Datenschutzgesetz vor:

- die Verpflichtung auf das Datengeheimnis
  (Art.14 BayDSG)

- die Durchführung technischer und organisatorischer Datensicherungsmaßnahmen im Rechenzentrum
  (Art.15 BayDSG)

- die strikte Bindung des Auftragnehmers an die Weisungen des Auftrag-
  gebers
  (Art.3 Abs.2 BayDSG)

Vom Auftraggeber, dem Benutzer,sind dagegen folgende Paragraphen bzw.
Artikel zu beachten:

- Auskunft an Betroffene
  (§4 Nr.1, §13 BDSG; Art.8 BayDSG)

- Auskunft an den Landesbeauftragten für den Datenschutz
  (Art.28 BayDSG)

- Berichtigung
  (§4 und §14 BDSG; Art.9, Art.10 und Art.16 Abs.3 BayDSG)

- Sperrung
  (§14 Abs.2 BDSG; Art.10 und Art.20 Abs.1 und Abs.2 BayDSG)

- Löschung
  (§4 und §14 BDSG; Art.11 und Art.20 Abs.3 und Abs.4 BayDSG)

- Unterlassung, Beseitigung
  (Art.12 BayDSG)

- Verpflichtung der Beschäftigten
  (§5 BDSG; Art.14 BayDSG)

- Hinweis bei Datenerhebung
  (§9 Abs.2 BDSG; Art.16 Abs.2 BayDSG)

- Einwilligung
  (§3 BDSG; Art.4 Abs.1 Nr.2 und Abs.2 BayDSG)

- Meldung zum Datenschutzregister
  (Art.7 BayDSG)

- Freigabe durch oberste Dienstbehörde
  (Art.26 Abs.2 BayDSG)

- Freigabe gemeinsamer Datenverarbeitung
  (Art.26 Abs.3 BayDSG)

- Bestellung des behördeninternen Beauftragten für den Datenschutz
  (Art.26 BayDSG)

<u>Planungskonzept</u>

Das angestrebte Planungsziel lautete, ein Daten- und Objektschutzkonzept
für das Rechenzentrum zu entwickeln, das sowohl den Anforderungen des
"Altbaus" aus der Mitte der 70er Jahre als auch denen des Neubaus
(2. Bauabschnitt 1980/81) genügt.
In der ersten Planungsphase wurden alle möglichen Veröffentlichungen
über den Datenschutz gesichtet. Dabei stellte sich heraus, daß zwar
viel über den Datenschutz und die einschlägigen Gesetze geschrieben
worden ist, daß aber Berichte über praktische Erfahrungen oder Pla-
nungskonzepte noch Seltenheitswert haben. Bei den Planungsarbeiten
wurde von Anfang an darauf Wert gelegt, daß durch die erforderlichen
Sicherungsmaßnahmen die Benutzer und Mitarbeiter des Rechenzentrums
so wenig wie möglich belästigt, und daß die Sicherheitseinrichtungen
so unauffällig wie möglich installiert werden.

Das Konzept der Gesamtplanung ist in der folgenden Liste stichwortartig dargestellt:

1.   Bauliche Gegebenheiten
1.1   Pläne
1.2   Raumblätter, Verwendung der Räume
1.3   Schwachstellen

2.   Technische und organisatorische Gegebenheiten
2.1   vorhandene Rechenanlagen, Betriebssysteme
2.2   Datenfernverarbeitungsnetz, Übertragungswege
2.3   vorhandene Sicherheitsvorkehrungen
2.4   Organisation des Rechenzentrums
      - Bereiche, Aufgabenverteilung
      - Mitarbeiter, Funktionen
      - Dienstzeiten (Betriebs-, Öffnungs- und Blockzeiten)

Die Planungen standen stets unter der Devise "Nicht mit Kanonen auf Spatzen schießen".

Bei der Auswahl der Sicherungsmaßnahmen war es ausschlaggebend, ob der Aufwand in einem angemessenen Verhältnis zum angestrebten Schutzzweck steht. Scheiden dabei bestimmte Maßnahmen wegen Aufwendigkeit aus, muß das Sicherungsziel durch andere Maßnahmen angestrebt werden. Ein angemessenes Verhältnis zwischen Aufwand und angestrebtem Schutz dürfte dann erreicht sein, wenn die Kosten für die Sicherungsmaßnahmen möglichen Schadenersatzforderungen entsprechen. Die Höhe der Schadenersatzforderungen richtet sich nach dem Grad der Beeinträchtigung der schutzwürdigen Belange von Betroffenen.

Im Rahmen des Kurzvortrags kann nur auf einen Teil der Maßnahmen
näher eingegangen werden. Von besonderem Interesse dürften die folgenden Themen sein:

- Bauseitige Sicherungsmaßnahmen

- Technische und organisatorische Maßnahmen zum Daten- und Objektschutz

- Sicherheitseinrichtungen

Bauseitige Sicherungsmaßnahmen

Zu Beginn der Planungsphase wurde im Einvernehmen mit dem Universitäts-
bauamt ein Experte für Sicherheitsfragen der Landespolizei zu Rate gezogen. Eine eingehende Ortsbesichtigung ergänzte die bereits vom
Rechenzentrum erstellte bauseitige Mängelliste,insbesondere im Bereich
Objektschutz:

- keine bauseitige Trennung von Rechenzentrum und Mathematikzentrum
  (1. Bauabschnitt),
- keine einbruchsicheren und feuerhemmenden Türen im Maschinenbereich,
- kein einbruchsicheres Besucherfenster zum Maschinenraum,
- eine ungenügend gesicherte Eingabe und
- ungesicherte ebenerdige Fenster.

Eine Reihe von Schwachstellen konnte sofort behoben werden. Die Ge-
bäudetrakte von Mathematikzentrum und Rechenzentrum wurden durch gesicherte Flurtüren (akustische und optische Signalgeber) getrennt.
Der gesamte Maschinenbereich wurde mit einer speziellen Schließung
versehen.

Die übrigen Schwachstellen des ersten Bauabschnitts wurden bereits
oder werden spätestens im Rahmen der Umbaumaßnahmen beseitigt:

- Ebenerdige Fenster des Maschinenbereichs wurden zugemauert
- Ebenerdige Fenster im Benutzerbereich werden mit Schlössern ver-
  sehen und zum Teil mit Gittern gesichert.
- Das Besucherfenster wird zugemauert.

- Die Maschinentüren werden durch einbruchsichere und feuerhemmende
  Türen ersetzt.

- Der Maschinenbereich wird vom Benutzerbereich durch gesicherte
  Flurtüren getrennt.

- Eine Reihe von Türen im Untergeschoß wird versetzt und/oder zugemauert.

- Die Eingabe wird technisch geändert in den Erweiterungsbereich von
  Maschinenraum 1 verlegt. Die alte Eingabe wird zugemauert.

- Im Maschinenbereich wird ein fensterloses Datenträgerarchiv mit
  feuerfesten Datenträgerschränken eingerichtet.

Im 2. Bauabschnitt wurden bereits bei der Bauplanung wesentliche Gesichtspunkte des Daten- und Objektschutzes beachtet. Der Maschinenraum 2 liegt zentral ohne Verbindung zur Außenwand im 2. Untergeschoß.
Er ist fensterlos und hat nur einen Zugang, der durch eine feuerhemmende und einbruchsichere Tür gesichert wird. Der Zwischenboden
ist abgeschottet. Die Flure um den Maschinenbereich herum werden
außerhalb der Dienstzeit durch gesicherte Flurtüren verschlossen.

Technische Sicherungsmaßnahmen

Die beiden Gebäude des Rechenzentrums werden einheitlich mit Sicherheitseinrichtungen ausgestattet. Dabei handelt es sich unter anderem
um folgende Vorkehrungen:

- Die Sicherheitsbereiche (Maschinenräume, Archiv) werden durch Zugangskontrollsysteme überwacht.

- Die Haustüren, die Flurtüren zu den Sicherheitsbereichen und die
  ebenerdigen Fenster werden zusätzlich durch Alarmgeber und Alarm-
  melder gesichert.

- Die kritischen Zonen werden durch Bewegungsmelder (Abb.3) gesichert.

- Die Zuluftkanäle werden durch abschließbare Gitter und Sensoren
  geschützt.

- Geöffnete Türen und geöffnete Fenster werden auf Leuchttableaus
  in den Maschinenräumen angezeigt.

- Die Haupteingangstür kann über Fernsehmonitore in den Maschinenräumen beobachtet werden.

Organisatorische Sicherungsmaßnahmen

Die technischen Sicherungsmaßnahmen sind nur dann erfolgreich, wenn
sie durch geeignete organisatorische Maßnahmen wirkungsvoll unterstützt werden.

Die folgende Liste gibt einen Überblick über flankierende organisatorische Maßnahmen:

- Benutzungsanträge, Benutzungsordnung
- Verpflichtung auf das Datengeheimnis
- Ausgabe von Benutzerausweisen
- Ausgabe von Besucherausweisen
- Ausgabe von Codekarten für die Zugangskontrollsysteme
- Richtlinien zur Durchführung des Datenschutzes im Rechenzentrum,
  ergänzt durch installationsspezifische Organisationsrichtlinien für
  Mitarbeiter, für Benutzer und für den Rechenbetrieb
- Archivordnung
- Schulung, Beratung und Dokumentation
- Schwachstellenanalyse
- unvermutete Kontrollen
- Einsatz von Wachleuten

Die Richtlinien zur Durchführung des Datenschutzes sind installations-
unabhängig. Sie werden durch installationsspezifische Organisationsrichtlinien, wie die "Mitteilungen für Benutzer" laufend aktuell ergänzt. Der Abschnitt "Pflichten des Benutzers" aus den Richtlinien
wird unten auszugsweise dargestellt, da er maßgebend für die Benutzer-
organisation ist.

Pflichten des Benutzers

- Der Benutzer hat bei Erteilung eines Auftrags die vom Rechenzentrum
  vorgesehenen Datensicherungsmaßnahmen zu berücksichtigen.
  (§22 Abs.2 Satz 2 BDSG; §31 Abs.2 Satz 2 BDSG).

- Der Benutzer trägt die alleinige Verantwortung für die notwendigen
  Datensicherungsmaßnahmen, soweit er Phasen der Datenverarbeitung
  selbst ausführt.

- Der Benutzer hat bei konkreten Anhaltspunkten das Rechenzentrum auf
  Einhaltung der Datensicherungspflichten hinzuweisen.

- Bei Mißbrauchsvermutung ist der Benutzer verpflichtet, das Rechenzentrum sofort in Kenntnis zu setzen.

- Bei Feststellung von Schwachstellen muß der Benutzer das Rechenzentrum sofort unterrichten.

- Bei der Verfolgung von Datenschutzverletzungen ist der Benutzer zur Mitarbeit verpflichtet.

- Der Benutzer hat die vom Rechenzentrum erlassenen Regelungen für den Datenschutz zu befolgen. Die Verantwortung für deren Einhaltung liegt allein bei ihm.

- Der Benutzer ist verpflichtet, vor Verarbeitung sensitiver Daten das Rechenzentrum davon zu unterrichten, damit gemeinsam geeignete Maßnahmen getroffen werden (siehe Benutzungsantrag).

- Für Aufträge (Jobs) mit sensitiven Daten muß eine spezielle Benutzernummer (Aufgabennummer) beantragt werden. *)

- Alle Datenträger, die vom Benutzer mit sensitiven Daten beschrieben werden sollen, müssen vor Benutzung dem Rechenzentrum schriftlich mit dem ausdrücklichen Hinweis auf ihre Schutzwürdigkeit bekannt gegeben werden. *)

- Die Abgabe von Aufträgen, die sensitive Daten verarbeiten, ist nur gegen Quittung bei den Operateuren des Rechenzentrums zulässig.

- Aufträge mit sensitiven Daten dürfen über Terminals verarbeitet werden, wenn die Terminals und die Übertragung im angemessenen Rahmen vor Mißbrauch gesichert sind.

- Die Abgabe und die Herausgabe von Datenträgern mit sensitiven Daten ist nur gegen Quittung bei den Operateuren des Rechenzentrums zulässig.

- Für die Herausgabe von Datenträgern mit sensitiven Daten ist den Operateuren des Rechenzentrums der Benutzerausweis vorzulegen.

- Bei Kontrollen im Benutzer- und Betriebsbereich ist den Mitarbeitern des Rechenzentrums der Benutzerausweis vorzulegen.

- Listen, Lochkarten und Dokumentationen mit sensitiven Daten müssen, wenn sie nicht mehr gebraucht werden, im Reißwolf (Aktenvernichter) vernichtet werden.

- Datenträger, wie Magnetbänder, Magnetkassetten, Wechselplatten und Disketten, mit sensitiven Daten, die nicht mehr benutzt werden, müssen dem Rechenzentrum zum Löschen bekannt gegeben werden.

- Die folgenden Vorkehrungen sind obligatorisch:

Verwendung von Benutzerpaßwörtern,
Verwendung von Dateipaßwörtern,
Verwendung von Privatdateien,
Verwendung von privaten Dateiträgern,
Verwendung von Magnetbändern mit Kennsätzen,
Verwendung von Magnetbändern, die von Unbefugten nicht angefordert werden dürfen,
Verwendung von speziellen Kommandos, die für die Datensicherung vorgesehen sind, *)
Maßnahmen gegen Schwachstellen des Systems. *)

*) In diesem Zusammenhang wird auf die aktuellen "Mitteilungen für Benutzer" über Datensicherungsmaßnahmen verwiesen. Die in den Mitteilungen enthaltenen installationsspezifischen Vorkehrungen und Maßnahmen ergänzen die oben aufgeführten Regelungen und sind folglich für den Benutzer ebenfalls bindend.

Sicherheitseinrichtungen

Im Bundesdatenschutzgesetz in der Anlage zu §6 Abs.1 Satz 1 und im Bayerischen Datenschutzgesetz Art.15 Abs.2 Satz 1 ist die Zugangskontrolle wie folgt definiert:

"Unbefugten ist der Zugang zu Datenverarbeitungsanlagen, mit denen personenbezogene Daten verarbeitet werden, zu verwehren."

Die Zugangskontrolle muß somit sicherstellen, daß nur zugangsberechtigte Personen kontrollierten Zugang zu den Sicherheitsbereichen (Maschinenräume, Archive) haben. Die Zugangskontrolle kann durch technische und organisatorische Sicherungsmaßnahmen erreicht werden. Die technischen, insbesondere die elektronischen Sicherheitseinrichtungen haben die personelle Zugangskontrolle fast völlig verdrängt.
Bei der Zugangskontrolle wird die Zugangsberechtigung der betreffenden Person überprüft. Im allgemeinen geschieht dies bei elektronischen Zugangskontrollsystemen über eine Codekarte oder Ausweiskarte, die von einem Terminal des Systems gelesen und deren Angaben off-line oder in einer Zentraleinheit (on-line) ausgewertet werden. Bei der Auswertung wird festgestellt, ob eine Zugangsberechtigung vorliegt, und wenn ja, um was für eine Berechtigung es sich dabei handelt. Üblicherweise unterscheidet man:

- eine generelle Zugangsberechtigung,
- eine räumlich begrenzte Zugangsberechtigung und
- eine zeitlich begrenzte Zugangsberechtigung zu den Sicherheitsbereichen.

Kombinationen dieser Berechtigungen sind auch möglich. Die Festlegung der Zugangsberechtigung geschieht aufgrund der Funktion des Karteninhabers. Alle Mitarbeiter, einschließlich der Leitung müssen der Zugangskontrolle unterliegen. Die Codekarte (Abb.1), die auch als Ausweis gestaltet werden kann, hat sich in relativ kurzer Zeit durchgesetzt, obwohl sie laufend technologischen Wandlungen unterworfen war. Von der einfachen Codekarte mit Loch- oder Reliefcodierung (Abb.1.1), über Karten mit permanent (Abb.1.2) oder weichmagnetischer Codierung (Abb.1.3) wurden schließlich die nach heutigen Gesichtspunkten in hohem Maße fälschungssicheren Codekarten mit induktiver Codierung (Abb.1.4), Infrarot-Codierung (Abb.1.5) und die Codekarten für funkgesteuerte Systeme (Abb.1.6) entwickelt.

Codekarten, Ausweiskarten		Abb.1
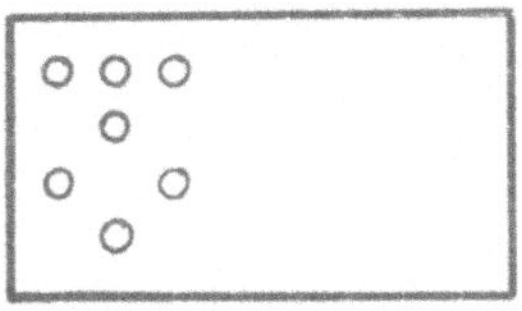 Abb.1.1	Codekarte mit Relief- oder Lochcodierung	1. Generation
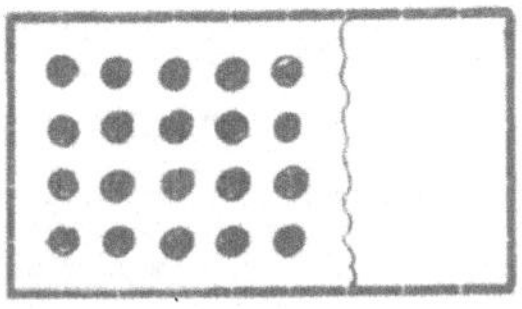 Abb.1.2	Codekarte mit permanent magnetischer Codierung	2. Generation
Abb.1.3	Codekarte mit Magnetstreifen	2. Generation
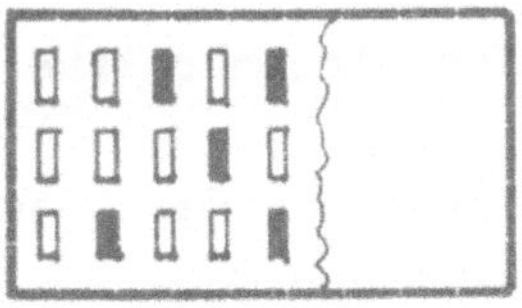 Abb.1.4	Codekarte mit Infrarot-Codierung	3. Generation
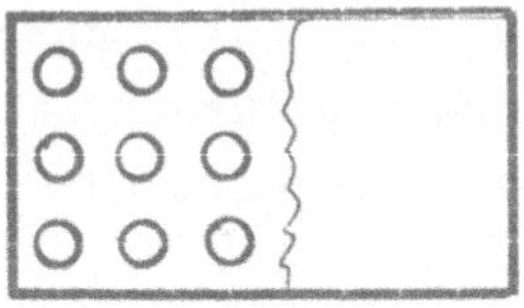 Abb.1.5	Codekarte mit induktiver Codierung	3. Generation
 Abb.1.6	Codekarte für funk-gesteuerte Systeme (passives Element)	3. Generation

In praxi läuft der Zugang über ein kartengesteuertes Kontrollsystem
wie folgt ab:

Das Terminal (Leser) wird mit einer lesbaren Karte beschickt. Falls
die Auswertung ergibt, daß eine Zugangsberechtigung vorliegt, wird
der betreffende Türöffner betätigt. Gleichzeitig wird auf dem Drucker
des Systems der genehmigte Zugang mit folgenden Angaben protokolliert:
Datum, Uhrzeit, Karten-Nr.,Status des Karteninhabers, Leser-Nr..

Für die Karten-Nr. kann auch die Personal-Nr. oder sogar der Namen
des Karteninhabers ausgegeben werden. Anstelle der Leser-Nr. kann
die betreffende Tür-Nr. gedruckt werden.

Bei nicht genehmigten Zugangsversuchen wird auf dem Drucker ein entsprechender Kommentar mit Zeitangabe und Leser- bzw. Tür-Nr. ausgegeben, z.B.:
STUNDE 00.10 KARTE 2700 LESER 14 ZUTRITT GESPERRT FALSCHE ZEITZONE

Bei Einbruch oder Beschädigung der Bauteile des Kontrollsystems wird
über die adaptierten Alarmeinrichtungen ein Alarm ausgelöst.
Bei Verlust der Codekarte wird lediglich die Karten-Nr. in der Zentrale gesperrt.
Zusätzlich sollten die Terminals mit einer Türoffenzeitüberwachung
ausgestattet sein. Diese Zusatzeinrichtung verhindert es, daß eine
Tür nach ihrer Öffnung zeitlich unbegrenzt und unkontrolliert offen-
steht. Zudem wird es unmöglich gemacht, daß die gesicherten Türen
durch die bereits klassischen Hilfsmittel, wie Holzkeil oder Klebe-
band über der Schloßfalle außer Funktion gesetzt werden.

Das Rechenzentrum hat sich für zwei Zugangskontrollsysteme entschie-
den.
Das System 1 soll die beiden Maschinenbereiche, die Datenträgerschränke,
das Archiv, die Flurtüren und das Lager überwachen. An das System 1
sind alle Alarmeinrichtungen und das übergeordnete Leitsystem (Polizei,
Feuerwehr) des Universitätsgeländes am Hubland angeschlossen.
Das System 2 überwacht allein die Haupteingangstür des Rechenzentrums.
Die Codekarten dieses Systems sollen vorwiegend an Benutzer ausgegeben
werden, die außerhalb der regulären Dienstzeit mit den öffentlichen
Dialogterminals und Lochkartengeräten arbeiten wollen. Die Codekarten
von System 1 müssen von System 2 akzeptiert werden. Die Karten tragen
lediglich einen Rücksendevermerk unter Angabe der Adresse des Her-

stellers.

<u>Das Zugangskontrollsystem 1 hat folgende Konfiguration (Abb.2):</u>

- eine Zentrale
  mit einem Arbeitsspeicherausbau für 250 Codekarten (mit Namenszuord-
  nung)
- Dialogdrucker oder Sichtgerät mit ASCII-Zeichenvorrat als Bedienungs-
  konsole
- Systemschlüssel oder/und Systemterminal (Leser) zur Sicherung der
  Zentrale
- Anschluß eines Datenaufzeichnungsgerätes:
  a. Disketten-Doppellaufwerk (IBM 3740-kompatibel oder PDP-11 kompati-
                      bel Betriebssystem RT-11)
  b. Magnetkassettengerät (3M-Cartridge)
- Anschluß eines abgesetzten Druckers mit 80/132 Zeichen/Zeile für
  normales Tabellierpapier (entfällt bei Dialogdrucker!)
- Anschluß von On-line-Terminals (Leser); Installation im Haus und
  auf Putz Überwachung von 17 Türen:
  12 Türen mit Zugangs- und Abgangsüberwachung,
   3 Türen mit Zugangsüberwachung und
   2 Türen mit Zugangsüberwachung (Terminals mit zusätzlicher Tastatur-
                      eingabe für 4 - 6-stellige Zahlen für
                      Protokollierungszwecke.)
- Anschluß von ca. 16 Alarmmeldern (Bewegungsmelder, Sensoren)
- Anschluß von optischen/akustischen Signalgebern für 17 Türen
- Anschluß an das Leitsystem
- Off-Line-Routine der Terminals
- Sabotageüberwachung der Terminals
- Türoffenzeitüberwachung
- Einbruchsicherung der Türen

Als Terminals sind On-line-Leser vorgesehen. Die Türen in den Maschi-
nenbereichen und den Fluren werden mit jeweils einem Leser für Zugang
und einem Leser für Abgang gesichert. Das Archiv, das Lager und die
Datenträgerschränke werden nur mit Zugangslesern ausgestattet. Die
Terminals für die Datenträgerschränke sind mit einer zusätzlichen
Tastatur ausgerüstet (Protokollierung der Datenträger). Die Türen werden mit akustischen/optischen Signalgebern gesichert.

<u>Von der Software des Systems 1 werden folgende Leistungen gefordert:</u>
- Programmierbarkeit
- Zuordnung Karten-Nr. / Name des Karteninhabers
- 16 Raumzonen
- 16 Zeitzonen

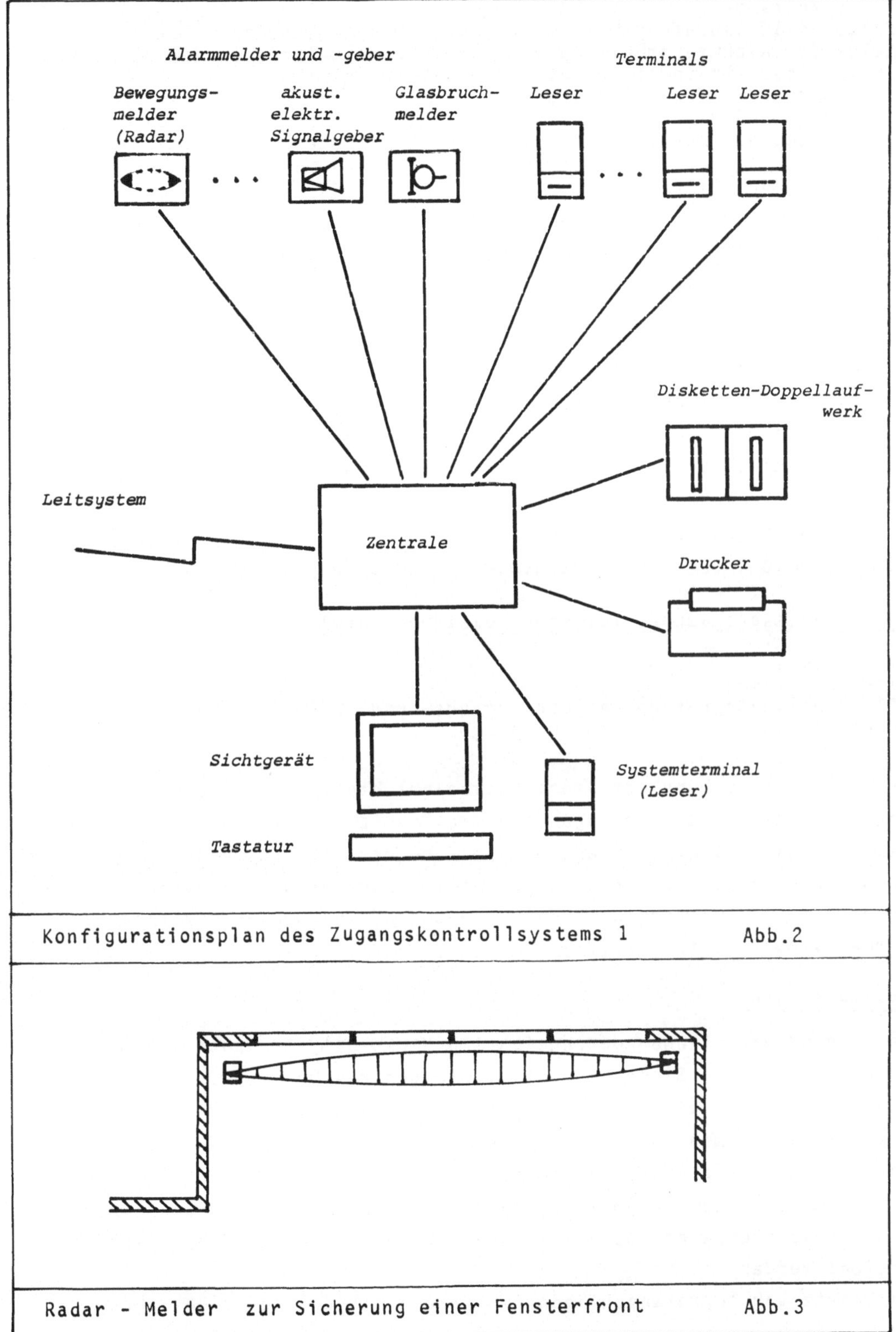

Konfigurationsplan des Zugangskontrollsystems 1   Abb.2

Radar - Melder zur Sicherung einer Fensterfront   Abb.3

- Tagesprogramme
- Plausibilitätsprüfung bei der Zugangs- und Abgangskontrolle
- Selektive Alarmverarbeitung und Übergabe der Alarme an das Leitsystem
- Anzeige bzw. Protokollierung des Off-line-Betriebs
- Dialogprogramm für das Operating
- Aufzeichnen der Buchungsdaten auf Diskette / Magnetkassette
- Auswertung der Buchungsdaten von Diskette / Magnetkassette

<u>Das Zugangskontrollsystem 2 hat folgende Konfiguration:</u>

- eine Zentrale
  mit einem Speicherausbau für 1000 Codekarten (ohne Namensangabe)
- numerische Tastatur mit Funktionsfeld
- Systemschlüssel oder/und Systemterminal (Leser) zur Sicherung der
  Zentrale
- Anschluß eines Protokolldruckers
- Anschluß von 2 Terminals zur Zugangs- und Abgangsüberwachung
- Anschluß an das Leitsystem (über System 1)
- Anschluß eines optischen/akustischen Signalgebers für die Eingangstür
- Sabotageüberwachung des Terminals (Alarmmeldung an System 1)
- Türoffenzeitüberwachung
- Einbruchsicherung der Eingangstür (Alarmmeldung an System 1)

<u>Von der Software werden folgende Leistungen erwartet:</u>

- 2 Zeitzonen
- Tagesprogramme
- Plausibilitätsprüfung bei der Zugangs- und Abgangskontrolle
- Protokollierung sämtlicher Buchungen

Für die Ausschreibung der Sicherheitseinrichtungen wurde ein Pflich-
tenheft erstellt. Um die Zugangskontrollsysteme haben sich 12 Firmen
beworben. Davon sind 6 Angebote in die engere Wahl gekommen.
Für die oben angegebene Konfiguration von Zugangskontrollsystem 1 liegen die Preise zwischen DM 105.000,-- und DM 164.000,-- zuzüglich der
Mehrwertsteuer (Stand I/1981).

<u>Zusammenfassung</u>

Die während der Planung durchgeführten Marktanalysen haben ergeben,
daß das Angebot an Sicherheitseinrichtungen reichhaltig ist. Eine genaue Kenntnis der technischen Möglichkeiten erübrigt in vielen Fällen
teuere Baumaßnahmen. Oft erfüllen einfache und auch preiswerte Alarmeinrichtungen, wie Kontakt-, Körperschall-, Glasbruch- oder Infrarot-
Melder den Schutzzweck. Mit sorgfältig geplanten Sicherungsmaßnahmen
kann bei vertretbaren Kosten ein akzeptabler Daten- und Objektschutz
erreicht werden.
Ein Schutz vor Terroranschlägen ist jedoch bei der heute üblichen

Bauweise der Rechenzentren nicht möglich. Dagegen kann sogenannten
"Lausbubenstreichen", sei es der Versuch, in den Betriebsbereich unbemerkt einzudringen oder der Versuch, das Betriebssystem lahm zu
legen, erfolgreich begegnet werden. Das allgemeine Verbot der Assembler-
benutzung durch Unbefugte unterbindet alle gefährlichen "Software-
basteleien", wie beispielsweise Paßwortknacken.
Eine wesentliche Aufgabe des Rechenzentrums besteht auch darin, den
Benutzer durch eine gezielte Beratung und durch die Herausgabe von
verständlichen Datenschutzrichtlinien und Organisationsmitteilungen
zu unterstützen.
Die ausgeklügelsten technischen Sicherheitseinrichtungen sind
nicht viel wert, wenn die flankierenden Maßnahmen, wie Organisation,
Schulung und Information unzureichend sind.
Ein wesentlicher Faktor ist die Einstellung des Einzelnen zu den
Sicherungsmaßnahmen. Ausschlaggebend ist die Bewußtseinsbildung für
die Datenschutz-Datensicherungs-Problematik.

<u>Literatur</u>

[1] LÖW, Peter   "Zugangskontrollsysteme"
                          Referat (unveröffentlicht)
                          Bode-Panzer, Fichet Bauche Gruppe, Frankfurt

[2] GLISS, Hans   "Datenschutzfachtagung DAFTA "77"
     HENTSCHEL, Bernd   "Datenschutzfachtagung DAFTA "78"
                          "Datenschutzfachtagung DAFTA "79"
                          Tagungsbände, herausgegeben von der Gesell-
                          schaft für Datenschutz und Datensicherung im
                          Datakontext Verlag, Köln und Bonn

[3] KONGEHL, Dr.   "Datenschutz - wie macht man das?"
                          Artikelreihe in der Zeitschrift 'Uni Ulm
                          intern' der Universität Ulm

[4] MEYER, C.W.   "Datenschutz-Manual"
     NAGEL, K   Verlag Moderne Industrie, München 1978

<u>VORGEHENSWEISE BEI DER ERSTELLUNG</u>

<u>EINES KATASTROPHENPLANES FÜR RECHENZENTREN</u>

J. Schwab
Siemens AG
Werk für Systeme
Augsburg

1. <u>WARUM KATASTROPHENPLANUNGEN FÜR RECHENZENTREN</u>

Die Abhängigkeit der Unternehmen und Institutionen von der ständigen Verfügbarkeit des Rechenzentrums ist mit der zunehmenden Automation der Abläufe gestiegen. Kleinere Inselverfahren wurden durch komplexe Steuerungs- und Informationssysteme abgelöst, deren Ausfall die Arbeitsfähigkeit des Anwenders erheblich beeinträchtigt. Sicherheit ist deshalb ein zwingendes Erfordernis für den Betrieb von Rechenzentren.

Der Sicherheit des DV-Betriebes wird heute in allen Anwendungsbereichen mehr Interesse entgegengebracht, als dies in der Vergangenheit der Fall war. Ein Auslöser für diese veränderte Einstellung ist u.a. das am 1.1.78 in Kraft getretene Bundesdatenschutzgesetz, dessen § 6 technische und organisatorische Maßnahmen für Rechenzentren vorschreibt, die teilweise weit über den geschützten Bereich der personenbezogenen Daten hinaus wirken.

Aufsehenerregende Schadensfälle in den letzten Jahren haben bewirkt, daß Überlegungen, wie ein Rechenzentrum und der darin ablaufende Betrieb vor Katastrophen geschützt werden können, wesentliche Planungsfaktoren wurden. Katastrophenfälle sind nicht so selten, wie oft angenommen wird. Sie sind auch nicht auf Brandfälle begrenzt. So meldet z. B. der Informationsdienst "Sicherheits-Berater" für 1977 insgesamt 76 bekanntgewordene Sabotagefälle in/gegen Rechenzentren in der Bundesrepublik. Das Spektrum reicht von der Ablaufsabotage über vorsätzliche Brandstiftung bis zu Bombenanschlägen. Mehrere unabhängig voneinander durchgeführte Untersuchungen haben ergeben, daß es sich beim überwiegenden Teil der bekanntgewordenen Fälle um Insider-Aktionen handelt. Schutzmaßnahmen gegen Fälle höherer Gewalt und Aktionen von Außen genügen also nicht. Die wenigsten

Rechenzentren, auch das haben Untersuchungen (u.a. durch die Zivilschutz-
gemeinschaft der Spitzenverbände der gewerblichen Wirtschaft) gezeigt,
verfügen über ausreichende vorbeugende Planungen für den Katastrophenfall. Soweit überhaupt Planungen vorhanden sind, befassen sie sich vorwiegend mit dem Verhalten der Mitarbeiter im Brandfall bzw. bei Betriebsstörungen. Komplette Katastrophenpläne, die das gesamte Spektrum von vor-
beugenden Maßnahmen bis zur Vorbereitung des Wiederanlaufes abdecken und
über Absichtserklärungen hinausgehen, sind eine Seltenheit.

Zweck der Planungen für den Katastrophenfall:

- Überdenken und Neufestlegen der Maßnahmen zur
  Katastrophenabwehr

- Schutz der Mitarbeiter, der Anlagen, Programme, Daten,
  wichtigen Unterlagen und Räume

- Regelung des Verhaltens und der Abläufe im Katastrophenfall

- Rechtzeitiges Einleiten vorbeugender Maßnahmen für den
  Wiederanlauf nach Eintritt des Katastrophenfalles

- Schadensminimierung durch schnellstmögliche Wiederher-
  stellung der Funktionsfähigkeit des RZ und der eingesetzten DV-Verfahren

2. WAS IST EINE KATASTROPHE IM RECHENZENTRUM

Katastrophe ist ein schädigendes Ereignis mit so erheblichen Auswirkungen
auf das Rechenzentrum, daß eine Weiterführung der Aufgaben aus eigener
Kraft nicht mehr gewährleistet ist oder bei dem Leben und Gesundheit der
Mitarbeiter akut gefährdet sind.

Katastrophenursachen:

- Technische Mängel
  (Anlagenausfall, Stromausfall, Störungen der Infrastruktur)

- Höhere Gewalt
  (Feuer, Wassereinbruch, Erschütterungen, Unwetter)

- Menschliches Versagen

- Krankheit
  (Personalausfall ganzer Teilbereiche)

- Sabotage, Mißbrauch, Boykott
  (Besetzung, Sachbeschädigung, Diebstahl, Explosion von
  Sprengkörpern)

In kleineren und mittleren Unternehmen, die in der Regel nur über ein RZ
verfügen, werden als weitere Kriterien für die Definition des Katastrophenfalles
  - die Existenzgefährdung
  - das Erfordernis fremder Hilfe bei der Bekämpfung
    der Katastrophe

hinzukommen. Katastrophen können mit unterschiedlicher Intensität eintreten und dabei das gesamte RZ oder nur Teile davon betreffen. Es wird
deshalb, vor allem für die Wiederanlaufplanung, erforderlich sein, unterschiedliche Arten/ Stufen von Katastrophen zu definieren und darauf die
Planungen abzustimmen.

Beispiel aus einem RZ mit vier DVA und angeschlossener Datenerfassung:

a) Ausfall mehrerer DVA oder der gesamten RZ-Hardware für mehr
   als x-Tage (ohne Schädigung des Archives, der Unterlagen und
   der RZ-Infrastruktur)

b) Ausfall des gesamten RZ einschließlich Archiv und
   Unterlagenverlust

c) Ausfall der Datenerfassung

d) Personalausfall erheblichen Umfanges
   (Ausfall ganzer Teilbereiche wie Systembetreuung, Arbeitsvorbereitung, Operating unter Mindestbesetzung)

e) Schädigung/Verlust der Dokumentation/der Ablaufunterlagen

f) Schädigung/Verlust des Datenträgerbestandes

3. DIE RISIKEN KENNEN UND BEURTEILEN

Katastrophenschutz ist nur durchsetzbar, wenn er mit wirtschaftlich vertretbarem Aufwand realisiert werden kann. Dies setzt voraus, daß bestehende Gefährdungen erkannt, nach ihrem Risiko beurteilt und mit entsprechend differenziert geplanten Abwehrmaßnahmen ausgeschaltet oder zumindest eingeschränkt werden. Deshalb muß am Anfang aller Überlegungen zur
Erstellung einer Katastrophenplanung für ein Rechenzentrum eine Risikoanalyse stehen.

Was muß geprüft werden:

- Wie setzt sich das Aufgabenspektrum des RZ zusammen? Dabei sind alle Verfahren zu erfassen, die im RZ zur Abwicklung kommen.

- Werden im RZ überhaupt Verfahren abgewickelt, die aufgrund ihrer Bedeutung für die Existenz und Arbeitsfähigkeit des Betriebes/ der Institution von lebenswichtiger Bedeutung sind?

- Welche betrieblichen und geschäftspolitischen Auswirkungen würden sich bei Störungen im Katastrophenfall ergeben?

- Wie und in welchem Umfang sind Verfahren, Betriebssysteme, Dateien und Ablaufunterlagen gegen Verlust und Zerstörung gesichert?

- Welche Gefährdungen bestehen aus baulicher Sicht? Bei diesem Punkt sind u. a. zu prüfen:

    - Lage des Gebäudes
    - Schutzvorkehrungen gegen Einwirkungen von Außen
    - Brandschutzmaßnahmen, wie Gliederung in Brandab- schnitte, Ausrüstung mit Brand- und Rauchmeldern, Löscheinrichtungen usw.
    - techn. Infrastruktur des RZ, wie Stromversorgung, Klimaanlage

  Zu diesem Teil der Risikoanalyse gibt es ein umfangreiches Angebot an Fachliteratur, das zum Teil fertige Checklisten beinhaltet. Ohne Hinzuziehung von Bau- und Sicherheitsfachleuten wird man jedoch kaum auskommen.

- Welche organisatorischen Maßnahmen sind zum Schutz des RZ getrof- fen und sind diese ausreichend wirksam?

  Darunter fallen u. a.

    - Zutrittsregelungen
    - Aufzeichnungen über Bedienung und Eingriffe an der Anlage

- Sind Verhaltensregelungen für Gefahren- und Katastrophenfälle ge- troffen? Sind diese Anweisungen aktuell und ausreichend bekannt?

● Welche RZ-internen, vor allem ablauftechnischen, Schwachstellen
  gibt es, die als Risiken einzustufen sind? Solche Risiken sind
  u. a. im Personaleinsatz bei nicht ausreichender Funktionstrennung
  begründet.

Ergebnisse der Risikoanalyse sind eine Übersicht über die Betriebs- und
Ablaufsicherheit des Rechenzentrums und das Aufzeigen nicht abgedeckter
Risiken. Damit erst ist die Grundlage für anschließende Planungsmaßnah-
men geschaffen.

Die Risikoanalyse erleichtert die Beurteilung, mit welcher Wahrscheinlichkeit ein Schadensfall eintreten kann und ob dabei eine Begrenzung
der Schadenshöhe zu erreichen ist oder ob mit einem Totalschaden gerechnet werden muß.

4. EINE PRIORITÄTENLISTE DER EINGESETZTEN DV-VERFAHREN FÜR

DEN KATASTROPHENFALL ERSTELLEN

Aus den im Rahmen der Risikoanalyse gewonnenen Daten ist eine Prioritätenliste der DV-Verfahren für die Einleitung besonderer Schutzmaßnahmen
und die Aufgabenabwicklung im Katastrophenfall abzuleiten. Dabei sind
die Bedeutung und die Dringlichkeit des Verfahrens entscheidend für die
Zuordnung zu Prioritätsgruppen. Außerdem ist zu berücksichtigen, ob und
in welchem Umfang Behelfslösungen möglich sind.

Eine Rangliste der Verfahren wird nach meinen Erfahrungen kaum festzulegen sein. Zweckmäßiger ist es, Prioritätsgruppen zu definieren und dann
jedes Verfahren einzustufen. Im konkreten Anwendungsfall eines RZ im Fer-
tigungsbetrieb haben wir folgende Gruppen gebildet:

Priorität 1

Verfahren, die zur Aufrechterhaltung der Produktion und des
Betriebes zwingend erforderlich sind und termingebunden abgewickelt werden müssen.

Darunter fallen alle Verfahren, die eine frei disponierbare
DVA erfordern und nicht an andere RZ zu entlasten sind oder
Bestandteil eines Gesamtablaufes der Priorität 1 sind.

<u>Priorität 2</u>

Verfahren, die auch im Katastrophenfall erforderlich sind, jedoch terminlich nicht gebunden bzw. in anderen Rechenzentren abgewickelt werden können.

<u>Priorität 3</u>

Verfahren, auf deren Abwicklung im Katastrophenfall vorübergehend verzichtet werden kann.

Nur eine bewußt kritische Prüfung der Bedeutung jedes einzelnen Verfahrens ermöglicht es, den weiteren Planungsaufwand zu begrenzen. Die Weiterführung des Betriebes mit dem gesamten Aufgabenspektrum im Katastrophenfall ist nicht denkbar.

Verfahren mit Priorität 3 werden deshalb bei allen weiteren Planungen nicht mehr berücksichtigt. Bei Verfahren mit Priorität 2 ist der Wiederanlauf, wenn auch mit einer evtl. zeitlichen Verzögerung, in einem Ausweich-RZ sicherzustellen. Das Schwergewicht der Planungen sollte deshalb bei solchen Verfahren auf die Rekonstruierbarkeit der Dateien und die Verfügbarkeit der Programme und Ablaufunterlagen gelegt werden. Ergebnis dieser Überlegungen wird in der Regel eine Intensivierung der Sicherungsläufe und eine verstärkte Auslagerung von Duplikaten sein.

5. EINEN KATASTROPHENPLAN AUSARBEITEN

Katastrophenplanung muß sich

- an einer Zielvorgabe (z. B. "Wiederanlauf innerhalb von x-Tagen")
- am Ist, nicht am erwünschten Soll-Zustand

orientieren. Sie soll nicht alle denkbaren Abläufe perfektionieren, sondern das Verhalten im Katastrophenfall steuern und erleichtern. Planungen und Sicherheitsvorkehrungen, die übertrieben sind, führen wegen fehlender Akzeptanz zu neuen Risiken durch "Ausschalten" der als lästig empfundenen Sicherheitsvorkehrungen. Vieles, was auf dem Markt für Sicherheitseinrichtungen heute angeboten wird, hat seine Berechtigung, dies jedoch nicht überall. Man sollte nicht aus jedem RZ eine "Burg" gestalten wollen. Die Abwägung zwischen Risiko und vertretbarem Aufwand ist entscheidend.

Inhalt eines Katastrophenplanes/Katastrophenhandbuches siehe Abb. 1:

Abb. 1:

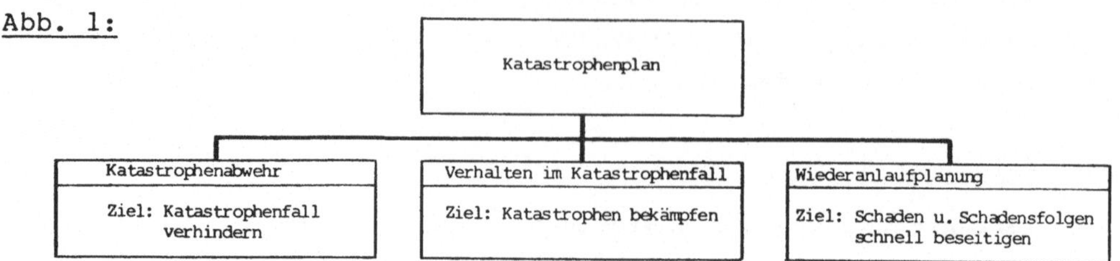

Der Katastrophenplan ist Nachschlagewerk und Arbeitsunterlage für alle von den darin beschriebenen Maßnahmen betroffenen Stellen. Da es sich um eine unvermeidbar umfangreiche Unterlagensammlung handelt, die die angesprochenen Stellen nur teilweise betrifft, sollte die Gliederung nach dem Bausteinprinzip erfolgen. Jede betroffene Stelle erhält nur den für sie relevanten Teil. Das Katastrophenhandbuch darf nicht für den Notfall in einen Aktenschrank gestellt werden. Es muß allen Betroffenen inhaltlich bekannt sein.

5.1. KATASTROPHENABWEHR

Wichtigstes Ziel der Planungen für den Katastrophenfall ist es, den Eintritt des Schadensfalles zu verhindern. Abgeleitet aus den Ergebnissen der Risikoanalyse sind bauliche, technische, organisatorische und personelle Maßnahmen zu treffen. Ideale Voraussetzungen dafür bestehen beim Neubau bzw. Umbau eines Rechenzentrums. Zu beachten ist jedoch in jedem Fall die Gleichwertigkeit der Sicherungsmaßnahmen. Es ist nicht sinnvoll, einzelne Sicherungsvorkehrungen bis zum maximal möglichen auszubauen und andere zu vernachlässigen. Das gesamte System ist nur so sicher wie der schwächste Systemteil! Auf konkrete Einzelmaßnahmen soll im Rahmen dieses Kurzreferates nicht eingegangen werden, da dies an anderer Stelle erfolgt. Wichtig ist es, konkret eingeleitete Maßnahmen im Katastrophenplan zu beschreiben und entsprechende Ablaufregelungen zu treffen.

Inhalt des Teiles "Katastrophenabwehr":

- Beschreibung der
  - baulichen
  - technischen
  - organisatorischen
  - personellen

Maßnahmen zur Verhinderung von Katastrophenfällen

● Ablaufregelungen/Anweisungen für

    - Objektschutzmaßnahmen

    - Zu- und Abgangskontrollen

    - Auslagerung von Datenträgern und Ablaufunterlagen

    - vorbeugenden Brandschutz

5.2. VERHALTEN IM KATASTROPHENFALL

Im zweiten Teil des Katastrophenplanes ist das Verhalten der Mitarbeiter
im akuten Schadensfall zu regeln. Außerdem sind Meldeabläufe und Maßnahmen der Schadensbekämpfung festzulegen. Zweckmäßig ist eine Gliederung
nach Schadensursachen bzw. Gefährdungen (Feuer, Unfall, Bombenalarm).
Aktualität der Unterlagen ist für den gesamten Katastrophenplan wichtig,
für diesen Teil des Planes unabdingbar.

Inhalt des Teiles "Verhalten im Katastrophenfall":

  ● Alarmplan Rechenzentrum

    - Signale
    - Verhalten bei Feuer, Unfall, Bombenalarm usw.
      (Löschen, Erste Hilfe, Abschalten des Stroms u.ä.)
    - Informationsablauf (wer informiert wen, innerhalb und
      außerhalb der normalen Arbeitszeit)
    - Gebäuderäumung, Evakuierungsmaßnahmen (einschl. Archiv)
    - Feuerwehreinweisung

  ● Einsatzleitung-Krisenstab

    - Auftrag, Befugnisse
    - Organisation
    - Arbeitsplatz der Einsatzleitung

  ● Hilfsmittel für den Katastrophenfall
    z. B. Liste der wichtigen Rufnummern (Feuerwehr, Erste
        Hilfe, Einsatzleitung, Mitarbeiter)

  ● Fluchtpläne

  ● Übersicht Löschhilfsmittel, Erste-Hilfe-Einrichtungen

  ● Checkliste für Schadensbestandsaufnahme

  ● Regelung der Mitarbeitereinweisung und von Katastrophen-
    übungen

5.3. <u>WIEDERANLAUFPLANUNG</u>

In vielen Fällen wird die Wiederanlaufplanung umfangreichster und schwie-
rigster Teil der Katastrophenplanung sein. Entscheidenden Einfluß auf di
Komplexität der Planungen haben vor allem

- Anzahl und Art der DV-Verfahren mit hoher Priorität
- erforderliche Vorsorgemaßnahmen zur kurzfristigen Weiterführung eines Dialogbetriebes
- Probleme bei der Festlegung eines Ausweich-Rechenzentrums

<u>Inhalt des Teiles "Wiederanlaufplanung":</u>

● Zusammensetzung und Aufgaben des Krisenstabes und der Arbeitsgruppen für den Wiederanlauf

● Vorsorge-Maßnahmen

- Ausweich-RZ für Notfälle (innerbetrieblich oder außerhalb, einschl. DFÜ-Netzvorbereitung)
- ggf. Hardware-Abstimmung mit Ausweich-RZ
- Betriebsmittel-Sicherung (Mindestbestandshaltung an
  nicht kurzfristig beschaffbarem Einsatzmaterial)

● RZ-Maßnahmen bei

- Ausfall mehrerer DVA oder der gesamten Hardware (ohne
  Archiv/Unterlagen)
- Ausfall des gesamten RZ
- Ausfall der Datenerfassung
- Personalausfall erheblichen Umfanges
- Verlust der Dokumentation/der Ablaufunterlagen
- Schädigung/Verlust des Datenträgerbestandes

● Maßnahmen zur Wiederherstellung/Ersatzbeschaffung von Räumen
  und Anlagen

● Maßnahmen zum Wiedereinsatz der Betriebssysteme

● Maßnahmen zur Betriebsmittelbeschaffung

● Prioritätenliste der eingesetzten Verfahren

● Maßnahmenkatalog für die eingesetzten Verfahren
- Sicherung der Programme
- Sicherung der Dateien

- Maßnahmen zum Wiederanlauf
    - im RZ
    - bei den verfahrensbetreuenden Stellen
    - beim Anwender
- Maschinelle Wiederanlaufhilfen (periodische Listenausgaben u. ä.)

● Lastverteilung der Verfahren im Katastrophenfall

● Maßnahmenkatalog des RZ zur Lastverteilung

● Maßnahmen bei Ausfall externer Rechner

● Maßnahmen zur Fortführung der Datenerfassung

Die Wiederanlaufplanung erfordert eine unterschiedliche Detaillierung
in den Einzelaktivitäten. Sehr genau müssen die Maßnahmen zum Wiederanlauf der DV-Verfahren (Hardware-Bedarf, Programme, Daten, Unterlagen,
beteiligte Mitarbeiter) beschrieben werden. Richtliniencharakter haben
Punkte wie Hardware-, Raum- und Betriebsmittelbeschaffung. Eine zu starke
Detaillierung würde im konkreten Schadensfall eher hinderlich sein und
zur Bürokratisierung in einer Situation führen, in der Aktions- und Ent-
scheidungsbereitschaft zwingend erforderlich sind.

Auf einen wesentlichen Punkt will ich hier noch hinweisen: Es genügt
nicht, mit einem Ausweich-Rechenzentrum eine Vereinbarung für Katastrophenfälle zu schließen. Ein koordiniertes Vorgehen bei Hardwareänderungen
und Betriebssystemeinsatz muß diese Vereinbarung ergänzen!

6. DEN KATASTROPHENFALL PROBEN

Aufschluß über die Wirksamkeit der Katastrophenplanung des Rechenzentrums
liefern Katastrophenübungen. In der Praxis wird man kaum alle denkbaren
Varianten einer Katastrophe austesten können. Doch auch Übungen mit be-
grenzter Aufgabenstellung können helfen, rechtzeitig Schwachstellen in
den Abwehrmaßnahmen, im Verhalten im Katastrophenfall und beim Wiederanlauf aufzudecken. Außerdem zeigen die Übungsergebnisse, ob die Mitarbeiter mit ihren Aufgaben im Katastrophenfall vertraut sind und diese
Kenntnisse anwenden können.

Was kann geübt werden:

- Wirksamkeit der Zugangskontrollen
- Meldeablauf außerhalb der Arbeitszeit
- Gebäuderäumung
- Brandbekämpfung
- Arbeit des Krisenstabes und der Arbeitsgruppen für den Wiederanlauf
- Rekonstruktion von Datenbeständen
- Parallelbetrieb eines Verfahrens unter Katastrophenfallbedingungen usw.

7. ERKENNTNISSE AUS DER DURCHFÜHRUNG DER KATASTROPHENPLANUNG IM EIGENEN RECHENZENTRUM

Im Werk für Systeme der Siemens AG in Augsburg wird z. Zt. eine Katastrophenplanung durchgeführt. Ein Teil der geplanten Maßnahmen ist bereits realisiert bzw. steht kurz vor der Realisierung, so z. B. die Verbesserung der Zugangskontrollen und die Einführung von Sicherheitszonen. Das Schwergewicht der Arbeiten liegt derzeit bei der Wiederanlaufplanung.

Aus dem bisherigen Verlauf der Planungen sind folgende Tips/Problemhinweise ableitbar:

- Die größten Probleme entstehen bei den Vorkehrungen zur Fortführung von Dialog-Verfahren im Katastrophenfall. Ein optimal gestaltetes DFÜ-Netz und der Einsatz von Konzentratoren erleichtern auch die Katastrophenplanung.

- Wo immer dies möglich ist, sollten Verfahren den Übergang auf einen personellen Notbetrieb (z. B. durch Bereithalten ausgelagerter Druckdateien für Listenausgaben zum Wiederanlauf) ermöglichen.

- Dialogverfahren sollten stets mit einer Schnittstelle für vorübergehenden Stapelbetrieb im Notfall ausgerüstet sein.

- Planspiele zum Wiederanlauf decken unerwartete Lücken bei der Datenträgerauslagerung auf.

- Auch Ablaufunterlagen müssen gesichert werden. Datenträger-Sicherung allein ermöglicht in vielen Fällen noch keinen Wiederanlauf.

- Ein Katastrophenhandbuch, das fertige Ablaufregelungen für alle denkbaren Fälle enthält, ist mit vernünftigem Erstell- und Pflegeaufwand nicht realisierbar.

- Absolute Sicherheit ist unerreichbar - maximale Sicherheit unerschwinglich.

<u>Literaturhinweise</u>

(1) Datenschutz-Berater
    Informationsdienst des Verlages Handelsblatt GmbH, Düsseldorf

(2) Sicherheits-Berater
    Informationsdienst des Verlages Handelsblatt GmbH, Düsseldorf

(3) Infrastruktur für den Betrieb von Datenverarbeitungsanlagen (herausgegeben von):
    Siemens AG, Bereich Datenverarbeitung, Techn. Kundendienst,
    München

Vorgehensweise bei der Erstellung
eines Katastrophenplanes für Rechenzentren

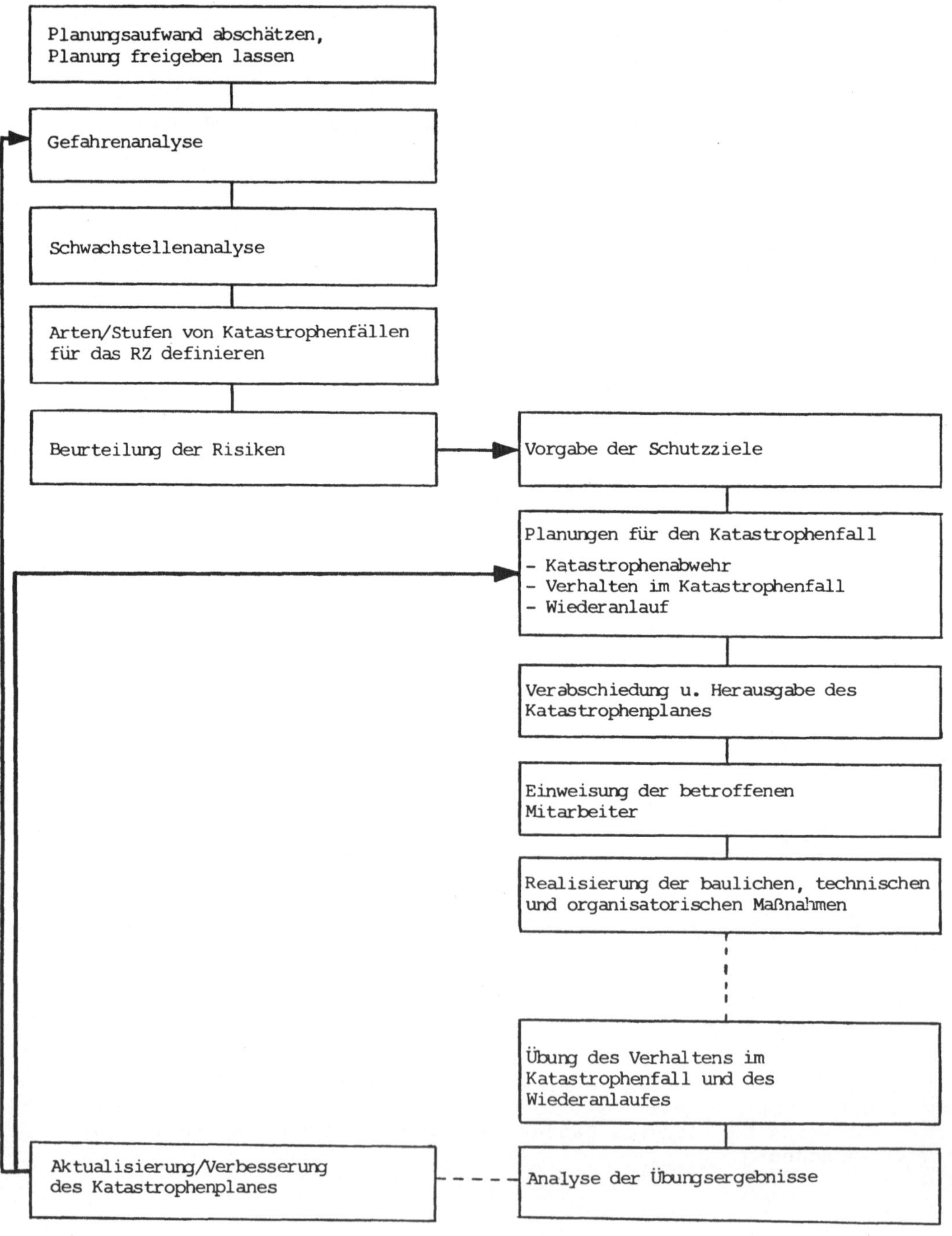

Krisenstab u. Arbeitsgruppen für den Wiederanlauf

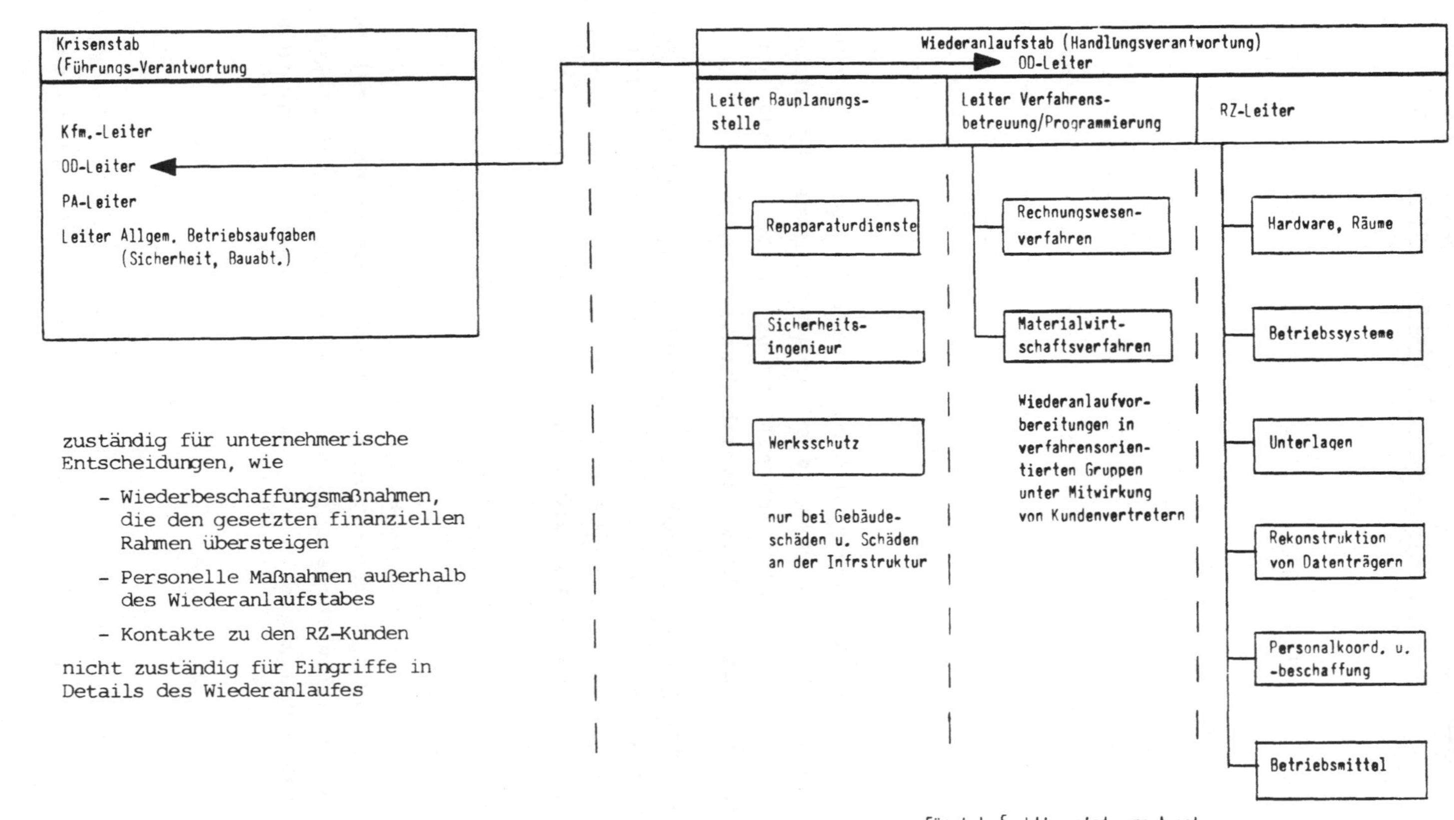

Eckwerte für Leistungsmessung und Kapazitätsplanung
- Absichten in Niedersachsen -

D. Kiel
Niedersächsischer Landesrechnungshof

1. Entwicklungsanlass in Niedersachsen

"Ohne Rücksicht auf die Kosten/ Amts-Elektronik hat viel Leerlauf"

Mit dieser Schlagzeile leitete eine regionale Zeitung einen Artikel
ein, der sich mit den Ergebnissen einer Organisations- und Wirt-
schaftlichkeitsprüfung des Niedersächsischen Landesrechnungshofs bei
einem Mehrzweckrechenzentrum auseinandersetzte. Weiterhin war zu lesen, der parlamentarische Unterausschuss für Finanzfragen erwarte
"Massnahmen zu einer wirtschaftlicheren Ausnutzung der Anlagen sowie
eine bessere Koordinierung der Ressorts bei Beschaffung von ADV-An-
lagen". Mit anderen Worten, die Landesregierung war aufgefordert,
Normen für die Wirtschaftlichkeit der Datenverarbeitung von der Planung bis zum Routinebetrieb zu schaffen.

Zur Erarbeitung von Vorschlägen - zunächst als Eckdaten - wurde eine
Arbeitsgruppe aus je zwei Beauftragten des Innenministeriums und des
Rechnungshofs sowie je eines Vertreters eines Mehrzweck- und eines
Fachrechenzentrums einberufen. Unkenrufe prophezeiten dem Team ein
frühzeitiges Scheitern, weil generelle Werte nicht zu entwickeln, im
übrigen nicht durchsetzbar seien.

Zwischenzeitliches Ergebnis:
Eckwerte für Leistungsmessung, Kapazitätsauslastung und Kapazitätsplanung sind in Niedersachsen zwischenzeitlich nicht mehr Absicht, sondern Zielvorgabe für rationelles, wirtschaftliches Verwaltungshandeln und zugleich partielle Norm für den Automationsbereich
der Landesverwaltung.

2. Auftrag zur Wirtschaftlichkeit

Bevor ich auf mein Thema weiter eingehe, lassen Sie mich versuchen,
zunächst das verbreitete Vorurteil auszuräumen, die Forderung nach
Wirtschaftlichkeit sei - zumindest in ihrem heutigen Anspruch - neu

und ohne die Mitwirkung oder den fachmännischen Rat Dritter nicht einzuhalten.

Ist Wirtschaftlichkeit - verbunden mit den Begriffen wie Rationalisierung, Sparsamkeit - ein Modewort, das augenblicklich tendenziös strapaziert wird?

Als modern und damit als eine Zeiterscheinung ist sie wohl einzuordnen, soweit sich derzeit Verwaltungsfremde um Aufträge zur Untersuchung der Wirtschaftlichkeit in Bereichen der öffentlichen Verwaltung forciert bemühen. Der Trend, Externe mit Untersuchungen zu betrauen, dürfte aber rückläufig werden, weil die Berichte nur eine Momentaufnahme wiedergeben und sich - mangels ausreichender Insiderkenntnisse - oft mit verbalen Aussagen begnügen (müssen). Für die praktische Umsetzbarkeit sind sie deshalb oftmals nur bedingt oder eingeschränkt geeignet. Sie ziehen damit in der Regel - ungewollt oder beabsichtigt - weitere Untersuchungen nach sich.

Nach den haushaltsrechtlichen Bestimmungen des Bundes und der Länder sind Wirtschaftlichkeit und Sparsamkeit schon seit jeher oberste Maxime für den Verwaltungsvollzug. Seit 1972 gelten sie nun auch ausdrücklich schon für die Planung. Diese permanente Forderung nach Wirtschaftlichkeit lässt sich über eine einmalige Untersuchung - z.B. durch Dritte - nicht hinreichend verwirklichen, sondern bedingt auch anschliessende Erfolgskontrollen. Um die Wirtschaftlichkeit verbunden mit Rationalisierung und Sparsamkeit einhalten zu können, ist deshalb ein ständiges initiatives Tätigwerden der öffentlichen Verwaltung unerlässlich. Diesen Auftrag kann m.E. die Verwaltung nur mit eigenen, entsprechend ausgebildeten Kräften angemessen erfüllen.

Die Verwaltung beachtet diese Grundsätze nicht immer mit der gebotenen Sorgfalt. Das ist überwiegend nicht auf eine ablehnende Haltung der Dienstkräfte zurückzuführen, sondern dürfte vielmehr in der noch nicht hinreichenden Kenntnis und Beherrschung des dazu notwendigen Instrumentariums begründet sein. In dem von mir genannten konkreten Fall gab die Presse die Meinung des Niedersächsischen Landesrechnungshofs wie folgt wieder: "Der erhebliche Leerlauf in der millionenteuren Amts-Elektronik beruht auf unzweckmässiger Organisation und mangelhafter Ausbildung der Bediensteten."

3. <u>Beratung durch den Landesrechnungshof</u>

Mir scheint es auch angezeigt, Ihnen vorab zu erläutern, wie weit und zu welchem Zeitpunkt sich Rechnungshöfe in das Verwaltungshandeln einschalten können.

Für jedermann ist verständlich, dass sich eine Prüfungsinstanz mit der Einhaltung des Grundsatzes der Sparsamkeit und Wirtschaftlichkeit beim Aufgabenvollzug - zu dem vom Thema auch der Bereich Leistungsmessung gehört - auseinanderzusetzen hat. Engagiert sich die Revision bereits in der Planungsphase, so wird für manchen zunächst fraglich sein, ob das überhaupt Aufgabe einer Prüfungsinstanz sein kann. Die Niedersächsische Landeshaushaltungsordnung und gleichlautende Bestimmungen des Bundes und anderer Länder bestimmen u.a., dass der Rechnungshof insbesondere auch Massnahmen prüft, die sich finanziell auswirken können.

Unterschiedliche Prüfungsinhalte und Prüfungsintensitäten der einzelnen Rechnungshöfe ergeben sich bereits zwangsläufig, weil der Prüfungsantrag nach den geltenden Haushaltsordnungen von einzelnen dahingehend verstanden wird, dass nur von der Verwaltung entschiedene und vollzogene Massnahmen prüfungsrelevant sind, für andere - wie den Niedersächsischen Landesrechnungshof - der Prüfungsauftrag aber bis in die Planungsphase und damit bis zur Einflussnahme auf die Gestaltung reicht. Der Landesrechnungshof kann zeitnah und somit schon Massnahmen prüfen, die noch nicht ausgabewirksam geworden sind. Er kann darüber hinaus aber auch - aufgrund seiner Prüfungserfahrungen - aus eigener Initiative beratend tätig werden. Seit 1972 ist das gesetzlich geregelt. Piduch (Kommentar zum Haushaltsrecht) schliesst mit seinen Erläuterungen zu Umfang und Intensität der vorgängigen Prüfung des Haushaltsvollzugs nicht jeden Zweifel aus. Ich will hier darauf nicht näher eingehen, um Sie nicht zu verwirren. Mit Theorien ist Ihnen im übrigen wohl auch nicht gedient, die Praxis bestimmt - zumindest derzeit - die Auswirkungen auf die Verwaltung.

Es bleibt festzuhalten, dass die Rechnungshöfe einen bis in die Planungsphase reichenden Auftrag haben, dessen Stellenwert u.a. individuell von dem Verständnis jedes Rechnungshofes über seine Aufgabenschwerpunkte beeinflusst wird. Umfang und Intensität werden im wesentlichen auch dadurch bestimmt, ob und inwieweit die Landesregierung die einzelnen Minister, insbesondere aber der Landtag den jeweiligen Rechnungshof, zur Beratung heranziehen. Die Beratungsfunktionen des Niedersächsischen Landesrechnungshofs hat sich seit 1972 ständig verstärkt, weil Landtag und Landesregierung z.B. nicht nur besonderen Wert auf die eingehende Stellungsnahme des Landesrechnungshofs bei der jährlichen Beratung des Haushalts legen, sondern u.a. auch oft eine Äusserung des Landesrechnungshofs bei der Behandlung von Gesetzes-, Verordnungs- und Erlassentwürfen, die eine künftige Ausgabenerhöhung nach sich ziehen, erwarten.

So erklärt sich auch die Mitwirkung von zwei Beauftragten des Landesrechnungshofs in der Arbeitsgruppe; das ist auf den ausdrücklichen Wunsch des Innenministeriums zurückzuführen.

4. Zielvorgaben

Nachdem ein von allen Ressorts besetzter interministerieller Arbeitskreis keine Einwände erhoben hat, sind in Niedersachsen nun folgende Zielvorgaben für den Betrieb von Mehrzweck- und Fachrechenzentren - vorbehaltlich der Notwendigkeit zur Abweichung im Einzelfall - als Mindestwerte zu beachten:

1. Rechenzentren sind grundsätzlich in zwei Schichten (entsprechend der Arbeitszeitregelung) zu betreiben.

2. Bei DV-Anlagen, auf denen Dialogverfahren abgewickelt werden, ist von einer Antwortzeit am Datenendgerät (Absenden der Frage bis Beginn der Antwort) in 95 v.H. aller Fälle von max. 10 sec. auszugehen.

3. Bei virtuellem Betrieb einer DV-Anlage ist der reale Hauptspeicher unterdimensioniert, wenn die CPU-Belastung durch das Seitenwechselverfahren 15 v.H. wiederholt überschreitet.

4. Als CPU-Auslastung/Jahr (1) bei DV-Anlagen, deren Nutzungsprofil durch Stapelverarbeitung geprägt ist, soll grundsätzlich ein Wert von 70 v.H. erreicht werden.

---

(1) CPU-Auslastung: =

$$\frac{(\text{CPU-Zeit/Programme} + \text{CPU-Zeit/Overhead}) \times 100}{\text{Gesamtbetriebszeit} - \text{Ausfallzeit} - \text{Wartungszeit}}$$

Bei DV-Anlagen, deren Nutzungsprofil von Dialogverarbeitung geprägt ist, ist von einer CPU-Auslastung von 50 bis 60 v.H. auszugehen. Es wird beeinflusst durch die Forderung zu 2. und das jeweilige Anwenderprofil.

5. Bei mehrjährigen Mietverträgen (derzeit max. drei Jahre) ist die Leistung des anzumietenden Rechnermodells auf den anerkannten Kapazitätsbedarf des letzten Jahres des Mietvertrages auszulegen, sofern die Mietkonditionen der Herstellerfirmen eine laufende Anpassung nicht zulassen.

6. Für die Systemverfügbarkeit soll ein Wert von 96 v.H./Jahr nicht unterschritten werden (2).

7. Beim Kauf von DV-Anlagen ist in der Wirtschaftlichkeitsrechnung grundsätzlich von einer Nutzungsdauer von fünf Jahren auszugehen.

8. Personal für den RZ-Betrieb:
    Standardausstattung pro Schicht:
    1 Schichtleiter
    1 Konsoloperator pro Konsole
    1 Peripherieoperator je 8 Bandeinheiten bzw. Schnelldrucker

9. Bei der Bemessung der Plattenkapazität ist von einem Sicherheitszuschlag von 30 v.H. der zu speichernden Daten auszugehen.

---

(2) <u>Systemverfügbarkeit:</u> =

$$\frac{(\text{Gesamtbetriebszeit} - \text{Ausfallzeit} - \text{Wartungszeit}) \times 100}{\text{Gesamtbetriebszeit}}$$

wobei:

<u>Ausfallzeit</u>: Summe aller Zeiten, in denen die Anlage (ungeplant) aus technischen Gründen nicht betrieben werden kann, obwohl Aufgaben vorhanden sind.

<u>Wartungszeit</u>: Summe aller Zeiten, in denen die Anlage aufgrund vorbeugender Wartung nicht für Produktion oder Tests genutzt werden kann.

5. Erläuterungen

Zu den Teilziffern (Tz.) ist im einzelnen zu bemerken:

Für die zwei Schichten wird selbstverständlich nur der bediente Betrieb gewertet. Die Anlagen sind somit zur Zeit arbeitstäglich während 16 Stunden - bedient - zu fahren (Tz. 1).

Der Wert der maximalen Antwortzeit war für die Arbeitsgruppe unbefriedigend, ein anderer Wert aber nicht greifbar, weil in einem landesweiten, aufwendigen und umfassenden Verfahren ohne unangemessen hohe Zusatzinvestitionen ein besseres Antwortzeitverhalten nicht erreichbar sein würde (Tz. 2).

Bei den Auslastungsgraden (Tz. 3, 4) haben sich die Beauftragten des Landesrechnungshofs auch auf Erfahrungswerte anderer Rechnungshöfe und von Firmen gestützt. In der Arbeitsgruppe haben die Rechenzentrum-Vertreter in längerer Diskussion versucht, ihre derzeitigen geringeren Ist-Werte als Minimaldaten durchzusetzen. Der Hinweis, der Landesrechnungshof werde bei seinen Prüfungen dann von höheren Werten ausgehen müssen, reichte aus, um zum gemeinsamen Ergebnis zu kommen.

Für die Hochschulrechenzentren - das sei hier eingefügt - sind die Werte in Tz. 4 selbstverständlich zu niedrig.

Die Tz. 5 baut auf der Forderung des Landesrechnungshofs auf, dass aus Gründen der Wirtschaftlichkeit bei Beschaffungen und Umrüstungen die Kapazität einer Analge zunächst auf den Bedarf der nächsten zwei bis drei Jahre abgestellt werden soll, Erweiterungen sodann in entsprechenden Zeitintervallen nach dem Bedarfszuwachs vorzunehmen sind.

Auf die Tz. 7 legte die Landesverwaltung Wert, weil sie in letzter Zeit wiederholt gemietete Anlagen zum Restkaufwert erworben hat.

6. Verbindlichkeit der Zielvorgaben

Die Verwaltungen einschliesslich Rechenzentren sind gehalten, die Eckwerte bei der Kapazitätsplanung, Beschaffung, Kapazitätsauslastung und Leistungsmessung zu beachten. Ein indirekter Zwang besteht insoweit, als die Fachaufsicht wie auch der Landesrechnungshof zunächst die Zielvorgaben bei ihren Prüfungen als Masstab ansetzen.

Minimalwerte dürfen im Einzelfall nur unterschritten werden, wenn z.B. unbeeinflussbare Umstände oder aufgabenbezogene Besonderheiten es erfordern.

Die Zielvorgaben schliessen auch nicht aus, dass der Landesrechnungshof bei seinen Prüfungen im Einzelfall höhere Werte für notwendig hält. Die Kritik des Landesrechnungshofs und etwaige negative Folgerungen für die Verantwortlichen werden aber erheblich milder ausfallen, wenn die Mindestwerte der Zielvorgaben wenigstens erreicht werden.

7. Kapazitätsplanung und Beschaffung

Die mittelfristige Kapazitätsplanung in Niedersachsen war früher allein auf die Programmlaufzeiten, später auch auf den CPU-Verbrauch ausgerichtet (Anlage 1). Für das verflossene Basisjahr wurden oft statt der Ist-Daten auch nur Schätzwerte eingesetzt. Die Daten und daraus gezogenen Folgerungen nun schon als Grobraster zu werten, halte ich für mehr als schmeichelhaft. Künftig werden für jedes eingesetzte und beabsichtigte Verfahren detaillierte Angaben verlangt (siehe Anlage 2). Unter Verwendung der Zielvorgaben als Masstab werden sodann realitätsbezogene Daten für die künftigen Kapazitätsveränderungen (apparativ und personell) ermittelt (Anlage 3), die Grundlage der Haushaltsmeldungen werden. Für die Haushaltsmeldungen ergeben sich insofern Erleichterungen, als Veränderungen, die unter Einhaltung der Zielvorgaben notwendig werden, künftig keiner eingehenden Begründung mehr bedürfen sollen.

Ein Ziel, das zunächst nebensächlich erscheinen mag, könnte sich als besonders bedeutend herausstellen:

Überwiegend haben Sie sicher schon selbst erfahren, wie schwierig es ist, einen ADV-Laien, vor allem wenn er für die Organisation verantwortlich zeichnet, von der Notwendigkeit überhaupt, aber auch von dem Umfang vorgeschlagener Investitionen und Personalverstärkungen zu überzeugen. Selbst wenn Sie über gute Überzeugungs- oder Überredungskünste verfügen, bleibt doch oft bei dem Nichtfachmann ein unterschwelliges Misstrauen zurück.

Die Zielvorgaben dürften deshalb insoweit künftig als allgemein verständlicher Beurteilungsmasstab mit dazu beitragen, dem Laien eine bessere Entscheidungsgrundlage zu bieten.

8. Kapazitätsauslastung und Leistungsmessung

Die Eckdaten können und sollen für jedermann nur ein erster Anhaltspunkt zur Beurteilung der Kapazitätsauslastung und für eine Leistungsmessung sein.

Im Bereich der Leistungsmessung hat der Niedersächsische Landesrechnungshof bisher überwiegend auf die Daten des Job-Account zurückgegriffen und somit meistens über wenige statistische Daten eine grobe Leistungsbeurteilung vorgenommen. Demgegenüber hat der Bundesrechnungshof in einzelnen Rechenzentren selbst eingehende Leistungsmessungen vorgenommen.

Bedingt durch die in der Regel ungünstige Relation von Prüfungsstoff und disponibler Prüfungszeit lassen sich aber solche Messungen generell von einer Prüfungsinstanz nicht durchführen. Nach einem Erfahrungsaustausch zwischen den "Sachverständigen" der Rechnungshöfe scheint es grundsätzlich auszureichen, eine Schwachstellenanalyse, die sich graphisch darstellen lässt, mit Hilfe weniger Leistungswerte (ca. 8) zu erreichen. Diese verkürzte plastische Darstellung hat den besonderen Effekt, dass den mit den Prüfungsergebnissen befassten Entscheidungsgremien, die selten über eingehende ADV-Kenntnisse verfügen, ermöglicht wird, die Analyse zu erfassen und Folgerungen nachvollziehen zu können.

Ich möchte darauf heute nicht weiter eingehen, weil wir dieses Verfahren erst am Jahresende bei der Prüfung eines grösseren Hochschulrechenzentrums proben wollen.

Falls einige von Ihnen schon Ängste ausstehen, die ADV werde damit entmythologisiert, darf ich diese Kollegen beruhigen. Selbstverständlich legen wir auf weitere Daten, Auswertungen und Analysen Wert, die genauere Aufschlüsse über Art und Umfang der Schwachstellen geben. Diese Daten werden nur vom Rechnungshof bei den Prüfungen nicht selbst erhoben werden, sondern von den Rechenzentren - wegen ihrer Pflicht zur Wirtschaftlichkeit - vorzuhalten oder zu ermitteln sein. Die Auseinandersetzung über diese Daten bleibt dann selbstverständlich den Insidern vorbehalten.

9. Absichten in Niedersachsen

Die verabschiedeten Zielvorgaben sind lediglich der Anfang eines Bündels von Normen zur Wirtschaftlichkeit der ADV. Die in Nieder-

sachsen noch fehlenden Bestimmungen sind zu schaffen und nicht mehr
zeitgemässe Richtlinien zu überarbeiten, um dem Auftrag des Niedersächsischen Landtags nachzukommen. Das Genehmigungsverfahren für die
Hardwarebeschaffung wird in Kürze neu geregelt werden. Die Arbeitsgruppe wird zunächst das Anforderungsprofil für eine Betriebsabrechnung der Rechenzentren festlegen und sodann auflisten, welche weiteren Regelungen - über welche Massnahme, mit welchem Inhalt und in
welcher Form - für die Wirtschaftlichkeit des Rechenzentrumbetriebes
zu treffen sind.

Zum Schluss ein kleiner Trost für alle, die Böses argwöhnen: Wir
wollen keine Perfektion bis ins Detail, die jede Initiative lähmt.
Der wirtschaftliche Einsatz der ADV und Hilfen zur besseren Verwirklichung sind unser Ziel!

Mittelfristige Kapazitätsplanung
- bisheriger Vordruck

M I T T E L F R I S T I G E   K A P A Z I T Ä T S P L A N U N G   19   -   19

Dienststelle		ADV-Anlage								
Rechenzentrum		Betriebssystem		Programm für Zeitmessung (z.B. MFS)						
A U F G A B E N G E B I E T		**M O N A T L I C H E M A S C H I N E N Z E I T**								
		19		19		19		19		19	
		CPU	PLS+	CPU	PLS+	CPU	PLS+	CPU	PLS+	CPU	PLS+
Benutzerorientierte CPU-ZEIT INSG.	PLS INSG.									
Systemorientierte CPU-ZEIT INSG.										
CPU-ZEIT INSG.	EINSCHALTZEIT DER ANLAGE									

+ PLS = Programmlaufstunde

MITTELFRISTIGE KAPAZITÄTSPLANUNG 198. BIS 198.

| DIENSTSTELLE | RECHENZENTRUM | DV-SYSTEM (HERSTELLER, TYP) |

AUFGABENGEBIET	PLANUNGS-ZEITRAUM	BATCH-BETRIEB (JÄHRLICHER MONATSDURCHSCHNITT)					DIALOG-BETRIEB									
		HAUPTSPEICHER BEDARF DES GRÖSSTEN PROGRAMMS KB	CPU-ZEIT PROGRAMME h	PLATTEN-SPEICHER-BEDARF MioB	ANZAHL BAND-EINHEITEN (GLEICHZEITIG BENÖTIGT)	DRUCKER-ZEILEN Tsd.	ANZAHL ANGE-SCHLOSS. DIENST-STELLEN	ANZAHL ANGE-SCHLOSS. DATENEND-GERÄTE	CPU-ZEIT PROGRAMME h	HAUPTSPEICHER BEDARF DES GRÖSSTEN PROGRAMMS KB	PLATTEN-SPEICHER BEDARF MioB	ANZAHL TP-ANFRAGEN TAG	ERWARTETE ANTWORT-ZEIT	TÄGL. TP-ZEIT VON-BIS	KOMMUNI-KATIONS-WEG -LOKAL -FERN	SONDER-PERIPHERIE (z.B. COM)
	198.															
	198.															
	198.															
	198.															
	198.															
	198.															
	198.															
	198.															
	198.															
	198.															
	198.															
	198.															
	198.															
	198.															
	198.															
	198.															
	198.															
	198.															
	198.															
	198.															
	198.															
	198.															
	198.															
	198.															

Anhang 2

Mittelfristige Kapazitätsplanung
- aufgabenbezogener Vordruck

MITTELFRISTIGE KAPAZITÄTSPLANUNG 198. BIS 198.

Anhang 3

Mittelfristige Kapazitätsplanung
- rechenzentrumsbezogener Vordruck

RECHENZENTRUM	DV-ANLAGE (HERSTELLER, TYP, HAUPTSPEICHERGRÖSSE)									
BETRIEBSSYSTEM	ACCOUNTINGROUTINEN (Z.B. SMF) u. AUSWERTUNGSPROGRAMME								ZAHL DER SCHICHTEN	

ZUSAMMENFASSUNG DER PLANUNGSDATEN	GESAMTBE-TRIEBSZEIT	JÄHRLICHER MONATSDURCHSCHNITT						PLATTEN-SPEICHER-BEDARF	DRUCKER-ZEILEN / MONAT	ANZAHL ANGESCHLOS-SENE DIA-LOGGERÄTE	ANZAHL TP-ANFRA-GEN / TAG	SONDER-PERIPHE-RIE
		WARTUNGSZEIT		AUSFALLZEIT		CPU-ZEIT / PROGRAMME	CPU-ZEIT OVERHEAD	AUSLASTUNG CPU					
	h	h	%	h	%	h	h	%					
BASISJAHR (IST) 198.												
PLANUNGSJAHR 198.												
PLANUNGSJAHR 198.												
PLANUNGSJAHR 198.												
PLANUNGSJAHR 198.												
PLANUNGSJAHR 198.												

PERSONALAUSSTATTUNG	(ANZAHL) BASISJAHR (IST)	GERÄTEAUSSTATTUNG	(ANZAHL) BASISJAHR (IST)	GEPLANTE ÄNDERUNGEN
SCHICHTLEITER :		ZENTRALEINHEITEN :		
KONSOLBEDIENER :		KONSOLEN :		
PERIPHERIEBEDIENER :		PLATTENLAUFWERKE :		
SONSTIGE BEDIENUNGSKRÄFTE :		BANDEINHEITEN :		
		DRUCKER / :		
		VERVIELLEISTUNG		
		SONSTIGE GERÄTE :		

<u>Leistungsbewertungsstrategie für Timesharing-Systeme</u>

Dirk Schriefer

Kernforschungszentrum Karlsruhe (KfK)
Postfach 3640
7500 Karlsruhe

1. Vorbemerkungen
2. Leistungsdefinition
3. Leistungsmessung
4. Nachbildung von Arbeitslasten
5. Leistungsbewertung
6. Beispiele
7. Literaturhinweise

<u>1. Vorbemerkungen</u>

Umfassende Untersuchungen über systematische Zusammenhänge der
leistungsrelevanten Grössen (Kontrollvariable KV) einer im TS-Betrieb
fahrenden DV-Anlage, die an den Rechnersystemen des KfK Karlsruhe
vorgenommen wurden, ermöglichen eine permanente Leistungskontrolle und
-bewertung der TS-Systeme <1>. Diese setzen sich zusammen aus einer
Vielzahl einzelner auf das Bewertungsziel ausgerichteter Massnahmen,
die, einer Gesamtstrategie folgend, durchgeführt werden. Sie
ermöglichen der RZ- und der Unternehmensleitung die Beurteilung
kostenverursachender Aktivitäten im Rechenzentrum, wenn die Strategie
der Leistungsbewertung in das unternehmensspezifische Berichtswesen
integriert wird.

Neben einer aus der Literatur <2> bekannten funktionellen
Aufgliederung nach Untersuchungszielen wird eine aufwandshierarchische
Abstufung eingeführt. Diese beginnt mit statistischen Analysen der
Betriebsdaten, die mit geringem Aufwand durchzuführen sind, führt über

den Einsatz eines TS-Quasi-Benchmarks bis zum Einsatz des dynamischen TS-Benchmarks aus Script-Polynomen, dessen Durchführung aufwandsmässig nur selten vertretbar sein wird.

2. Leistungsdefinition

Ausgangsposition für die Leistungsbewertung im Rechenzentrum ist das in Fig. 1 dargestellte Modell, das einerseits die Beziehung zwischen den Benutzern des TS-Systems und dem System als Regelkreis und den Zusammenhang zwischen der Arbeitslast und dem Servicegrad des TS-Systems andererseits darstellt.

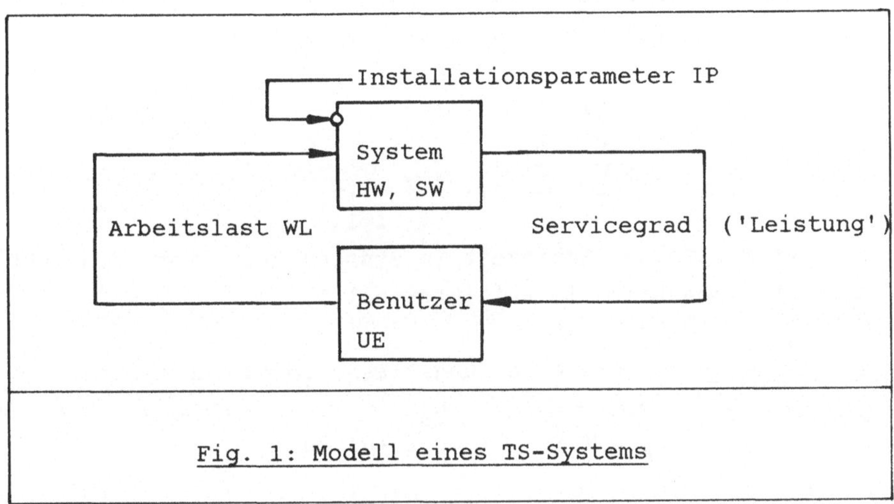

Fig. 1: Modell eines TS-Systems

Jeder Benutzer erzeugt während einer TS-Sitzung in einer Folge von Transaktionen Anforderungen an das System, deren Summe, die Arbeitslast, neben System-Hardware und -Software und deren installationsspezifischen Parametern, den Servicegrad bestimmt.

Der Servicegrad des TS-Systems wird angegeben durch die direkt am System messbaren Grössen Systemleistung L (als internes oder systembezogenes Leistungsmass) und System-Antwortzeit R (als externes oder benutzerbezogenes Leistungsmass), sowie durch die Differenz zwischen der Antwortzeit R und dem Erwartungswert der TS-Benutzer bzgl. der Antwortzeit R', die (Benutzer-) Verlustzeit V (V = R - R')

heissen soll. Diese kann nur in Zusammenarbeit mit Benutzergruppen
ermittelt werden; ihr reziproker Wert ist ein Mass für die Akzeptanz
des TS-Systems durch die Benutzer. Zur Beurteilung der wirtschaftlichen Auswirkungen einer mit einer Veränderung des Systems verbundenen Leistungsänderung bezogen auf einzelne Anwendungsklassen wird
der Begriff des Produktivitätsgewinns G verwendet. Es sind wie folgt
definiert:

Systemleistung: L = Anz. d. abgefertigten Transaktionen / Zeit

$$= (\sum_{i=1}^{u} m_i) / T$$

m_i ist die Anzahl der durch den Benutzer i während des Zeit-
intervalls T beendeten Transaktionen, u ist die Anzahl der
gleichzeitig laufenden TS-Sitzungen;

System-Antwortzeit: R = Aktivzeit / Anz. d. abgefert. Transaktionen

$$= (\sum_{i=1}^{u} \sum_{j=1}^{m_i} T_{ij}) / \sum_{i=1}^{u} m_i$$

T_{ij} ist die Dauer (Aktivzeit im System) der j-ten Transaktion
des i-ten Benutzers im Zeitintervall T;

Produktivitätsgewinn für die Anwendungsklasse (oder Funktionsklasse) k:

$$G_k = T \cdot F_k = T \cdot \int_{0}^{u_0} f_k(u) \, du$$

F_k heisst klassenspezifische Gewinnfunktion (der Klasse k),
$f_k(u)=(u/T) \cdot [R_k(u;S_1) \cdot p(u;S_1) \cdot r_k(S_1) - R_k(u;S_2) \cdot p(u;S_2) \cdot r_k(S_2)]$
$R_k(u;S_i)$, i=1,2, sind die System-Antwortzeiten für Trans-
aktionen aus der Klasse k und dem System S_i in T,
$p(u;S_i)$ ist die Verteilung der Benutzeranzahl u in T,
$r_k(S_i)$ ist die Gewichtung der Anwendungsklasse k (bei voll-
ständiger Zerlegung des Funktionsspektrums der Anteil der
k an allen Transaktionen während T);

Gesamt-Produktivitätsgewinn: G = Summe der klassen-spez. Prod.-Gewinne

$$= T \cdot F = T \cdot \sum_{k=1}^{k_{max}} F_k$$

<u>Verlustzeit:</u> V = Benutzer-Zeitverlust-Anteil von R,

$$= \int_{t_1}^{t_2} V'(t)\ u(t)\ dt$$

V'(t) mittlere Verlustzeit je Benutzer zur Zeit t,

u(t) Anzahl der Benutzer u zur Zeit t,

t_1 und t_2 sind Beginn und Ende des Bewertungszeitraums
(siehe Fig. 2);

Ein mathematisches Modell zur benutzer-orientierten Bewertung
eines TS-Systems ist in <5> beschrieben; dieses Modell bezieht
auch die Zuverlässigkeit und Verfügbarkeit in die Untersuchung
mit ein.

Es sind:

$$L = L(WL, HW, SW, IP),$$
$$R = R(WL, HW, SW, IP),$$
$$G = G(WL, HW, SW, IP)\ \text{und}$$
$$V = V(WL, HW, SW, IP, UE),$$

mit

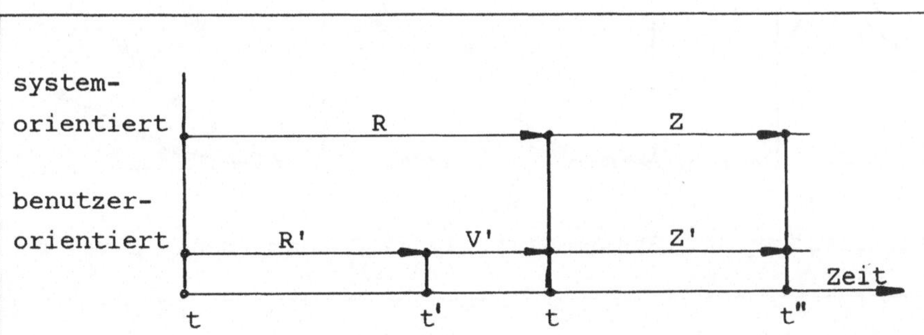

R = System-Antwortzeit   Z = Z' = Denkzeit
R' = erwartete System-Antwortzeit V' = Verlustzeit

Fig. 2: Verlustzeit pro Transaktionszyklus

WL: Workload, Arbeitslast,

HW: System-Hardware-Konfiguration,

SW: Betriebssystem- und Standard-Software,

IP: installationsspezifische   System-Parameter   (sie
    beschreiben den 'Tuning'-Stand des TS-Systems) und

UE: User Expectation, Benutzer-Erwartung <3>.

Die Systemleistung L im Zeitintervall T ist identisch mit der Anzahl
der in T vom System abgefertigten Transaktionen.

Bei gleichbleibender Systemleistung L wird die Antwortzeit R eines
TS-Systems durch den <u>TS-Concurrency-Level C</u> bestimmt, der die Anzahl
der gleichzeitig in System-Bearbeitung befindlichen Transaktionen
bezeichnet:

$$L \cdot R = C$$

(siehe Fig. 3).

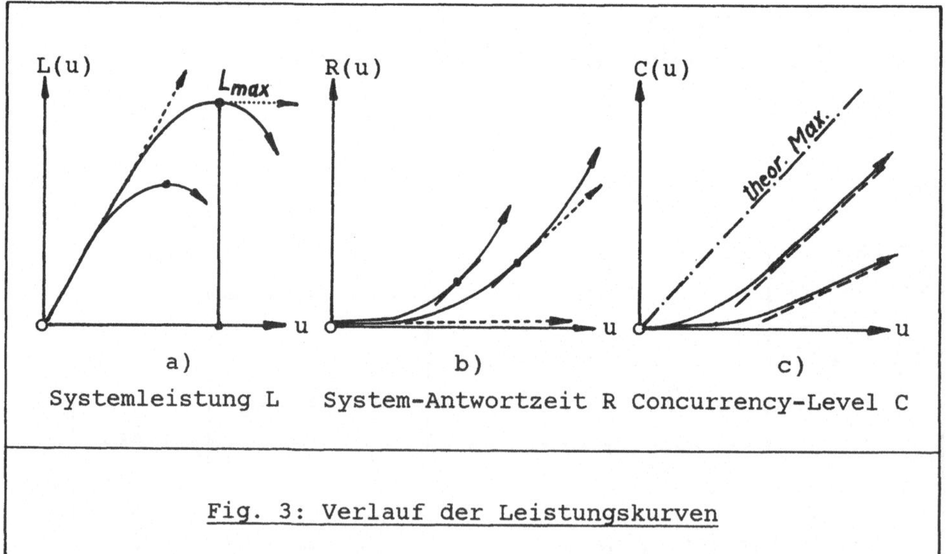

Fig. 3: Verlauf der Leistungskurven

3. Leistungsmessung

Für eine retrospektive Analyse der Leistungsdaten ist eine grosse
Anzahl von Kontrollvariablen (KV), den leistungsrelevanten Kenngrössen, <u>betriebsbegleitend</u> am System zu messen, aufzuzeichnen und zu

verwalten.

Der Aufzeichnungsmodus (Hardware- oder Software-Monitor) ist irrelevant, doch wird für einen standardisierten und permanenten Einsatz im Rechenzentrum einem Standard-Software-Monitor der Vorzug gegeben. Bei den Messungen (und Aufzeichnungen) ist auf eine hinreichend hohe Auflösung zu achten; jedoch ist bei der Festlegung der Messdichte auch der Aufwand zu berücksichtigen. Dies führt zu einer zweiteiligen Mess-Methodik:

- <u>makroskopische Messungen</u> einer grossen Anzahl von KV mit nicht zu grosser Messdichte können vom Aufwand her (Mess-Overhead, Daten-haltung) betriebsbegleitend duchgeführt werden,

- <u>mikroskopische Messungen</u> werden nach Planung eines Leistungsanalyse-Vorhabens für begrenzte und nur für die Analyse relevante Zeit-intervalle durchgeführt.

Haltung und Verwaltung der betriebsbegleitend aufgezeichneten KV-Messdaten (Betriebsdaten) erfolgt mit Hilfe einer <u>Leistungsdatenbank</u> (LDB).

Das Ziel einer Leistungsuntersuchung entscheidet i.a. erst über die Relevanz einzelner KV. Ihre Auswahl hängt auch von der Grösse der zu untersuchenden <u>Betriebszyklen</u> ab.

Zur Eliminierung von KV werden regressions-, korrelations- und clusteranalytische Verfahren eingesetzt.

4. Nachbildung von Arbeitslasten

Um die Reproduzierbarkeit der Arbeitslasten vorgegebener Betriebszyklen zu gewährleisten, können, sofern die aus den Be-triebsdaten gewonnenen Aussagen nicht ausreichend sind oder notwendige Ergebnisse sich überhaupt nicht aus den Betriebsdaten ableiten lassen, <u>TS-Benchmarks</u> mit teilweise oder vollständig bekannten Lasten gefahren werden. Alle TS-Benchmarks werden durch <u>Scripts in der Form von Kommando-Prozeduren</u> realisiert.

Aus m Basis-Scripts

$$B_i = B_i(KV_i; KV_1,\ldots,KV_n), \quad i=1,\ldots,m,$$

deren Kern eine Klasse von TS-Kommandos repräsentiert und die überwiegend durch eine der für den nachzubildenden Zyklus relevante KV beschrieben wird, werden durch Parallelität Script-Potenzen und -Produkte:

$$S_u = B_i{}^{p}\ldots B_j{}^{q}, \quad (u=p+\ldots+q, \text{ Grad von } S)$$

und durch sequentiellen Ablauf Script-Polynome (S-Polynome):

$$P_r = \sum_{u=1}^{r} a_u \cdot B_{i(u)}{}^{p(u)} \ldots B_{j(u)}{}^{q(u)}$$

erzeugt. Ein S-Polynom verursacht, auf einer DV-Anlage gefahren, eine Arbeitslast, die der mittleren Last eines vorgegebenen Betriebszyklus (z.B. Hochlast, mittlere Tageslast usw.) entspricht.

S-Polynome werden als TS-Benchmarks in drei unterschiedlichen Betriebsarten gefahren, die sich im Aufwand ihres Einsatzes (z.B. Betriebsunterbrechungen) und in der Genauigkeit der KV-Werte der nachgebildeten Lasten unterscheiden.

Einzelne Scripts, die zusätzlich zur normalen Arbeitslast betrieben werden, heissen Quasi-Benchmarks (QBM, vgl. <4>; sie sind keine Benchmarks i.e.S.). S-Polynome und Folgen von S-Produkten heissen Pseudo-Benchmarks (PBM), wenn durch stark reduzierte Denkzeiten zwischen den Kommandos der Parallelitätsgrad u (Anzahl der laufenden TS-Sitzungen) sehr klein gehalten werden kann, oder dynamische Benchmarks (DBM, <4>), wenn die Veränderungen der Leistungsfunktionen L und R durch Veränderung des Parallelitätsgrades u ermittelt werden müssen. Für den DBM werden symmetrische S-Polynome:

$$H_r = \sum_{u=1}^{r} a_u \cdot (B_{i(u)} \ldots B_{j(u)})^{u}$$

eingesetzt <1>.

5. Leistungsbewertung

Die Bewertung der Leistung eines TS-Systems zerfällt in zwei verschiedene Teile:

a) die <u>Beurteilung des wirtschaftlichen Einsatzes</u>, der durch seinen Betrieb verursachten Kosten, die auf der Basis eines Vergleichs der geplanten mit der vom RZ nachgewiesenen Antwortzeit im Unternehmen, sowie durch eine Erfassung der Verlustzeiten bei den Anwendern stattfindet, und

b) die <u>Beurteilung von Veränderungen</u> am System, die allein im RZ stattfindet.

Die Beurteilung der Wirtschaftlichkeit erfolgt zunächst anhand der Betriebsdaten (aus der LDB) über grosse Betriebszyklen (i.a. Monate oder Quartale). Hierbei findet eine regelmässige Überprüfung der Antwortzeitverteilung im Hinblick auf Einhaltung vorgegebener Grenzwerte (z.B. R_{max}, $R_{90,max}$, $R_{75,max}$) statt. Ähnlich wird mit der Systemleistung L und - als Bezugsgrössen für Kostenbetrachtungen oder für Tuningmassnahmen - mit Auslastungen verfahren.

In regelmässigen Abständen (jährlich oder halbjährlich) wird gemeinsam mit den Anwendern die Verlustzeit bestimmt. Verlustzeiten von 20% (bezogen auf die Antwortzeit R) werden von den Benutzern eines universellen TS-Systems (mit Data Entry, Text Editing, Data Management, Programm-Übersetzungen und -Tests) als Grenzwert akzeptiert.

Systemveränderungen können ebenfalls anhand der Betriebsdaten grob beurteilt werden; präzise Aussagen über die durch sie bewirkten Leistungsänderungen können - wegen der Notwendigkeit des Aufbringens einer genau bekannten und reproduzierbaren Last - nur durch den Einsatz der TS-Benchmarks gewonnen werden. Mit dem PBM und DBM können Systemleistungen L_1 und L_2 oder mittlere Antwortzeiten R_1 und R_2 miteinander verglichen werden. Zu den Systemveränderungen zählen auch durchgeführte Tuning-Massnahmen, die Änderung von System- und Betriebsparametern, an der System- oder Basis-Software und der Hardware-Konfiguration.

Aus wirtschaftlichen Gründen ist grundsätzlich darauf zu achten, dass die Bewertungsverfahren in der richtigen Reihenfolge und nur in einem vertretbaren Kosten-Nutzen-Verhältnis angewendet werden (s. Fig. 4). In Fig. 5 wird eine allgemeine Strategie zur Leistungsbewertung eines TS-Systems vorgeschlagen.

6. Beispiele

Für folgende Analysen und Bewertungen liegen u.a. praktische, an IBM-Anlagen durchgeführte Beispiele vor <1>:

- Leistungsvergleich verschiedener Systeme S_1 und S_2 anhand der Kontrollvariablen-Werte aus der Leistungsdatenbank (Betriebsdaten);

- Ermittlung des Leistungsvermögens (maximale Systemleistung), L_{max} = max L(u), unter Einsatz des dynamischen Benchmarks DBM;

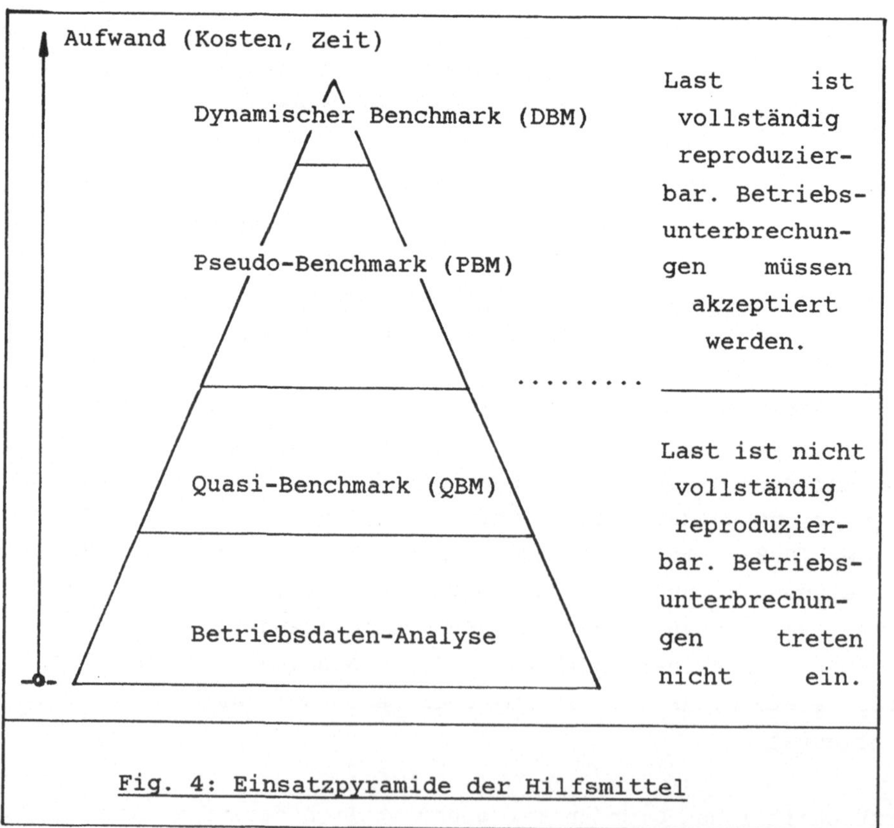

Fig. 4: Einsatzpyramide der Hilfsmittel

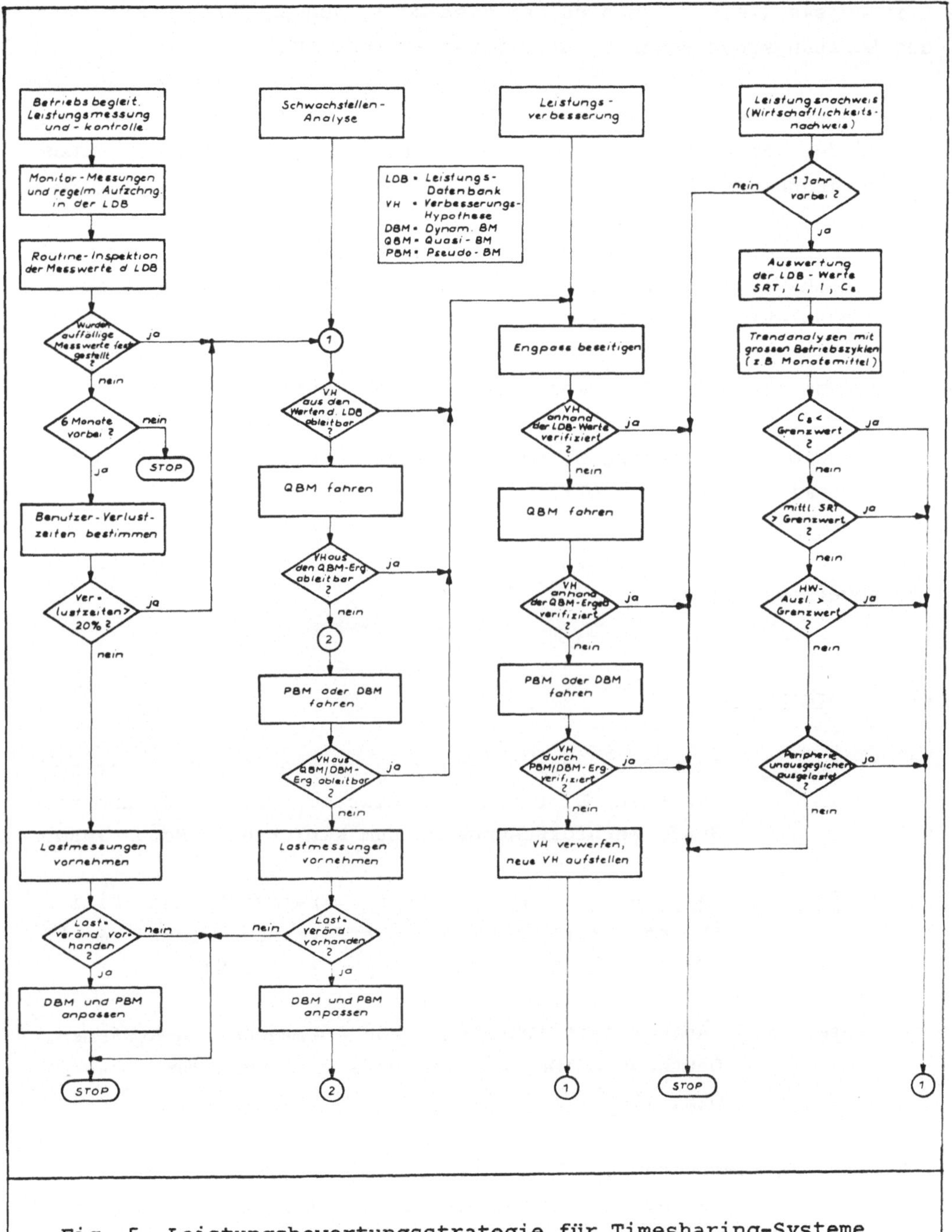

Fig. 5: Leistungsbewertungsstrategie für Timesharing-Systeme

- Leistungsvergleich verschiedener Systeme S_1 und S_2 durch Ermittlung des Leistungsquotienten Q unter Einsatz eines DBM;

- Leistungsvergleich verschiedener Plattenkonfigurationen P_1 und P_2 anhand der veränderten System-Antwortzeiten unter Einsatz eines Pseudo-Benchmarks PBM;

- Beurteilung einer Peripherieänderung anhand der Antwortzeiten und des Produktivitätsgewinns einer Anwendungsklasse durch Einsatz eines Quasi-Benchmarks QBM;

- Bestimmung optimaler Systemparameter unter Einsatz eines PBM;

- Bewertung der Veränderungen von Parametern in der Betriebssystem-Software mit Hilfe eines DBMs und

- Ermittlung der Verlustzeiten und ihr Vergleich nach umfangreichen Systemveränderungen.

7. Literaturhinweise

<1> Schriefer, D.: Ermittlung des Leistungsverhaltens von Timesharing-Systemen, Diss. Univ. Karlsruhe, Juli 1980, und KfK 3067, Kernforschungszentrum Karlsruhe, Nov. 1980.

<2> Bell, T. E., B. W. Boehm and R. A. Watson: Framework and Initial Phases for Computer Performance Improvement, AFIPS FJCC, 1972, Vol. 2, pp. 1141-1154.

<3> Schriefer, D.: Antwortzeitverhalten von Timesharing-Systemen, Deutsche GUIDE, Arbeitskreis Rechenzentrum, Kassel, Dez. 1980.

<4> Windfuhr, M.: Methoden und Verfahren zur Leistungsermittlung von Datenverarbeitungsanlagen für den standardisierten Einsatz in Unternehmen, Diss. Univ. Karlsruhe, Mai 1977.

<5> <u>Seiler, W.</u>: Ein mathematisches Modell zur nutzerorientierten Bewertung von interaktiven Rechensystemen, GI-NTG Fachtagung: Messung, Modellierung und Bewertung von Rechensystemen, Jülich, Feb. 1981, B. Mertens (herausgegeben von), Informatik-Fachberichte 41, Springer-Verlag, pp. 227-239.

EIN ALGORITHMUS ZUR ERMITTLUNG DER KOSTENGÜNSTIGSTEN ANZAHL VON BILDSCHIRMGERÄTEN

Klaus-Peter Mickel
Verlag Ernst Klett, Stuttgart

1. Problemstellung

Der unmittelbare Dialog zwischen Mensch und Computer wird immer alltäglicher. Einst vorwiegend in Programmierabteilungen verbreitet, dringen Bildschirmgeräte in immer mehr Fachabteilungen ein und bewirken dort meist eine völlige Umstrukturierung der gewohnten Arbeitsmethoden.

Die massiv zunehmenden Wünsche verschiedenster Abteilungen nach immer mehr Bildschirmgeräten stellen die Verantwortlichen vor Entscheidungen mit unter Umständen erheblichen finanziellen Konsequenzen: Soll, etwa nach dem Motto, der Bildschirm sei der Bleistift des Anwenders, auf jedem Schreibtisch ein Gerät stehen, das dann für eine einzige Person reserviert ist, sollen sich je zwei oder drei Personen   die Benutzung eines Bildschirmgerätes teilen oder soll man gar zentrale Gerätepools bilden? Es geht bei der Installierung von Bildschirmgeräten bekanntlich nicht nur um die reinen Bildschirmkosten, die ja relativ gering sind, sondern es geht weit mehr um die zusätzliche Computerkapazität, die für jedes zusätzlich installierte Bildschirmgerät bereitgestellt werden muß und die bekanntlich weit kostspieliger ist.

Müssen sich mehrere Benutzer ein Gerät teilen, so treten - zumindest gelegentlich - zwangsläufig Wartezeiten auf; erhält dagegen jeder Benutzer sein eigenes Gerät, sind, ebenso zwangsläufig, die Geräte oft nicht ausgelastet. Wie läßt sich für dieses Dilemma eine wirtschaftlich günstige Lösung ermitteln?

2. Ergebnisse der Warteschlangentheorie

Einen Lösungsansatz für unser obiges Problem bietet die Warteschlangentheorie, mit deren Hilfe die sich an Abfertigungsstationen aller Art bildenden Warteschlangen untersucht werden. In den einfachsten Problemen der Warteschlangentheorie geht man davon aus, daß an einem Schalter mit einer Abfertigungsrate von μ Personen pro Zeiteinheit durchschnittlich λ Personen pro Zeiteinheit eintreffen ($\lambda < \mu$), der Quotient λ/μ gibt die durchschnittliche Auslastung des Schalters an. Betrachtet man zunächst nur eine einzige Bedienstation, z.B. ein Bildschirmgerät, das von mehreren Personen nacheinander benutzt werden muß, so erhält man für die Dauer der durchschnittlichen Wartezeit eines Benutzers:

$$T_w = \frac{1}{\mu - \lambda} - \frac{1}{\mu} \qquad (a)$$

Die Einheit von T_w ist hierbei die gleiche wie die für λ und μ gewählte Zeiteinheit, z.B. Sekunden, Minuten oder Stunden. Eine ausführliche Herleitung dieser Formel gibt Müller-Merbach (2).

Wird eine Warteschlange an mehreren parallel arbeitenden Bedienstationen abgefertigt, so gelten erheblich kompliziertere Formeln für die Wartezeiten, die allerdings auch erstaunliche Ergebnisse zeigen. Die Herleitung der folgenden Formeln findet sich bei Churchman (1):

$$T_w = \frac{Po}{\mu s(s!) \{1-(\lambda/\mu s)\}^2} \left\{\frac{\lambda}{\mu}\right\}^s \qquad (b)$$

$$\text{mit: } Po = \frac{1}{\sum_{n=0}^{s-1} (\lambda/\mu)^n/n! + \{(\lambda/\mu)^s/\{s!(1-\lambda/\mu s)\}\}}$$

λ = Eintreffrate (Personen pro Zeiteinheit)

μ = Abfertigungsrate einer Bedienstation
(Personen pro Zeiteinheit)

s = Anzahl der Bedienstationen

Bei gegebenem λ, μ und s läßt sich somit T_w eindeutig bestimmen, für s = 1 geht Gleichung (b) in Gleichung (a) über. Abbildung 1 zeigt den überraschend großen Einfluß des Zusammenlegens mehrerer voneinander unabhängiger Abfertigungsstellen zu Pools, in denen die Abfertigungsstellen von den Wartenden parallel benutzt werden können. Sind beispielsweise vier voneinander unabhängige Bedienstationen, etwa Bildschirmgeräte, zu jeweils 80 % ausgelastet, so befinden sich in jeder Warteschlange durchschnittlich 4 Personen. Nach dem Zusammenlegen dieser 4 Stationen zu einem Pool warten in jeder Schlange nur noch durchschnittlich 0,75 Personen, obwohl auch hier die Gesamtauslastung aller Bildschirmgeräte mit 80 % angenommen wird.

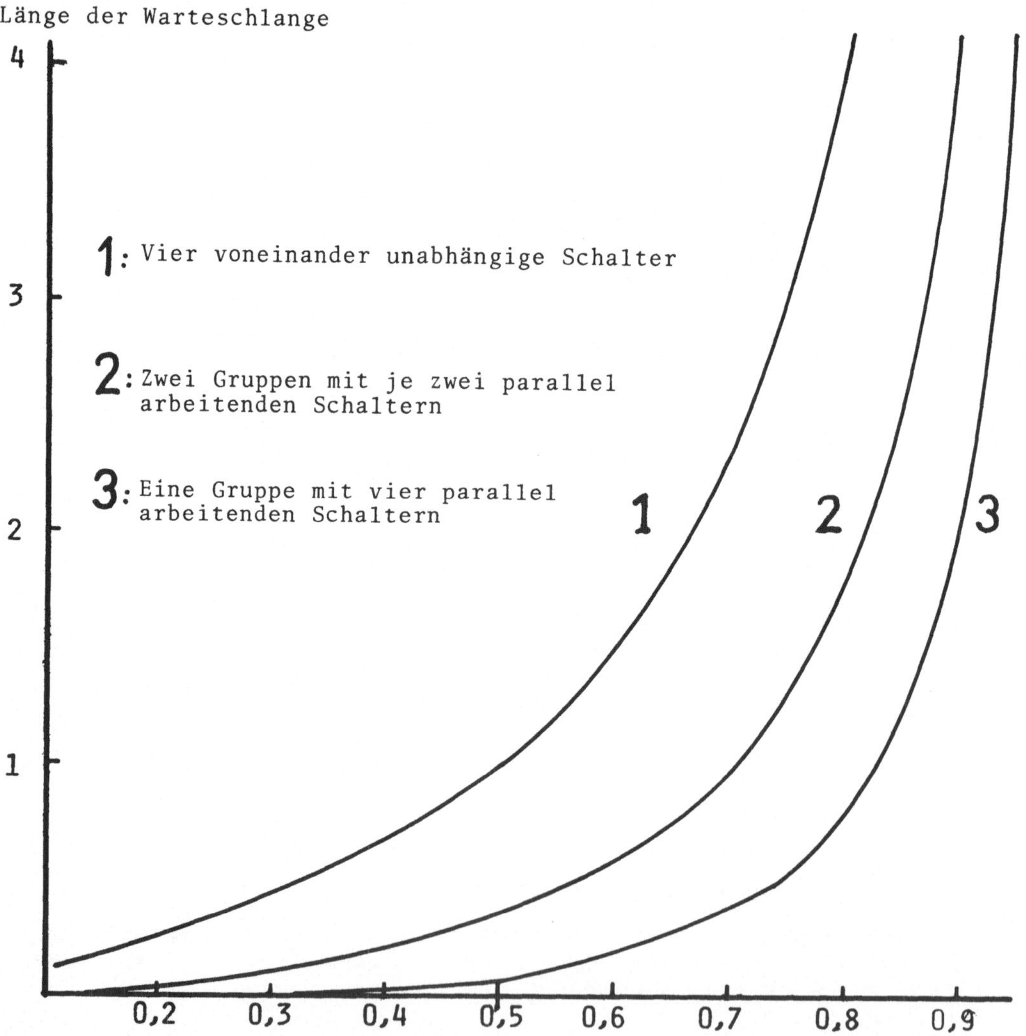

Abb.1: Einfluß der Ausnutzung auf die Warteschlangenlänge

3. Anwendung der Warteschlangentheorie auf Bildschirmarbeitsplätze

Es ist Ziel unserer Betrachtungen, die vor der Benutzung von Bildschirmgeräten auftretenden Wartezeiten auf einen sinnvollen Wert zu verringern, ohne jedem Mitarbeiter ein eigenes Bildschirmgerät zur Verfügung
zu stellen. Aus Gleichung (b) (Wartezeit in Abhängigkeit von Abfertigungsrate, Eintreffrate und Anzahl Bildschirmgeräte) folgt unmittelbar
die durchschnittliche Wartezeit, die insgesamt pro Zeiteinheit aufzu-
bringen ist. In unseren weiteren Untersuchungen werden wir als Einheit
der Zeit stets eine Stunde verwenden; damit ist die gesamte pro Stunde
aufzubringende Wartezeit, da λ-mal pro Stunde ein Bildschirmgerät benutzt werden soll und die durchschnittliche Wartezeit jedesmal T_w Stunden beträgt:

$$T_{w1} = \lambda \cdot T_w \qquad \text{(Stunden)}$$

Die durchschnittlich an den Bildschirmgeräten verbrachte Arbeitszeit
ergibt sich pro Stunde, da während einer Stunde λ-mal für jeweils $1/\mu$
Stunden gearbeitet wird:

$$T_a = \frac{\lambda}{\mu} \qquad \text{(Stunden)}$$

Die Leerzeit, also die Zeitdauer, während der s Bildschirmgeräte pro
Stunde nicht benutzt werden, ist somit:

$$T_1 = s - \frac{\lambda}{\mu} \qquad \text{(Stunden)}$$

$$\text{mit: } s > \frac{\lambda}{\mu}$$

Die Kosten, die einem Unternehmen pro Mitarbeiter und Stunde entstehen,
sind bekannt, ebenso wie die für einen Bildschirmarbeitsplatz pro Stunde
aufzuwendenden Beträge. Somit ist es möglich, sowohl die Leerzeit der
Bildschirmgeräte, als auch die von den Bildschirmbenutzern aufzubringende Wartezeit jeweils in DM auszudrücken. Da beide Beträge direkt von
der Anzahl der installierten Bildschirmgeräte abhängen, lassen sich bei
gegebener Benutzungshäufigkeit und -dauer die für Leerzeit und Wartezeit insgesamt anfallenden Kosten in Abhängigkeit von der Anzahl der
installierten Bildschirmgeräte ermitteln und deren Minimum feststellen.

4. Beispiele aus der Praxis

Messungen in unserem Hause haben ergeben, daß in einer bestimmten Gruppe von Sachbearbeitern jeder Mitarbeiter durchschnittlich alle 12,9 Minuten ein Bildschirmgerät aufsucht, um dann für durchschnittlich 4,4 Minuten daran zu arbeiten; die durch eine Person an einem Bildschirmgerät verursachte Ankunftsrate beträgt somit 4,625 pro Stunde, die Abfertigungsrate 13,64 pro Stunde, ein Sachbearbeiter lastet also ein Bildschirmgerät zu 33,9 % aus, da ja $\lambda/\mu = 0,339$ ist. Eine Gruppe von acht in einem Raum arbeitenden Sachbearbeitern erzeugt also eine theoretische Geräteauslastung von 271,26 %, d.h. es müssen mindestens 3 oder höchstens 8 Bildschirmgeräte zur Verfügung gestellt werden, damit diese Personen ihrer Arbeit ordnungsgemäß nachgehen können. Unter Berücksichtigung der oben hergeleiteten Formeln für die Leerzeiten der Bildschirmgeräte und für die Wartezeiten der Benutzer lassen sich die entsprechenden Kosten relativ leicht ermitteln; sie sind in den folgenden Tabellen zusammengestellt. Als Stundensatz für einen Sachbearbeiter werden in diesem Beispiel 42,50 DM verwendet, als Stundensatz für ein Bildschirmgerät ermittelten wir 8,90 DM, wobei wir davon ausgingen, daß eine Computerinstallation mit einem Monatsmietwert von 180.000 DM durch den gleichzeitigen Betrieb von 60 Bildschirmgeräten zur Hälfte ausgelastet wird.

Anzahl Bildschirmgeräte (s)	Wartezeiten von 8 Personen pro Stunde $(\lambda \cdot T_w)$ (Std)	Leerzeiten von s Bildschirmgeräten pro Stunde $(s - \lambda/\mu)$ (Std)
3	7,782	0,287
4	0,833	1,287
5	0,203	2,287
6	0,055	3,287
7	0,015	4,287
8	–	5,287

Anzahl Bildschirmgeräte (s)	Kosten der Wartezeiten (1 Std. $\hat{=}$ 42,50 DM) (DM)	Kosten der Leerzeiten (1 Std. $\hat{=}$ 8,90 DM) (DM)	Gesamtkosten (DM)
3	330,74	2,56	333,30
4	35,41	11,46	46,87
5	8,62	20,36	28,98
6	2,33	29,26	31,59
7	0,63	38,16	38,79
8	–	47,06	47,06

Die Kosten für Wartezeit und Leerzeit, die insgesamt pro Arbeitsstunde
bei 8 Personen und der Installation von 3, 4, 5, 6, 7 oder 8 Bildschirmgeräten auftreten, sind nachfolgend noch graphisch dargestellt. Es zeigt
sich, daß die Gesamtkosten bei der Installation von 5 Bildschirmgeräten
für die erwähnte Gruppe von 8 Sachbearbeitern einen minimalen Wert an-
nehmen, der um 38 % unter den Kosten liegt, die anfallen würden, wenn
jeder Sachbearbeiter sein eigenes Bildschirmgerät erhalten würde. Die
pro Stunde mögliche Ersparnis beträgt in diesem Berechnungsbeispiel etwa
18 DM, pro 8-Stunden-Tag also etwa 144 DM.

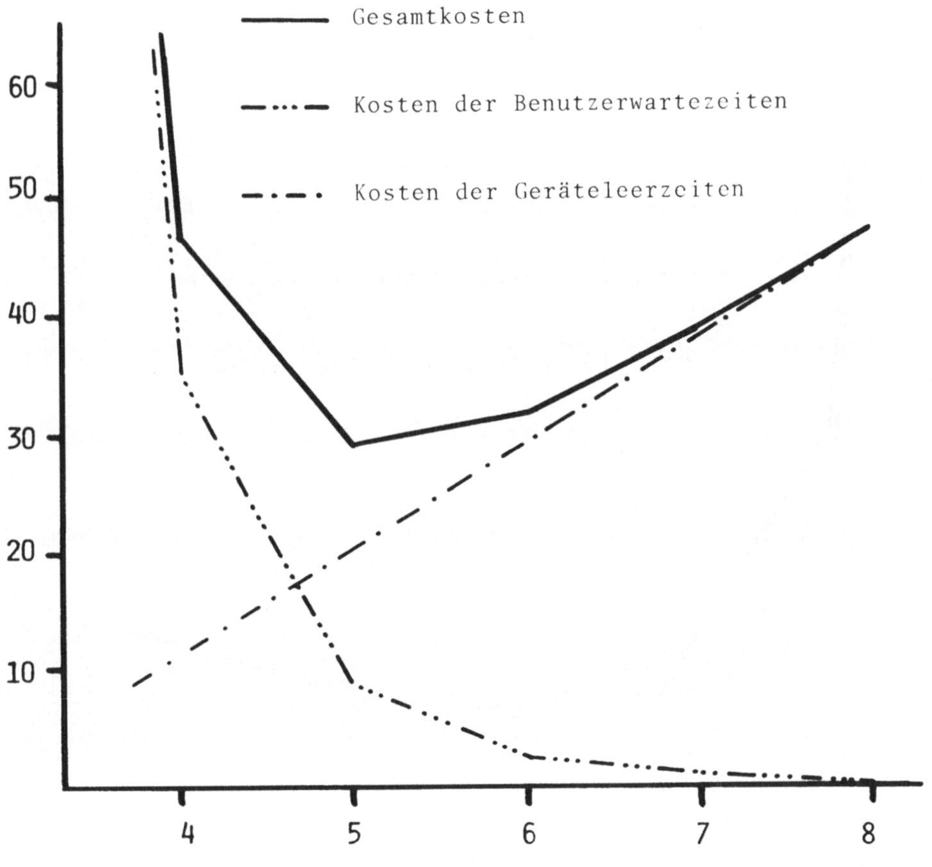

Abbildung 2:
Kosten für Warte- und Leerzeiten als Funktion der Gerätezahl.
(8 Personen pro Raum)

Eine Halbierung der Bildschirmkosten auf DM 4,45 pro Gerät und Stunde verändert den Verlauf der Kostenkurve nur unwesentlich:

λ = 8 * 4,625 = 37/Stunde   Personalkosten: DM 42,50/Stunde
μ = 13,64/Stunde   Gerätekosten: DM 4,45/Stunde

Anzahl Bildschirm- geräte (s)	Wartezeiten ($\lambda \cdot T_w$)		Leerzeiten ($s - \lambda/\mu$)		Gesamt- kosten
	(Std)	(DM)	(Std)	(DM)	(DM)
3	7,782	330,74	0,287	1,28	332,02
4	0,833	35,41	1,287	5,73	41,14
5	0,203	8,62	2,287	10,18	18,18
6	0,055	2,33	3,287	14,63	16,96
7	0,015	0,63	4,287	19,08	19,71
8	-	-	5,287	23,53	23,53

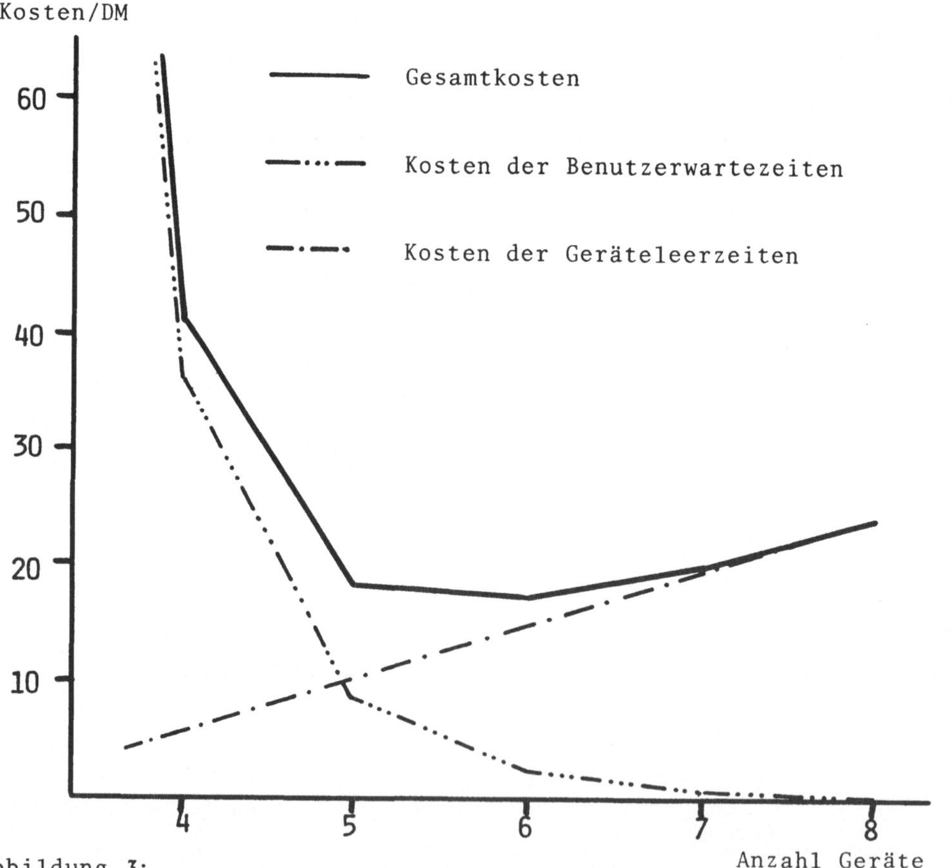

Abbildung 3:
Kosten für Warte- und Leerzeiten als Funktion der Gerätezahl.
(8 Personen pro Raum)

Arbeiten nur vier Sachbearbeiter in einem Raum, so ergeben sich pro
Stunde folgende Kosten für Warte- und Leerzeiten:

$\lambda = 4 * 4,625 = 18,5/\text{Stunde}$ Personalkosten: DM 42,50/Stunde
$\mu = 13,64/\text{Stunde}$ Gerätekosten: DM 8,90/Stunde

Anzahl Bildschirm-geräte (s)	Wartezeiten $(\lambda \cdot T_w)$		Leerzeiten $(s - \lambda/\mu)$		Gesamt-kosten
	(Std)	(DM)	(Std)	(DM)	(DM)
2	1,155	49,08	0,644	5,73	54,81
3	0,155	6,60	1,644	14,63	21,23
4	-	-	2,644	23,53	23,53

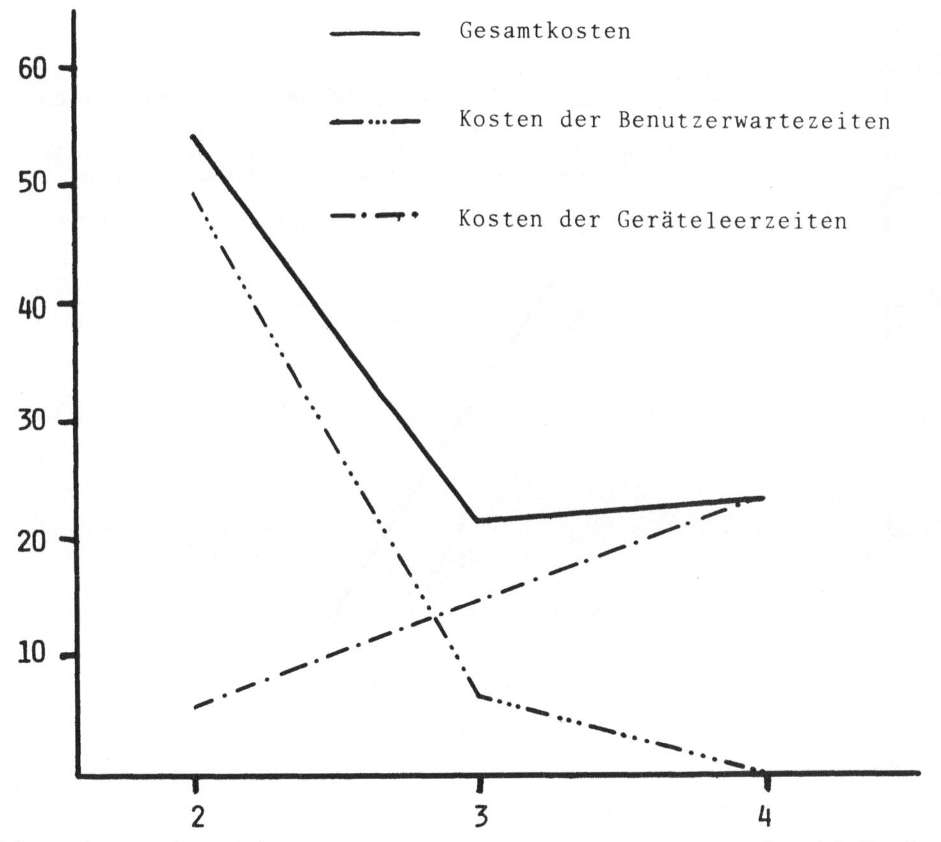

Abbildung 4:
Kosten für Warte- und Leerzeiten als Funktion der Gerätezahl.
(4 Personen pro Raum)

Bei nur zwei Sachbearbeitern pro Raum zeigt es sich, daß hier am wirtschaftlichsten ist, jedem Mitarbeiter ein eigenes Bildschirmgerät zur Verfügung zu stellen:

λ = 2 * 4,625 = 9,25/Stunde   Personalkosten: DM 42,50/Stunde
μ = 13,64/Stunde   Gerätekosten: DM 8,90/Stunde

Anzahl Bildschirmgeräte (s)	Wartezeiten ($\lambda \cdot T_w$)		Leerzeiten ($s - \lambda/\mu$)		Gesamtkosten
	(Std)	(DM)	(Std)	(DM)	(DM)
1	1,429	60,73	0,322	2,87	63,60
2	-	-	1,322	11,77	11,77

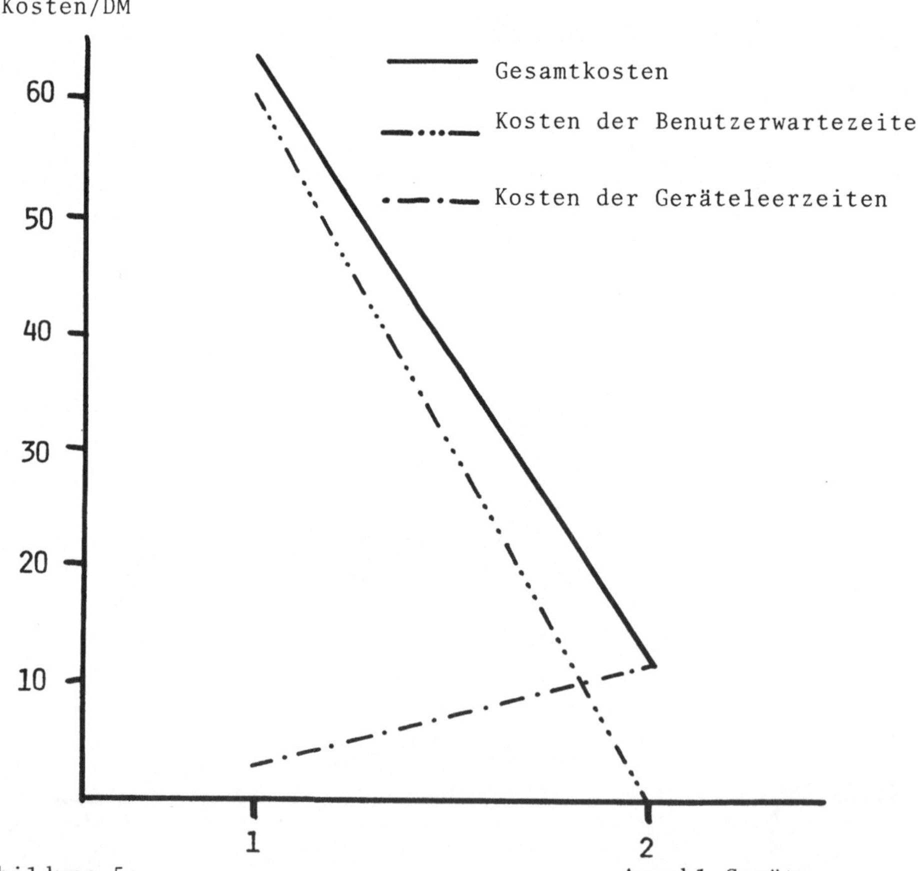

Abbildung 5:
Kosten für Warte- und Leerzeiten als Funktion der Gerätezahl.
(2 Personen pro Raum)

5. <u>Zusammenfassung</u>

Die Warteschlangentheorie liefert, sofern Anzahl und Auslastung von
Bildschirmgeräten und die Anzahl der damit arbeitenden Benutzer bekannt
sind, Angaben über die zu erwartende durchschnittliche Wartezeit der
Benutzer und über die voraussichtliche Leerzeit der Bildschirmgeräte.
Beide Angaben sind unmittelbar als Kosten auszudrücken, deren Summe
minimal sein sollte. Bei der Auswertung der entsprechenden Formeln zeigt
es sich, daß es weit kostengünstiger sein kann, einige Bildschirmgeräte
zu einem Pool zusammenzustellen, als jedem Benutzer ein eigenes Bildschirmgerät zur Verfügung zu stellen. Insbesondere in Räumen, in denen
mehrere Personen arbeiten, lassen sich durch solche Poolbildungen u.U.
mehrere tausend DM pro Monat einsparen.

Literatur-Hinweise:

(1) Churchman, C. W., R.L. Ackoff und E.L. Arnoff:
    Operations Research
    München: R. Oldenbourg Verlag, 1971.

(2) Müller-Merbach, H.:
    Operations Research
    München: Verlag F. Vahlen, 3. Aufl. 1973.

DEZENTRALISIERUNG IN UNIVERSITAETSRECHENZENTREN – GRUENDE, SCHRITTE UND ERFAHRUNGEN

K. Bauknecht
Institut für Informatik
Universität Zürich / Schweiz

Das Rechenzentrum der Universität Zürich (RZU), gegründet 1962 und damals mit einem IBM 1620 Computer ausgestattet, vergrösserte im Laufe der Jahre ständig seine zentral produzierte Computerleistung. Zum Einsatz kamen nacheinander die Rechner IBM 360-40, 360-50, 370-155, bis dann anfangs 1979 schliesslich die heute benützten Prozessoren IBM 3033 N und 370-155 II in Betrieb genommen wurden. Auf diesen Rechnern wurden die Betriebssysteme OS-PCP, OS-MVT und OS/VS2-MVS verwendet und für den Dialogbetrieb stand das Time Sharing-System TSO zur Verfügung. Neu ist der kürzliche Wechsel auf das Betriebssystem VM-SP für den 370-155 Prozessor (Ablösung durch IBM 4341 steht bevor), auf dem auch als zweites Time Sharing-System VM/CMS angeboten wird.

Das Universitäts-Rechenzentrum gehört zum Institut für Informatik (IFI), welches auch für die Koordination aller weiteren Computeraktivitäten an den übrigen Instituten der Universität zuständig ist. Die Institutsleitung sorgt dafür, dass die Mitarbeiter am IFI den übrigen Rechenzentrums-Benützern gleichgestellt sind und keine Vorrechte geniessen, wenn sie die Einrichtungen des Rechenzentrums für ihre wissenschaftlichen Arbeiten benützen. Selbstverständlich stehen ihnen aber weitere Rechner für die Informatik-Forschung und Lehre zur Verfügung. Erwähnt sei auch, dass die IFI-Mitarbeiter immer wieder das RZU unterstützen und für dieses spezielle Software erstellen.

Aufgaben, Einsatzgebiete

Das RZU ist ein Servicezentrum für

- Universitätsinstitutionen des Kantons Zürich,
- Mittelschulen und höhere technische Lehranstalten des Kantons Zürich,
- Spezielle Benutzer (z.B. Kantonale Stellen), sofern wissenschaftlich interessante Applikationen vorliegen,
- Andere Hochschulen im Rechenzeitabtausch (im Rahmen der gesamtschweizerischen Koordination).

Die vom RZU produzierte Rechenleistung wurde durch diesen Benützerkreis im Jahre 1980 gemäss Tab. 1 beansprucht.

Januar 1980 - Dezember 1980		Fr. 7.496 Mio = 100 %
Theologische Fakultät		.0
Rechts- und Staatswissenschaftliche Fakultät		26.6
davon Rechenzentrum	16.8	
Medizinische Fakultät		8.3
davon Psychiatrie	4.0	
Philosophische Fakultät I		15.8
davon Soziologie	5.9	
Philosophische Fakultät II		16.0
Uni-Administration und Zentralbibliothek		3.8
Kantonale Mittelschulen		6.3
Andere Schweiz. Hochschulen		13.8
davon Rechenzeitabtausch mit ETHZ (Bund)	11.4	
Kantonale Stellen		5.2
Andere		1.5
TOTAL (nur Anteile > 0,1 % berücksichtigt)		97.3

Tab. 1   Rechenleistung nach Benützergruppen

Haupteinsatzgebiete für die RZU-Rechner sind:

- Forschungsarbeiten aller Universitätsangehörigen,

- Ausbildung und Forschung im Fachgebiet Informatik, sofern dies
  nicht auf speziellen Informatik-Rechnern geschieht,

- Automatisierung der Universitätsbibliotheken,

- Arbeiten für die Universitätsverwaltung.

Die von diesen Benützerkreisen anfallende Beanspruchung des Haupt-
systems IBM 3033 ist in Tab. 2 zusammengefasst; selbstverständlich
liefert das Abrechnungssystem detaillierte Werte, welche für die Be-
triebsanalyse und für Planungszwecke sehr wertvoll sind.

RZU System 3033	Jan.-Dez. 1980	Jan.-Dez. 1979	Zunahme
Batch CPU-Minuten	51'427	31'549	+ 63 %
Anzahl Jobs	201'614	184'579	+ 9 %
TSO CPU-Minuten	17'464	16'095	+ 9 %
Anzahl Sessions	134'771	119'844	+ 12 %
Total CPU-Minuten	68'891	47'644	+ 45 %
Anz. Jobs + Sessions	336'385	304'423	+ 10 %

Tab. 2   Belastung des IBM 3033 Rechners

Einsatzkonzept

Nach der klassischen zentralen Stapelverarbeitung der sechziger Jahre
mit Abgabe und Bezug der Jobs im Rechenzentrum hat die Universität
Zürich schon 1970 die Schnittstellen und den Zugriff zum Computer ausgelagert durch

- dezentral aufgestellte RJE-Stationen
- Betrieb eines Time Sharing-Systems
- Einsatz von Kleinrechnern für dedizierte Aufgaben,
  speziell in Prozessumgebung.

Diese Philosophie führte schliesslich bis 1978 zu dem in Abb. 1 dargestellten zentralen Stapel/RJE/Time Sharing-System. Gegen Ende 1978
konnte das RZU einen Neubau beziehen und seine Ausrüstung wesentlich
ausbauen. Neben der massiven Erhöhung der Computerleistung und dem Angebot zusätzlicher Funktionen ist diese Phase auch durch einen präg-
nanten Wandel im Einsatzkonzept gekennzeichnet. Für die Universität
Zürich gelten heute folgende Grundsätze:

- Zentrale Produktion von Rechenleistung, welche zentral und vor
  allem auch dezentral abgegeben wird. Zentrales (teilweise auch
  gezielt dezentrales) Angebot von allgemein interessierenden
  Spezialfunktionen (z.B. Plotter, spezielle Zeichensätze).

- Abspaltung von in sich abgeschlossenen Funktionen und Aufgaben-
  kreisen, die auf dezentralen Rechnern (Midi, Mini) abgewickelt
  werden. Eine on-line Verbindung oder mindestens eine off-line
  Datenkompatibilität ist zu gewährleisten.

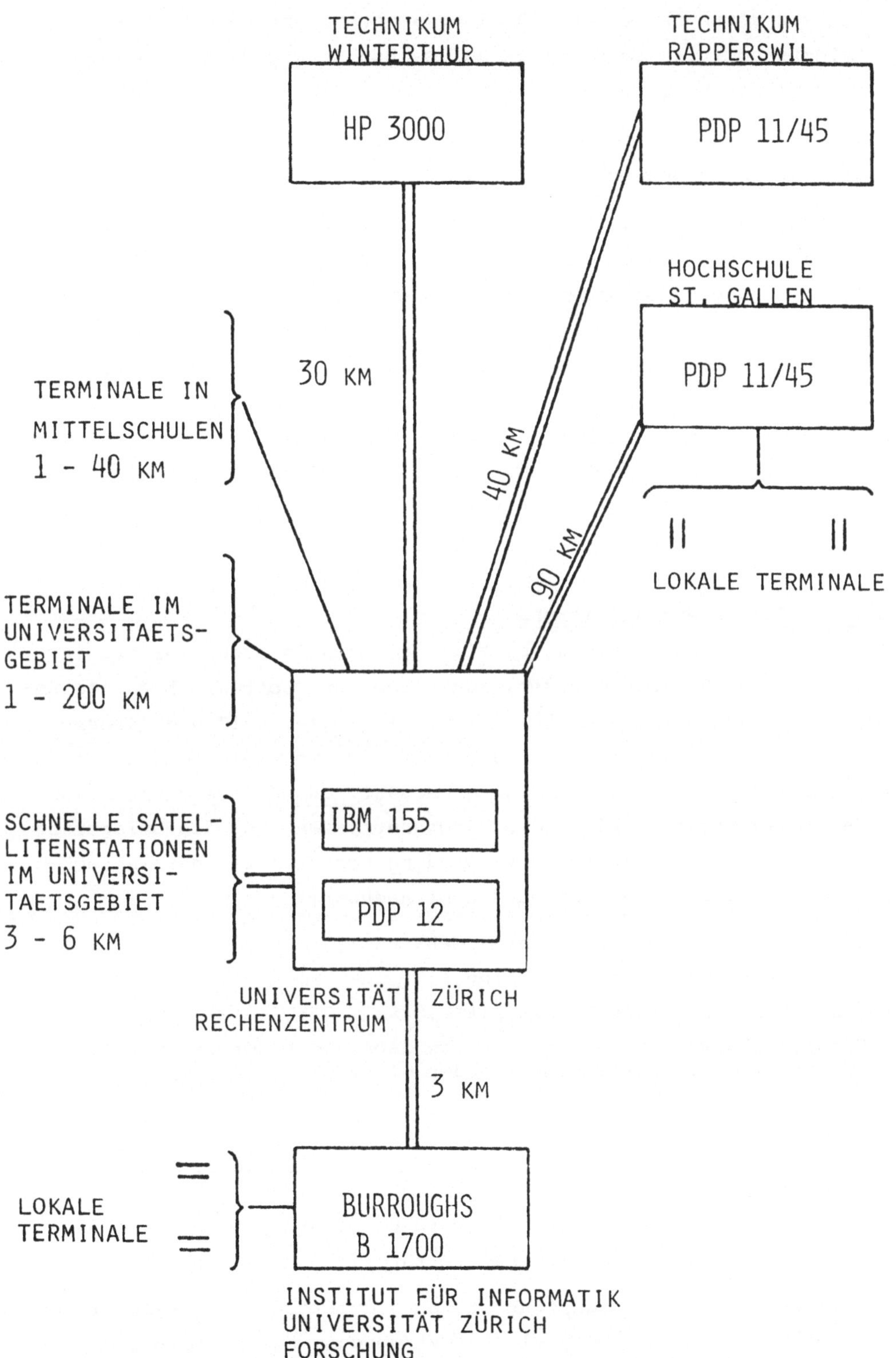

Abb. 1   RZU-Konfiguration Stand 1978

- Einsatz dezentraler, unabhängiger Rechner, für welche eine
  "Flottenpolitik" im Hinblick auf selbst durchgeführte Wartung
  zentral gesteuert wird.

- Forcierung des Dialogbetriebs in der Informatik-Ausbildung und
  der Anwendungsentwicklung.

Dieses Konzept hat heute zu der in Abb. 2 dargestellten Konfiguration
geführt, deren Hintergrund im folgenden in einzelnen Punkten weiter erläutert wird. Neben den angegebenen, direkt verbundenen Stationen und
Rechnern sind rund fünfzig weitere Kleinrechner im Einsatz. Die heutige
Lösung kommt sicher der starken räumlichen Verteilung der Universi-
tätsinstitute entgegen und dem immer stärker geäusserten Wunsch nach
Computerleistung und -funktionen direkt am Arbeitsplatz kann - sofern
sinnvoll - besser entsprochen werden. Die technische Realisierung des
gewählten Konzepts wird in Zukunft aber sicher stark durch die Möglichkeiten von Computer-Netzwerken bestimmt werden.

Gründe für die Dezentralisierung
Die rasante Weiterentwicklung von Mini-Rechnern in bezug auf Arbeits-
geschwindigkeit, Speichergrössen, Funktionen und Software hat eine umfassende Diskussion mit dem Thema "Zentral - dezentral" und "Grossrechner - separate Kleinrechner" ausgelöst. Neben vielen emotionellen
Aussagen liegen hierzu auch einige grundsätzliche Untersuchungen vor,
für die stellvertretend [1] und [2] genannt seien. Für die Umlagerung
und speziell für die dezentrale Verwendung von Kleinrechnern sprechen
vor allem folgende Eigenschaften dieser Rechner:

- Günstiges CPU-Preis-/Leistungsverhältnis,
- Einfache Benützerschnittstellen,
- Einfacher Zugang und Flexibilität,
- Günstige Antwortzeiten (mindestens dann, wenn der Rechner
  nur in einer Betriebsart verwendet wird),
- Spezialperipherie am Arbeitsplatz,
- Wirtschaftliche Aufbereitung und Vorverarbeitung von Daten
  (z.B. A-D Wandlung) mit lokalen Kontroll- und Eingriffsmög-
  lichkeiten,
- Systemsicherheit und Unabhängigkeit bei Systemzusammenbrüchen,
- Individuelle Lösungsmöglichkeiten für den Datenschutz.

Diesen bestechenden Eigenschaften stehen jedoch z.B. die stark sinken-
den Systemleistungen bei polyvalenter Verwendung des Kleinrechners wie
auch die Tatsache gegenüber, dass der Betrieb dieser Systeme schliess-

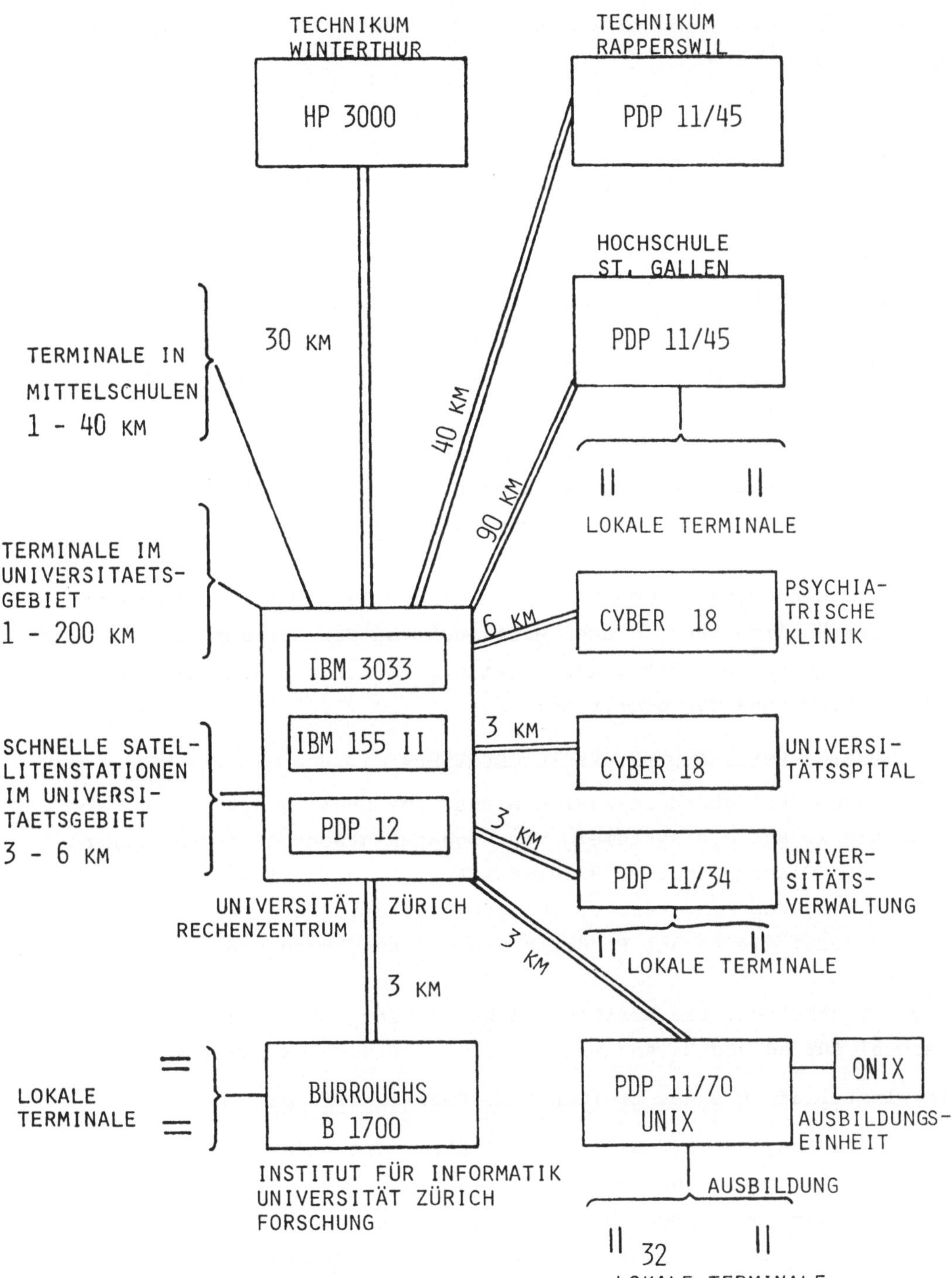

Abb. 2   RZU-Konfiguration Stand 1981

lich doch einen Personalaufwand erfordert, der im allgemeinen unterschätzt wird.

Es ist nicht die Absicht, hier die Grundsatzdiskussion in voller Brei-
te weiterzuführen, vielmehr soll gezeigt werden, mit welchen Ueberlegungen und Massnahmen das RZU der Entwicklung Rechnung trägt.

Schritte in Richtung Dezentralisierung am Rechenzentrum der Universität Zürich

1. Entlastung des Hauptprozessors

Zu den vorhersehbaren, künftigen Leistungs-Engpässen im RZU gehört die
Anzahl Benützer des TSO-Time Sharing-Systems, welche mit annehmbaren
Antwortzeiten unterstützt werden können. Lag beim Prozessor 370-155
die Grenze bei 28 gleichzeitigen Benützern, so ist der Eintritt der
exponentiellen Verschlechterung beim Prozessor 3033 aufgrund von Hinweisen aus Benchmark-Läufen bei rund hundert Teilnehmern zu erwarten;
selbstverständlich hängt dieser Wert auch von der Art der Belastung ab.
Um einem wesentlichen Abbau der Servicebereitschaft zuvorzukommen,
wurden zwei Massnahmen ergriffen:

a) On-line Ueberwachung des TSO-Betriebs

Da genaue Verfügbarkeitszahlen eines Time Sharing-Systems nur sehr
beschränkt aus den systemeigenen Logdaten gewonnen werden können,
wird ein Tischrechner HP 85 gemäss Abb. 3 zur on-line Analyse des
TSO-Verhaltens eingesetzt. Die jederzeit abrufbaren Werte für die
logon-Zeit, die Anzahl Benützer und die Ausführungszeit typischer
Operationen (Abb. 4) erlaubt eine ständige Uebersicht über das
Systemverhalten. Die ermittelten Werte sind zudem auch Grundlage
sowohl für ad hoc-Massnahmen wie auch für die Systemplanung.

b) Installation eines zweiten Time Sharing-Systems

Die Erfahrung zeigt, dass viele Benützer die umfassenden Funktionen
des TSO-Systems nicht benötigen. Daher wurde auf dem zweiten Prozessor ein auf deren Bedürfnisse zugeschnittenes weiteres Time-Sharing-
System (VM/CMS) installiert. Damit wird der Hauptprozessor entlastet; durch geeignete Systemkopplung ist zudem der Zugriff auf
die IBM 3033 möglich (Abb. 5).

Als weiterer Schritt wird die Installation von vollständig dezentralen
Time Sharing-Resourcen auf sog. Midirechnern (Typ VAX) erwogen.

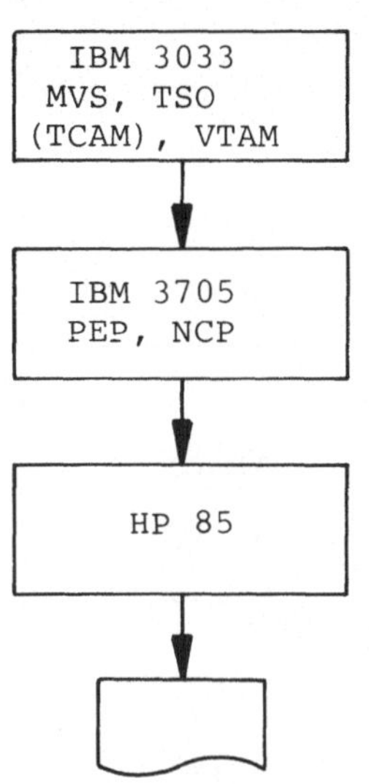

Abb. 3 Einsatz des HP 85
Tischrechners für die
TSO-Ueberwachung

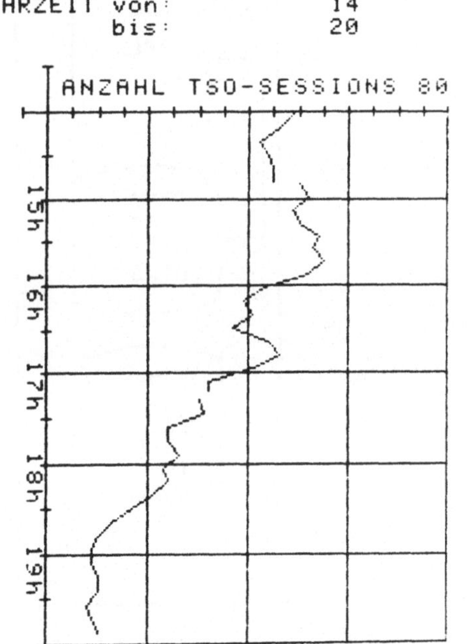

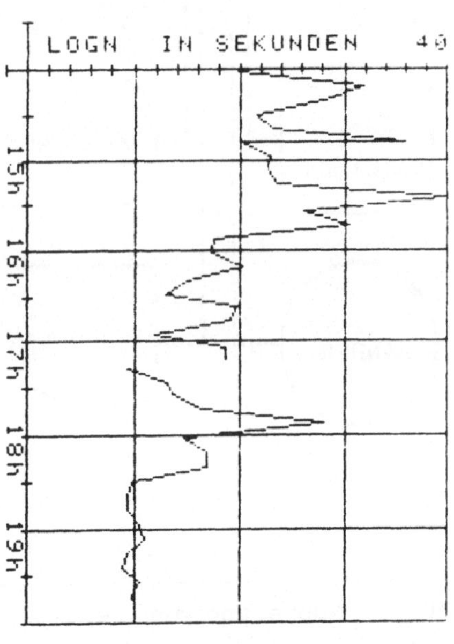

Abb. 4 Für das TSO Verhalten typische Parameter ermittelt
mit dem HP 85

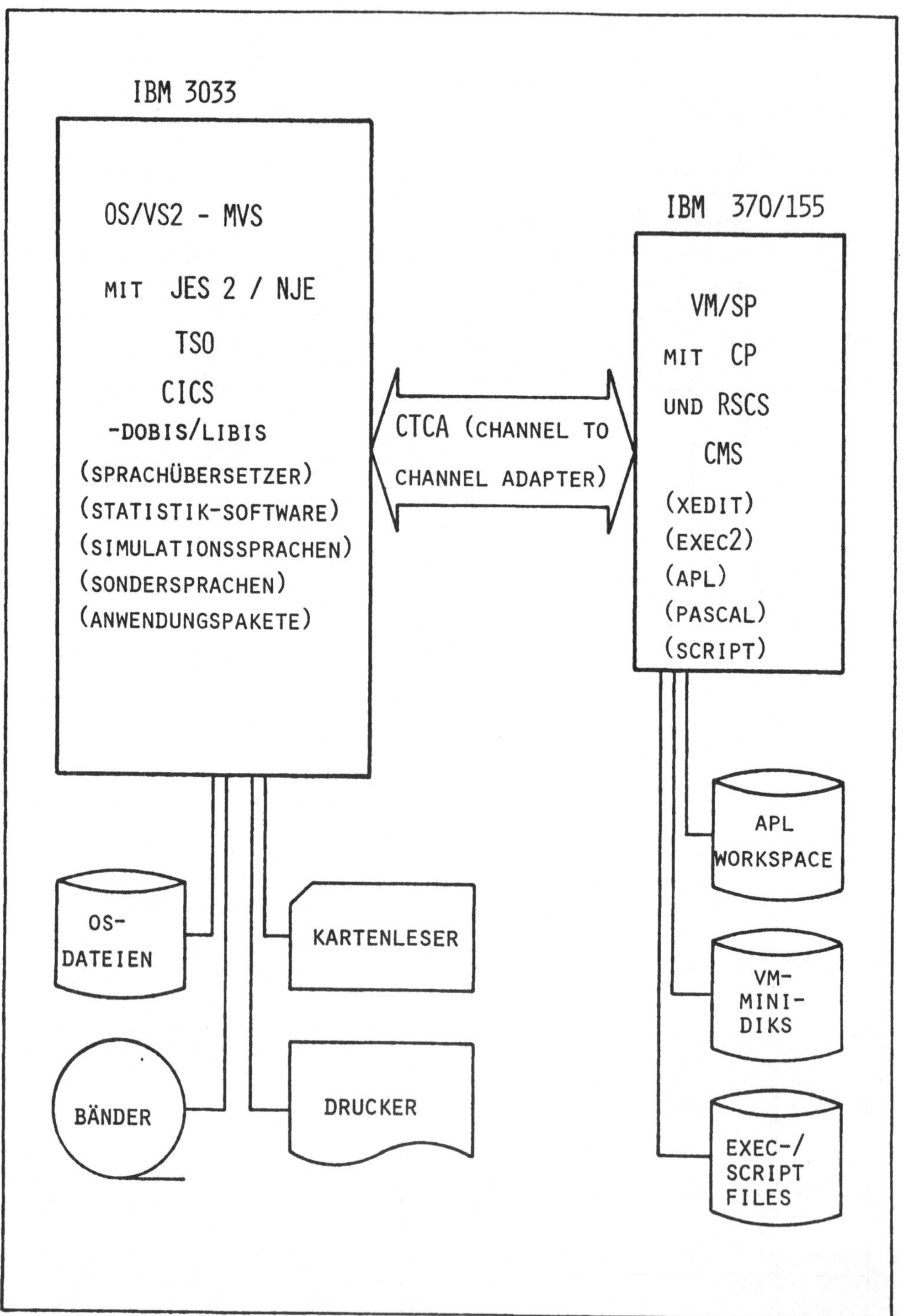

Abb. 5 Koppelung der Zentralprozessoren im RZU

2. Dezentralisierung der Ausbildung

Entsprechend dem Grundatz "Forcierung des Dialogbetriebs in der Informatik-Ausbildung" wurde die ganze Informatik-Grundausbildung umgestellt. Diese wickelt sich nun auf einem am Standort der für die Ausbildung zuständigen Dozenten und Assistenten installierten separaten
Dialogsystem PDP 11/70 (Abb. 6) ab. Unter dem Betriebssystem UNIX
stehen den Studenten 32 Bildschirme zur Verfügung. (Für eine nähere
Beschreibung des Ausbildungssystems siehe [3]). Neben dem wesentlich
verbesserten Ausbildungserfolg konnten mit dieser Massnahme im abgelau-
fenen Semester auch 102000 Aufrufe des Full-Screen-Editors sowie
90000 Pascal-Compiler- und 82000 Pascal-Interpreter-Aufrufe vom Time
Sharing-System des RZU Computers ferngehalten werden. Eine weitere
Dezentralisierung in der Ausbildung ergibt sich durch im Universitäts-
gebiet aufgestellte ONYX-Systeme. Diese basieren auf Z8002 Mikro-
prozessoren, sie laufen mit einem zum PDP 11/70 UNIX absolut kompatiblen UNIX Betriebssystem und unterstützen 8 Bildschirmgeräte
(Abb. 7). Damit ergibt sich schliesslich ein mehrstufiges dezentrales
Ausbildungssystem, wie es in Abb. 8 dargestellt ist.

3. Dezentralisierung der EDV für die Universitätsverwaltung

Der Wandel des RZU-Einsatzkonzepts wie auch der Wunsch, verschiedene
Applikationen im Hochschul-Informationssystem im Dialog betreiben zu
können, waren Anlass für eine Neugestaltung der EDV für die Universitätsverwaltung. Ausschlaggebend für die Auslagerung auf einen
PDP 11/34 Computer war, dass dieser u.a.

- einfachen Zugang und Flexibilität
- gute Antwortzeiten
- grosse Systemverfügbarkeit
- gezielte Lösungen für den Datenschutz

erlaubt. Die Weiterverarbeitung von Daten auf dem Grossrechner ist
jederzeit möglich; sei es, dass diese über den on-line Anschluss
oder über kompatible Datenträger zum zentralen Rechenzentrum übermittelt werden.

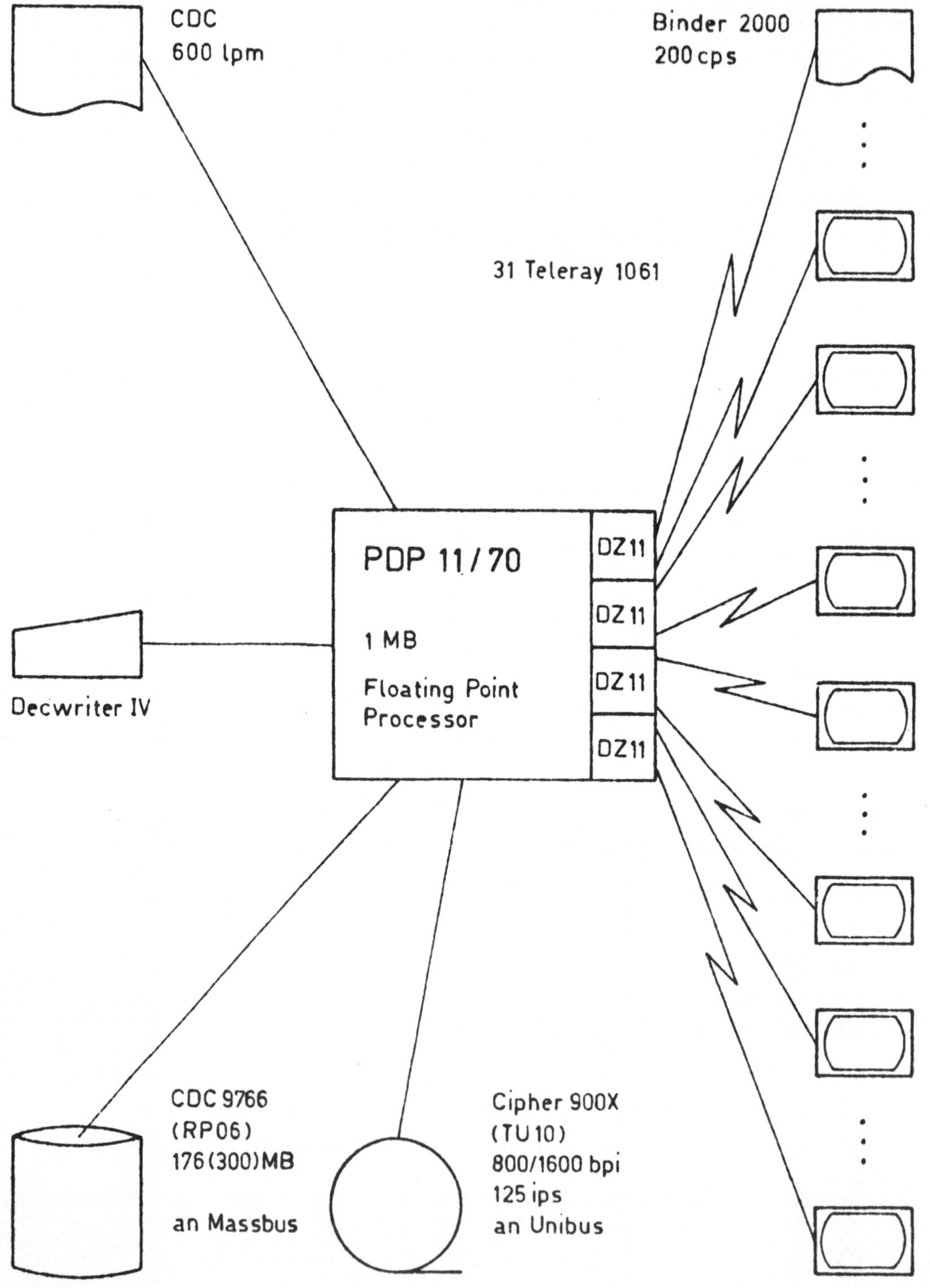

Abb. 6   Informatik-Ausbildungssystem

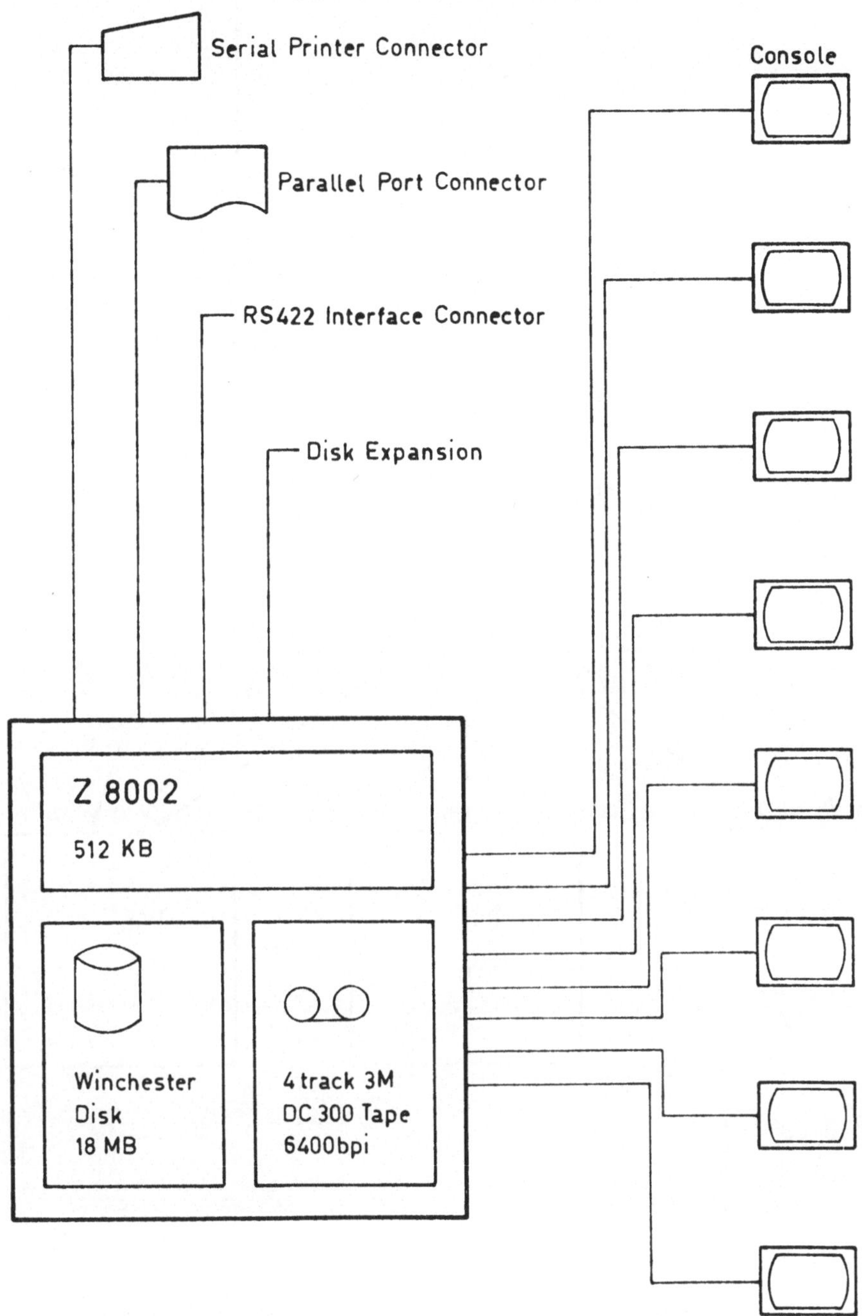

Abb. 7 Zentrale Ausbildungseinheit

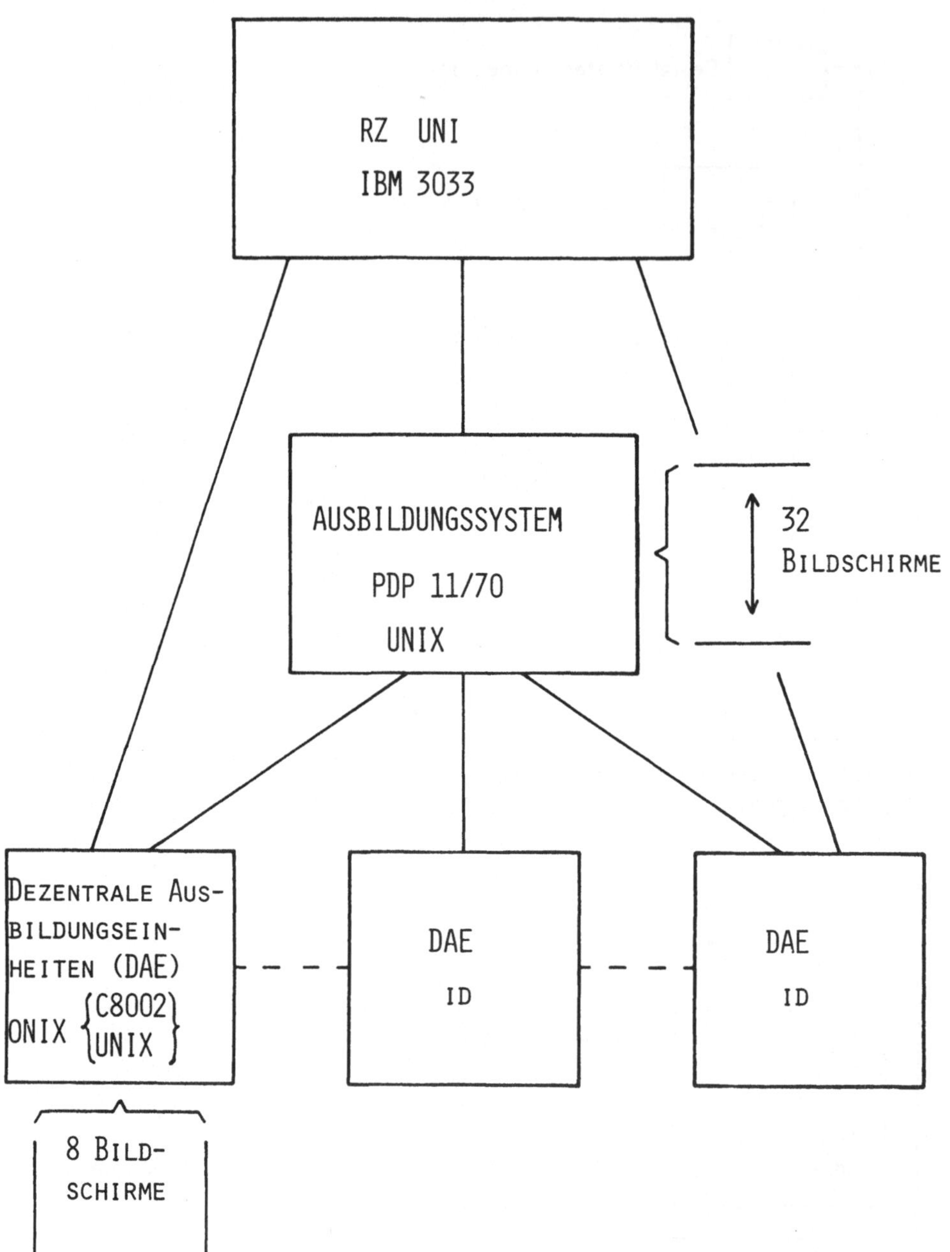

Abb. 8   Mehrstufiges, dezentrales Ausbildungssystem

Schlussbemerkung

Die Erfahrungen mit dem Konzeptwandel sind überwiegend positiv. Es ist
eine generelle Produktivitätssteigerung festzustellen, welche besonders
ausgeprägt bei den parametrischen und zufälligen Benutzern ist. Speziell ist auch der stark verbesserte Ausbildungserfolg (Motivation und
Leistung) hervorzuheben. Es ist jedoch nicht Zeit, auf diesen erfreu-
lichen Ergebnissen auszuruhen. Unsere Hauptaktivitäten entwickeln sich
heute in Richtung eines zweistufigen Textverarbeitungssystems mit lokaler Bearbeitung (Editieren und Sekretariatsarbeiten) und zentraler
Textverarbeitung (Umbruch und Steuerung einer Lichtsatzanlage) sowie
zu lokalen Universitätsnetzwerken als Erweiterung des bestehenden
sternförmigen Konzepts.

Literatur

[1]   Schrammel, D., et al.:
        Ein Leistungs- und Wirtschaftlichkeitsvergleich zwischen
        Klein- und Grosscomputern. Arbeitsberichte Informatik,
        Universität Erlangen. Nürnberg, 13(1) 1980.

[2]   Bodendorf, F., et al.:
        Benutzung und Beurteilung von Kleinrechnersystemen in einer
        Hochschule. Arbeitsberichte Informatik, Universität Erlangen.
        Nürnberg, 11(12) 1978.

[3]   Marty R., Mutter P., Pircher P.:
        Ein dialogorientiertes Pascal-Ausbildungssystem unter UNIX.
        Institut für Informatik, Universität Zürich,
        Bericht 80.05 1980.

Datenverbund in einem Rechenzentrum mit mehreren Rechnern verschiedener
Hersteller

B. Lortz
Rechenzentrum - Universität Karlsruhe

Das Rechenzentrum der Universität Karlsruhe betreibt zur Zeit folgende
Rechenanlagen: UNIVAC 1108 MP, UNIVAC 1106, BURROUGHS 7700 und die Hyb-
ridrechenanlage EAI Pacer 600. Die UNIVAC 1106 wird als Entwicklungssystem für die UNIVAC 1108 eingesetzt. Auf ihr werden vorwiegend Programme im Dialog erstellt, geändert und ausgetestet, die später auf der
UNIVAC 1108 im Stapelbetrieb ausgeführt werden. Die Dateihaltung ist auf
der UNIVAC 1106 nur in eingeschränktem Maße erlaubt. Auf dieser Anlage
führt das Rechenzentrum auch keine Dateisicherung durch. Die BURROUGHS
7700 und die Hybridanlage werden eigenständig betrieben. Sie haben überwiegend einen eigenen Benutzerkreis. Es gibt aber auch Benutzer, die auf
mehreren Anlagen rechnen, um z.B. besondere Funktionen auszunutzen
(Abb. 1).

Die Betriebsart der UNIVAC-Anlagen erfordert offensichtlich einen leistungsfähigen Dateiverbund zwischen diesen Rechnern, da ja der Dialog-
benutzer auf der UNIVAC 1106 Dateien der UNIVAC 1108 bearbeitet und verändert. Darüber hinaus besteht für einen kleineren Benutzerkreis der

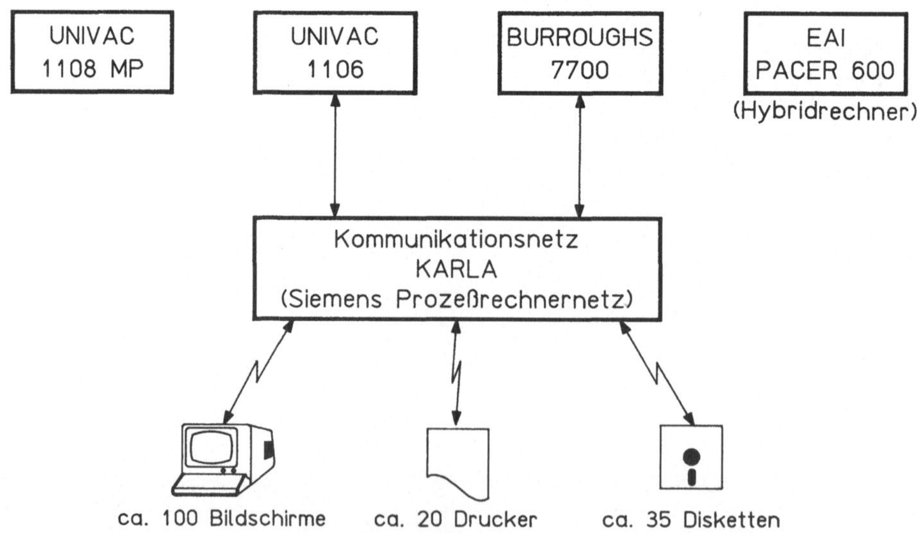

Abb.1 Ausstattung des Rechenzentrum der Universität Karlsruhe

Bedarf, Dateien zwischen anderen Rechnern auszutauschen. Zur Realisierung eines Datenverbundes bieten sich u.a. folgende Möglichkeiten an:

1) Dateiübertragung über Magnetbänder,

2) Kopplung der Rechner über eine Datenleitung oder eine schnelle Kanalverbindung und Implementierung eines Dateitransfersystems.

Beide Möglichkeiten werden in Karlsruhe genutzt.

Dateitransfer über Magnetband

Ein Dateitransfer über Magnetband ist verhältnismäßig leicht zu implementieren. Die Hardware-Voraussetzungen sind im allgemeinen erfüllbar. Ein weitverbreitetes Verfahren zum Datenaustausch ist es, Magnetbänder mit fester Satz- und Blockgröße ohne weitere Zusatzinformationen zu beschreiben. Zum Bearbeiten solcher Bänder existieren auf fast allen Rechnern Programme. Dieses Verfahren erscheint aber unbefriedigend, da es die folgenden naheliegenden Forderungen nicht erfüllt:

1. Es muß auf bequeme Weise möglich sein, eine größere Anzahl von Dateien über ein "Transferband" zu übertragen, da sonst der Bedienungsaufwand unzumutbar wird.

2. Das Transferband dokumentiert sich selbst, d.h. das lesende Programm kann ein solches Band bearbeiten, ohne daß der Anwender eine Beschreibung des Bandinhaltes geben muß.

Um diese Forderungen zu erfüllen, wurde in Karlsruhe ein eigenes Bandformat definiert. Hierbei wird jede Datei durch einen Beschreibungsblock eingeleitet und durch einen Ende-Satz abgeschlossen. Gruppen von Dateien können zusätzlich über Standard-End-Of-File-Marken getrennt werden.

Der Beschreibungsblock hat eine festgelegte Länge von 400 Zeichen. Er enthält unter anderem folgende Angaben:

- eine Maschinenkennung
- die Satzgröße
- die Blockgröße
- den Dateinamen in maschinenunabhängiger Form.

Auf allen beteiligten Rechnern bestehen Programme, um Dateien oder Dateigruppen auf Transferbänder zu schreiben und vom Band zu lesen. Dabei sind Abbildungsregeln für die Dateinamen festgelegt. So geht z.B. der UNIVAC-Name "Q*F.E" über in den BURROUGHS-Namen "Q/F/E". Beim Lesen des Bandes kann diese Abbildungsregel durch Anwender noch modifiziert werden.

Der Dateitransfer erweist sich als günstig zur Übertragung großer Datenmengen. Für zwei typische Anwendungen hat das Karlsruher Rechenzentrum einen regelmäßigen Dienst zur Verfügung gestellt. Die an der B7700 anfallenden Plotdaten werden zweimal täglich zur U1108 übertragen, wo sie weiter verarbeitet werden. Umgekehrt besitzt die B7700 einen "Schöndrucker" mit Groß- und Kleinschreibung. Die Benutzung dieses Druckers wird auch den UNIVAC-Anwendern ermöglicht. Die Druckdaten werden täglich einmal zur B7700 über Band übertragen. Eine weitere interessante Anwendung ist die Archivierung von Daten in rechnerunabhängiger Form.

Bei regem Datenaustausch erweist sich aber der Bandtransfer als unzureichend. Die Bedienung durch den Benutzer ist aufwendig, die Belastung des Operateurs ist hoch, die Übertragung kleiner Dateien ist zu langsam. Dies gilt ganz besonders bei Rechnern, deren Anwendungen so verzahnt sind, wie es in Karlsruhe bei den beiden UNIVAC-Anlagen der Fall ist.

Rechnerkopplung

Gegenüber dem Bandtransfer hat der Dateitransfer über eine Koppelstrecke erhebliche Vorteile für den Betrieb und für den Benutzer. Es ist keine Operateurbedienung notwendig,der Benutzer braucht nur auf einer Anlage Übertragungsanweisungen zu geben, die Antwortzeiten sind kurz. Die Übertragungsdauer für große Dateien hängt allerdings von der Leistungsfähigkeit der Koppelstrecke ab.

Als Hardware für eine Koppelstrecke ist allgemein eine Dateileitung über Modems verfügbar. Zwischen kompatiblen Rechnern sind in der Regel auch direkte Kanalverbindungen möglich. Eine Kanalverbindung bringt auch für regen Datenaustausch eine befriedigende Leistung. Datenleitungen sind nur für mäßigen Datenaustausch und kleine Dateien zufriedenstellend.

Software zum Dateitransfer ist derzeit bestenfalls für kompatible Rechner verfügbar. Standardisierte Verfahren sind erst in Entwicklung, eine Norm ist erst in einigen Jahren zu erwarten (vgl. [1]). Als 1977 in Karlsruhe mit dem Dateiverbund zwischen den UNIVAC-Anlagen 1106 und 1108 begonnen wurde, waren die Voraussetzungen noch schlechter. Deshalb wurde ein Übertragungsprotokoll mit dem Namen KODA (Kopplung zum Dateiaustausch) entwickelt. Dieses Protokoll setzt voraus, daß zwischen den beteiligten Rechnern eine sichere Übertragungsmöglichkeit für Nachrichten (z.B. Leitungsprotokoll) existiert. Hierdurch ist KODA unabhängig von der Art der Verbindung zwischen den beiden Rechnern. Die Verbindung kann über einen Kanal, eine Datenleitung oder aber auch über ein öffentliches Netz hergestellt werden (Abb. 2).

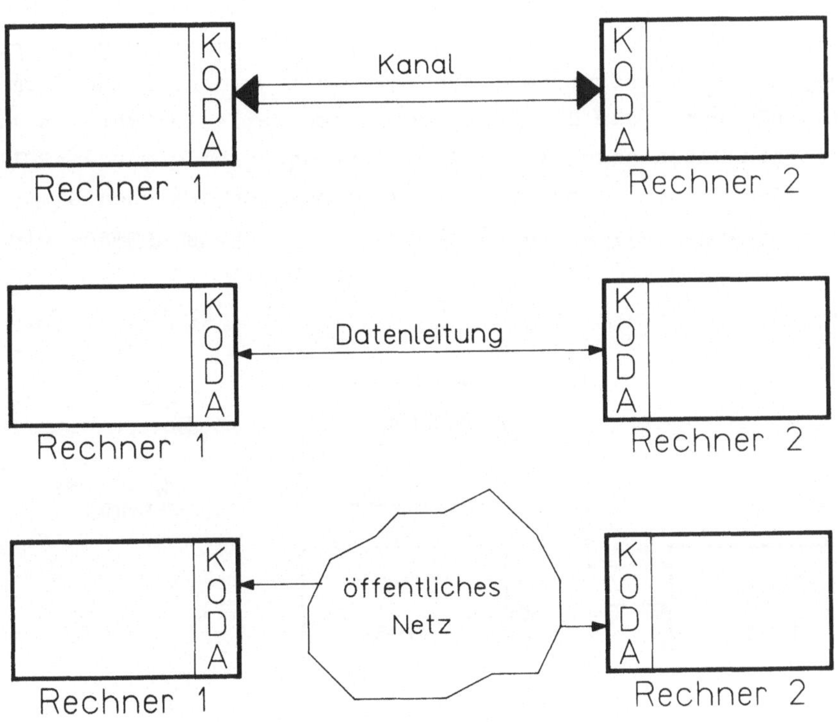

Abb.2 mögliche Konfigurationen für KODA-Verbindungen

Bei der Entwicklung von KODA wurden folgende Ziele angestrebt:

- einfache, klare Logik und leichte Implementierbarkeit,
- hohe Betriebssicherheit,
- Sicherheit gegen unberechtigte Dateizugriffe.

1977 wurde KODA in 5 Monaten entworfen und auf den UNIVAC-Anlagen implementiert. Der Entwicklungsaufwand betrug ca. 7 Mann-Monate. Als Koppelstrecke wurde ein Kanal gewählt. In dieser ersten Version war das Kopplungsmodell auf den Verbund von UNIVAC-Anlagen beschränkt. KODA erlaubte die Übertragung beliebiger Plattendateien bis zu einer vorgegebenen Maximalgröße.

KODA wurde sehr schnell von den Rechenzentrumsbenutzern angenommen. Daher wurden später Überlegungen angestellt, auch die anderen Rechner in diesen Dateiverbund einzubringen. Es zeigte sich, daß die Logik des Protokolls fast unverändert für die Kopplung zu Fremdanlagen geeignet war. Lediglich die Datenformate mußten geändert werden. Diese Fremdkopplungen sind ferner auf die Übertragung sequentieller Dateien mit alphanumerischen Daten beschränkt. Als Übertragungscode wurde ASCII gewählt. Auf diese Weise wurden 1980 die Verbindungen zwischen U1108 und B7700, sowie zwischen U1108 und EAI Pacer in Betrieb genommen. Die Hardware-Verbindungen erfolgten über Datenleitungen (Abb. 3).

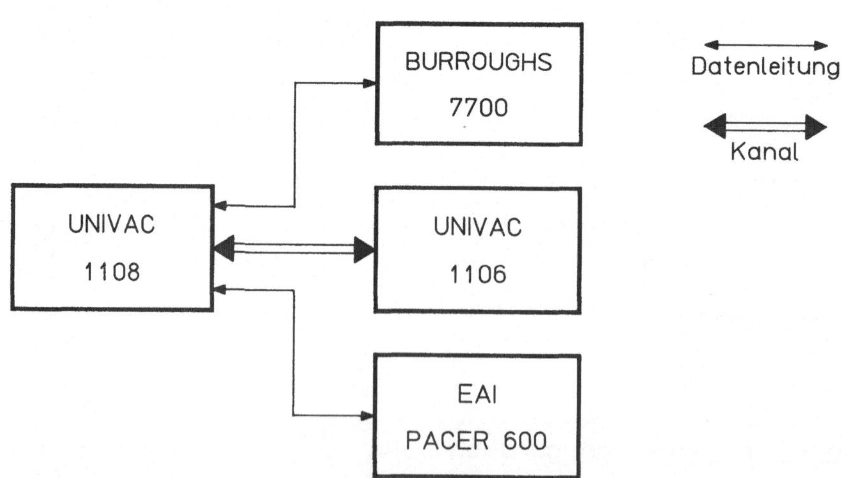

Abb.3 KODA-Netz der Universität Karlsruhe

Konzeption von KODA

Auf jeder der gekoppelten Anlagen ist KODA als ein Realzeitprogramm installiert, das die Verbindung herstellt und gemeinsam mit dem Partnerprogramm auf der anderen Anlage die angeforderten Datenübertragungen durchführt. Die beiden Rechner verständigen sich über das symmetrische KODA-Protokoll (vgl. [2]). Beide Partner zeigen also auf der Koppelstrecke das gleiche Verhalten. Dies bedeutet eine erhebliche Erleichterung für die Implementierung:

- Zur Kopplung kompatibler Anlagen wird nur ein Programm benötigt.
- Ein KODA-Programm kann weitgehend dadurch ausgetestet werden, daß man es mit sich selbst als Partner koppelt.

Zur Anmeldung einer Übertragung ruft der Anwender ein weiteres Programm auf, den KODA-Prozessor. Dieser stellt eine Auftragsbeschreibung zusammen und übergibt sie an KODA. Der Auftrag wird von beiden Partnerprogrammen geprüft und gegebenenfalls in die Auftragslisten eingetragen. KODA kann zur gleichen Zeit in jeder Richtung maximal eine Übertragung durchführen. Es ist aber möglich, jederzeit weitere Übertragungen anzumelden, so daß der Anwender auch bei belegter Koppelstrecke schnell Antwort erhält (Abb. 4).

Die Auftragsbeschreibung enthält neben den Angaben über die beteiligten Dateien als weiterer Parameter eine "Funktion", die die Art der Übertragung festlegt. Dieser Parameter ermöglicht es, den Anwendungsbereich von KODA über die reine Dateiübertragung hinaus zu erweitern und z.B. auch ein Remote-Job-Entry-System zu installieren. In Karlsruhe sind zur Zeit folgende Funktionen implementiert:

FETCH	Holen einer Datei von der anderen Anlage.
SEND	Abschicken einer Datei zur anderen Anlage.
JOB	Abschicken eines Jobs zur anderen Anlage. Der Job ist nach den Konventionen der Zielanlage aufgebaut.
FETCHPRINT	Ausdrucken einer Datei des Zielrechners am Drucker des eigenen Rechners.

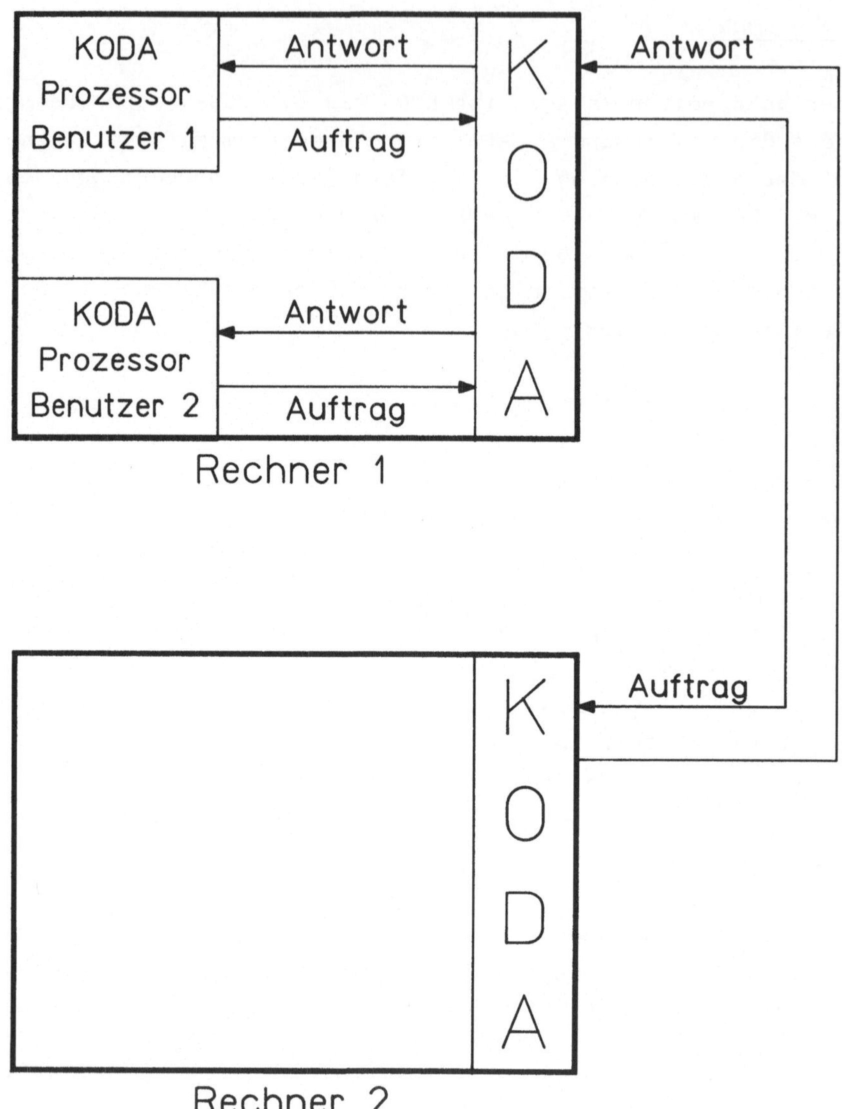

Abb.4 Auftragsanmeldung

Der Auftrag von Benutzer 2 wird vom lokalen KODA zurückgewiesen

SENDPRINT   Ausdrucken einer lokalen Datei am Drucker des anderen Rechners.

MSG   Ausgabe einer Nachricht an der Hauptkonsole des anderen Rechners.

In dieser Form ist KODA auch ein Remote-Job-Entry-System. Für diese Eigenschaft war nur ein geringer zusätzlicher Implementierungsaufwand notwendig, da mit der Übertragungsmöglichkeit einer Datei die wesentlichen Voraussetzungen vorhanden sind. Gerade diese Eigenschaften von KODA waren aber wichtige Hilfsmittel für die Funktionstrennung der UNIVAC-Anlagen in ein Entwicklungssystem mit Dialogbetrieb und ein Produktionssystem mit Stapelbetrieb, denn nur so war es möglich, daß der Benutzer am Terminal das Produktionssystem 1108 ansprechen kann, ohne daß er ins Rechenzentrum gehen muß.

Datenschutz

Bei der Entwicklung von KODA wurde sehr darauf geachtet, daß der Anwender keine unerlaubten Dateizugriffe ausführen kann. Deshalb wird dem Auftrag stets eine Benutzernummer und ein Paßwort mitgegeben. Der fremde Rechner interpretiert diese Angaben gemäß den Erfordernissen seines Betriebssystems. Zusätzliche Paßwörter können auch als Erweiterung des Dateinamens eingeführt werden. Dies war für UNIVAC-Anlagen erforderlich, da hier bis zu drei Paßwörter für den Dateizugriff vorgesehen sind (allgemeiner Zugriff, Lesen, Schreiben). Zwei dieser Paßwörter sind auch im UNIVAC-Betriebssystem Erweiterungen des Dateinamens, so daß die Originalschreibweise übernommen werden konnte.

Das Starten von Jobs ist ebenfalls über Benutzernummer und Paßwort abgesichert.

Zur Erhöhung der Betriebssicherheit wurde ein Wiederaufsetzverfahren für Aufträge implementiert. Bei einer Störung werden abgebrochene Übertragungen vollständig wiederholt. Auf weitergehende Checkpoint-Restart-Verfahren wurde dagegen verzichtet, um den Implementierungsaufwand gering zu halten.

Benutzerschnittstelle

Um den Anwendern auf verschiedenen Rechenanlagen die Arbeit zu erleichtern, wurde auf allen an KODA beteiligten Rechnern eine einheitliche Kommandosprache implementiert. Die Übertragungskommandos haben dabei folgende Form:

```
FETCH        < lokale Datei>     FROM <fremde Datei>
SEND         < lokale Datei>     TO <fremde Datei>
JOB          < lokale Datei>
FETCHPRINT   < lokaler Drucker>FROM <fremde Datei>
SENDPRINT    < lokale Datei>     TO <fremder Drucker>
```

Zusätzliche Kommandos dienen zur Anwahl eines Rechners, zur Angabe von Benutzernummer und Paßwort sowie zur Vereinbarung der Satzgröße an der Zielanlage. Die Kommandonamen sind abkürzbar.

Erfahrungen mit KODA

KODA wurde von den Karlsruher Anwendern sehr gut angenommen. Zur Zeit werden täglich ca. 1000 Übertragungen durchgeführt. Davon dienen etwa 400 zum Start von Jobs, die übrigen sind vorwiegend Datenübertragungen. Der überwiegende Teil hiervon benutzt naturgemäß die Verbindung zwischen den UNIVAC-Anlagen, aber auch auf den anderen Koppelstrecken werden täglich ca. 50 - 100 Aufträge ausgeführt.

KODA ist heute am Rechenzentrum der Universität Karlsruhe das Standard-verfahren zum Datenaustausch zwischen Rechenanlagen. Ein Bandtransfer wird in der Regel nur noch bei großem Datenvolumen vorgenommen.

Weitere Planungen

Zur Zeit wird eine KODA-Verbindung zur Universität Freiburg zu einer UNIVAC 1100/82 vorbereitet. Dies wird die erste Implementierung von KODA über eine Postleitung sein. Darüber hinaus bestehen Pläne, KODA auch im Karlsruher Kommunikationsnetz KARLA zu implementieren, um damit die Diskettenlaufwerke und die Drucker zu betreiben. Von besonderem Interesse sind hierbei die Remote-Job-Entry-Funktionen.

Literatur

[1] Burkhardt, H. J.:
Architektur offener Kommunikationssysteme - Stand der Normungs-
arbeit -.
Informatik Fachberichte 22 (1979).

[2] Bonert, B., Lortz, B.:
Dateiverbund KODA, Definition und Implementierung.
Interner Bericht des Rechenzentrums der Universität Karlsruhe,
Fassung vom Juni 1980.

<u>Der Einsatz von Mikrorechnern im Hochschulbereich</u>

H. Felsch und R. Hahn
Hochschulrechenzentrum Bielefeld

1. <u>Rechnerarten im Hochschulbereich</u>

Die Begrenzung des Themas auf den Hochschulbereich erfolgt, weil Betriebsorganisation und Software Hochschulrechenzentren stark von "kommerziellen" Rechenzentren unterscheiden, während es bei der Hardware nicht mehr "wissenschaftliche Rechner" wie noch vor 15 Jahren gibt. Im wesentlichen existieren drei Rechnertypen in Hochschulen:

- Universalrechner, meist über 1 Million DM, im HRZ,
- Prozeßrechner, 0.1 - 1 Mio DM, in Instituten mit Meß- und Regelungsaufgaben sowie in der Betriebstechnik,
- Mikrorechner, 5.000 bis 50.000 DM, für kleinere eigene und Zulieferaufgaben.

Für den Einsatz der "großen" Rechner haben sich im Lauf der Jahre Einsatzfelder herausgebildet, in denen sie für die Forschung unentbehrlich geworden sind. Die Nutzung geschah zunächst nur in naturwissenschaftlichen und technischen Bereichen, dehnte sich aber bald auch auf die gesellschaftswissenschaftlichen und geisteswissenschaftlichen Fakultäten aus. Zumindest in älteren Universitäten sind Neubeschaffungen jedoch seltener geworden, zum Teil sicher durch fehlende Finanzmittel bedingt. Umso attraktiver werden Mikrorechner aus folgenden Gründen:

- Für kleinere Aufgaben und Tests genügt oft die Leistung eines Mikrorechners, obgleich er um den Faktor 100 und mehr langsamer ist.
- Terminals zum Großrechner sind nicht in beliebiger Zahl anschließbar, erfordern Leitungsverlegungen und zentrale Datenübertragungskapazität.
- Mikrorechner können Großrechner bei Aufgaben, die überwiegend verwaltungsaufwendig sind (Edieren), deutlich entlasten.
- Wartezeiten an einem individuell verfügbaren Rechner sind einsichtiger und werden leichter hingenommen.
- Mikrorechner sind am Arbeitsplatz verfügbar und passen sich günstiger in anderweitig vorgegebene Organisationsformen ein.
- Die Bedienung ist leichter erlernbar, da die Betriebssysteme entsprechend zu ihrer geringeren Leistung einfacher gestaltet sind. Die "Schwellenangst" sinkt.
- Es werden für allgemein auftretende Aufgaben maßgeschneiderte Systeme mit Mikrorechnern angeboten, z.B. für Textbearbeitung, graphische Erfassung, statistische Verarbeitung kleiner Datenmengen usw. (Reaktion: "Genau das wollen wir!").
- Die Rechner sind auch aus kleinen Etats finanzierbar.

Viele dieser Vorteile sind so offensichtlich, daß zunächst oft folgende Nachteile
übersehen werden:

- Die Software ist speziell, oft unzulänglich und -gänglich und kann nicht auf
  lokale Bedingungen angepaßt werden. Die Zeitdauer der Wartung ist ungewiß.
- Die Programmierung wird wenig unterstützt, findet auf niedrigem Niveau statt und
  ist daher für größere Vorhaben personal- und zeitaufwendig.
- Wenn Gerätegrenzen erreicht werden, sind Konfigurationen oft nicht mehr ausreichend erweiterbar. Die Geräte der nächsthöheren Leistungsstufe sind weder hard-
  ware- noch softwaremäßig kompatibel.
- Die Datenübertragung auf andere Rechner wird zum Problem, da die Normen für
  Datenträger, insbesondere Disketten, (noch) nicht vorliegen oder nicht beachtet
  werden.
- Auch Mikrorechner erfordern Erstellung und Wartung von Dokumentation und Bedie-
  nungsanleitungen. Geschieht dies unkoordiniert parallel, wird es sehr aufwendig;
  geschieht es nicht, wird der Rechner wertlos.
- Im allgemeinen ist die Hardware sehr sicher. Reparaturen bei Ausfällen können
  jedoch viel länger dauern (Wartung per Post) oder durch unangekündigte Modell-
  änderung ganz unmöglich geworden sein.

Gerade aus diesen aufgeführten Gründen haben Hochschulrechenzentren eine koordinie-
rende Funktion bei der Beschaffung von DV-Geräten. In diesem Referat sollen die Ein-
satzerfahrungen für Mikrorechner in der Universität Bielefeld wiedergegeben werden.
Das Schwergewicht liegt dabei auf einer Bereitstellung für allgemeinen Zugang, die
Verwendung im Zusammenhang mit Prozeßrechenaufgaben wird nur gestreift. Wesentliche
Fragen sind:

- Für welche Aufgabenstellungen sind Mikrorechner gut geeignet?
- Welche Anforderungen sind an Hardware und Software zu stellen?
- Erfüllen marktgängige Geräte die Anforderungen?
- Welche organisatorischen und psychologischen Probleme gibt es?
- Wie sind die ersten Einsatzerfahrungen?

2. Aufgabenstellungen für Mikrorechner im Hochschulbereich

Erfassen von unformatierten Daten und Programmen:

Die Beschäftigung des HRZ Bielefeld mit Mikrorechnern resultiert aus dem Vorhaben,
Schreiblocher durch Arbeitsplätze jeweils mit Bildschirm, Diskettenlaufwerk und
Mikrorechner zu ersetzen. Die Vorteile durch eine Sichtkontrolle bei der Erfassung,
leichtere Korrekturmöglichkeiten, leiseres Arbeiten und eigene Dateiführung auf
günstigen Datenträgern sind offensichtlich und verbessern die Eingabe qualitativ
und quantitativ. Bei der Verfügbarkeit eines guten bildschirmorientierten Editors
haben sich für die Eingabe von Programmen keine dringenden Wünsche nach sprachab-
hängigen Unterstützungen oder syntaktischen Überprüfungen ergeben. Das Abziehen des
Edierens entlastet Großrechner von "trivialen" Terminalbedienungen zugunsten echter
Rechenaufgaben. Der in Bielefeld verfügbare Editor ist bedienungsfreundlicher als

der des Großrechners, so daß die Forderung nach der Übereinstimmung beider Editoren nicht mehr gestellt wird. Die Leistung der Mikrorechner reicht für die Eingabe- wie auch für die Suchvorgänge gut aus, hier gab es nie Klagen.

Erfassen von formatierten Daten:

Bereits die Schreiblocher besaßen formatgebundene Erfassungshilfen wie die Unterscheidung alpha/numerisch, Duplizierfunktionen, Prüfmöglichkeiten. Sie blieben jedoch stets positionsgebunden. Daß man mit Mikrorechnern weit über diesen Stand hinausgehen kann, haben Datensammelsysteme gezeigt. Die heutigen Mikrorechner erlauben entsprechende Leistungen mit Loslösung von starren Formaten (z.B. den 80 Stellen), Definition eines Erfassungsformulars auf dem Bildschirm, Organisation in bildschirmübergreifenden Sätzen, feldabhängige Eingabeunterstützung, vorgegebene und benutzerdefinierte Plausibilitätskontrollen und leichtes Blättern und Suchen in der Gesamtinformation.

Datenerhebungen im wissenschaftlichen Bereich finden oft nur einmalig statt, so daß aufwendige Organisationsformen wie Beleglesen oder Spezialprogrammierung nicht in Frage kommen. Die ansprechende Eingabeform direkt vom Erfassungsmaterial in ein äquivalentes Bildschirmformular löst hier solche Probleme leichter als früher. Von besonderem Wert ist dabei die Möglichkeit, eigene Plausibilitäten auch unter Feldverknüpfungen zu definieren, z.B. daß bei Personaldaten niemand mit weniger als 16 Jahren heiratet oder dies gar erst nach seinem Tod tut. Hierfür hat sich in Bielefeld sehr bewährt, daß am Bildschirm in der höheren Programmiersprache ELAN eingegebene Plausibilitäten formulierbar sind. Es werden dadurch eine Reihe von Prüfläufen auf dem Großrechner gespart und Korrekturen möglich, solange noch das Quellenmaterial greifbar ist.

Textbe- und -verarbeitung:

Im kommerziellen Bereich hat sich besonders die Textverarbeitung durchgesetzt, bei der aus definierten Textbausteinen mit Hilfe von Adreß- und Informationsdateien automatisch Briefe, meist kürzeren Umfanges, erzeugt werden. Hierfür ist der Bedarf im Hochschulbereich gering, weil seine Komplexität und Vielschichtigkeit nicht entsprechend reduzierbar ist (selbst die Beschaffungsstelle für den zentralen Einkauf bevorzugt eine Formularorganisation). Dagegen besteht eine Haupttätigkeit in der "Produktion" von Forschungsberichten, Publikationen, Examensarbeiten und Protokollen unter Anwendung der Textbearbeitung. Der dafür verwendete Editor muß in seinen Grundfunktionen einfacher als eine Schreibmaschine zu bedienen sein (z.B. mit fortlaufendem Schreiben) und sollte nicht durch eine unterliegende Seitenstruktur behindert werden, sondern Texte frei manipulieren. Schnelldrucker als Ausgabegeräte reichen nur für den Test, für Druckvorlagen ist Schönschreibdruck erforderlich mit Seitenumbruch in gewünschter Formatierung, Zählung auf jeder Seite sowie wahlweise Über- und Unterschriften, Randausgleich und Trennhilfen. Wünschenswert sind automatische Erstellung von Inhalts- und Schlagwortverzeichnis. Speziell für ein HRZ ist eine derartige Unterstützung für seine Dokumentationsaufgaben notwendig.

Die obigen Anforderungen sind durch Programme auf Großrechnern lösbar, erzeugen aber eine Dauerbesetzung von Terminals, die für andere Zwecke beschafft wurden. Daher haben einige HRZ zu Recht jegliche Textbearbeitung über Großrechner verboten. Zudem kann die geforderte Ausgabequalität in der Regel von Schnelldruckern nicht geliefert werden. Bei der Textbearbeitung liegt im Hochschulbereich eine ganz wesentliche Bedarfskomponente für Mikrorechner, die voraussichtlich langfristig zu entsprechenden Gerätebeschaffungen in den meisten Fakultäten und Einrichtungen führen wird.

Ausbildung:

Mikrorechner können in verschiedener Weise auch für die Ausbildung eingesetzt werden. Wenn eine höhere Programmiersprache (z.B. ELAN, PASCAL) zur Verfügung steht, sind die kleinen Testprogramme von Anfängern in der Programmierung ohne viel Papieraufwand über die Geräte abwickelbar. Die ganze Programmhaltung findet ohne Belastung des Großrechners auf Disketten statt. Vorteilhaft ist, daß die Studenten schnell mit leicht zugänglichen und überschaubaren DV-Geräten vertraut werden. Allerdings sind bei üblichen Kursstärken mindestens 10 Plätze notwendig, und über Terminals am Großrechner stände mehr Software zur Verfügung. Kleinere Konfigurationen mit etwa 4 Terminals sind günstig für Informatikkurse in Schulen einsetzbar; hier hat das HRZ Bielefeld enge Kontakte zu einer Reihe von Gymnasien, die zwecks Übernahme der entwickelten Software kompatible Hardware betreiben.

Mit weniger Geräten kommt man aus, wenn es sich um die Anfertigung von Studienarbeiten handelt, bei der die Gerate Hilfsmittel oder sogar Forschungsgegenstand sind.

Prozeßdatenerfassung:

Mikrorechner an Experimenten als "langer Arm" eines Prozeßrechners sind selbstverständlich geworden. Dabei handelt es sich um Prozessoren, die in der Regel zum Prozeßrechner befehlskompatibel sind, von ihm geladen werden und im übrigen außer Meßfühlern und Regelgliedern nur einen Zwischenspeicher besitzen. Mit Mikrorechnern als selbständigen Systemen Prozeßdatenerfassung zu machen, ist problematisch, weil die gelegentlich notwendigen Diskettenkontakte die Aufnahmebereitschaft des Rechners für Signale Bruchteile von Sekunden blockieren können. Wenn dies unkritisch ist oder anders abgefangen werden kann, gelingt ein befriedigender Einsatz.

Prozedurumsetzung:

Sehr bewährt haben sich Mikrorechner als flexible Koppelglieder zwischen größeren Systemen, die miteinander Daten austauschen sollen, ohne aufeinander abgestimmt zu sein. Als Prozedurumsetzer ermöglichen sie im Bereich der Datenübertragung Gerätekopplungen, Leitungsschaltungen und Konzentratorfunktionen. Die Aufgabenstellung, einen seriellen Zeichenstrom kontinuierlich zu wandeln, ist prädestiniert für zwischengeschaltete Mikros, die nach einmaliger Inbetriebnahme praktisch "vergessen" werden können.

Es gibt also eine große Einsatzbreite, in der Mikrorechner auch im Hochschulbereich alte Geräte ersetzen und neue Anwendungen erschließen werden.

Weiterhin sind Mikrorechner überall dort als eigenständiges System verwendbar, wo eine definierte Aufgabe mit der relativ langsamen Hardware gut lösbar ist, z.B. bei der Laborautomatisierung, bei der Erfassung von Telefongesprächen, bei langsam reagierenden technischen Steuerungen, bei Zugangskontrollsystemen usw. Hier ist meist aber umfangreichere Software nötig, die sich nur rentiert, wenn sie mehrfach eingesetzt werden kann und nicht allzu sehr auf spezielle Hardware bezogen ist. Über Mikros Rechnungen lösen zu wollen, bei denen die Datenstrukturen nicht mehr in den Arbeitsspeicher passen, wäre zu aufwendig, ebenso eignen sie sich nicht für größere Literaturdokumentations- und Informationssysteme mit Recherchen im Dialog.

3. <u>Anforderungen an Hardware und Software</u>

Anforderungen an die Hardware:

- Gute Eignung für die anstehende Aufgabe bei Preiswürdigkeit.
- Normgerechte Komponenten, insbesondere bei Tastaturen und Datenträgern.
- Erfüllung der ergonomischen Standardanforderungen, falls stundenlange Arbeiten am Gerät vorkommen können.
- Normierte Schnittstellen zum Anschluß von Fremdperipherie wie Matrix- und Typenraddrucker, Terminals, graphische Geräte.
- Unempfindlichkeit der Hardware, keine Wartung nötig. Bei Beschädigungen Austausch von Moduln, Reparatur per Post.
- Erweiterbarkeit (Hauptspeicher, Hintergrundspeicher, gegebenenfalls Magnetplatte für Mehrplatzsystem).
- Keine Geräuschbelästigung.

Anforderungen an die Software:

Bei Mikrorechnern, die vom Anwender unabhängig von einem größeren Host-Rechner programmiert werden sollen, wird ein leistungsfähiges Betriebssystem gefordert:

- Das Betriebssystem sollte so weit wie möglich von der Hardware abstrahieren, z.B. Diskette und Platte gleich behandeln, keine Textsegmentierung in Seiten vornehmen usw.
- Dateien müssen variabel strukturiert sein (über Verkettungen).
- Das Betriebssystem muß den Anschluß unterschiedlicher peripherer Geräte über Normschnittstellen unterstützen.
- Es muß eine höhere Programmiersprache verfügbar sein (Assembler oder BASIC genügen nicht). Sie sollte zu den "strongly-typed"-Sprachen gehören, Sprachelemente für Moduln und Datenabstraktionen besitzen und die Konstruktion auch von umfangreicheren Programmen durch Selbstdokumentation unterstützen.
- Das Betriebssystem sollte optimalerweise auch in der (einer) höheren Sprache geschrieben sein, den Benutzern im Quelltext vorliegen und modular veränderbar sein, sowohl für Erweiterungen wie auch Reduzierungen.

- Die Kommandosprache sollte eine einfache Grundstruktur besitzen und auch für DV-Laien verständlich sein (auf Wunsch deutsche Kommandos), jedoch Erweiterungen zulassen. Letzteres gilt insbesondere für den Anschluß neuer Gerätetreiber mit zugehörigen Kommandos.
- Die Möglichkeit zur Kopplung mehrerer Mikrorechner muß vorgesehen sein.
- Das System muß automatische Datensicherungen enthalten, so daß höchstens die Arbeit einiger Minuten verlorengeht. Für Fehlerfälle sind Wiederanlaufmöglichkeiten vorzusehen.
- Für Dateien müssen Dienstprogramme zum Edieren, Verwalten, Archivieren und Drukken existieren.
- Der Editor soll bildschirmorientiert arbeiten (Textbearbeitung!).
- Die Syntax der Kommandosprache und der Dienstprogramme sollte übereinstimmen, damit der Benutzer mit einem einfachen Grundverständnis der Prinzipien schon sehr weit kommt.
- Der Benutzer muß Erweiterungsmöglichkeiten haben, indem er ohne eine Neuprogrammierung am Sichtgerät aus bereitstehenden Grundfunktionen neue Kommandos bilden und diese auf Tasten legen kann.
- Die Dokumentation sollte auch über Versionswechsel hinweg aktuell sein und mindestens eine leicht verständliche Einführung, ein Benutzer-Handbuch ("users guide") und ein Taschenbuch mit einer Kurzfassung aller wichtigen Systemleistungen umfassen.

Diese Anforderungen sichern, daß die aufwendige Programmierungs-, Dokumentations- und Organisationsarbeit bei der Einführung der Mikrorechner mehrfach genutzt, angepaßt und weitergegeben werden kann und auch bei Hardwarewechsel weitgehend erhalten bleibt. Allerdings werden hierdurch die nur auf den ersten Blick billig erscheinenden Hobby-Computer weitgehend ausgeschlossen. Erfahrungsgemäß sind pro Platz z.Z. mindestens 10.000 DM anzusetzen.

4. Einsatz marktgängiger Geräte im Hochschulbereich

Auch für Mikrorechner gilt, daß die Verkaufspreise von Geräten mit guter Basissoftware oder spezialisierter Anwendersoftware erheblich über den reinen Hardwarepreisen liegen. Die Spanne ist aber nie so groß, daß sie alleine eine eigene Softwareentwicklung finanziell interessant machen würde, auch beim gleichzeitigen Kauf mehrerer Geräte nicht. Wenn für eine feste Aufgabenstellung ein auf dem Markt angebotenes Gerät gut geeignet und abzusehen ist, daß sich die Anforderungen nicht ändern werden und kein Austausch von Daten mit anderen Stellen notwendig wird, dann ist ein Kauf des ganzen Systems anzuraten. Dies kann etwa für physiologische Experimente der Fall sein, die in langen Versuchsreihen ablaufen und bei denen der Einsatz eines Mikrorechners schneller und billiger zu realisieren ist als die Konstruktion spezieller Versuchsaufbauten zur Reizdarbietung und Experimentüberwachung, mit dem zusätzlichen Vorteil leichterer Modifizierbarkeit und späterer Weiterverwendbarkeit.

Meist treffen im Hochschulbereich diese Voraussetzungen jedoch nicht zu. In der Regel sind gerade die Forschungsbereiche immer wieder unvorhersehbaren Änderungen unterworfen, erweitern sich oder werden ganz eingestellt. Geräte wandern dann dahin weiter, wo sie gerade gebraucht werden. Auch schon bei dem Beschaffungswunsch gibt es häufig Anforderungen aus mehreren Gebieten, etwa: Studentenausbildung im fachspezifischen Programmieren, Erstellung von Forschungsarbeiten, lokale Geräteverwaltung. Diese Aufgaben sind so unterschiedlich, daß hierfür im Prinzip drei Rechner gekauft werden müßten, der Etat reicht oft aber nur für einen.

Auf diese Multifunktionalität beim Einsatz im Hochschulbereich hat schon der ALWR in einem Arbeitspapier zur Textbearbeitung [1] hingewiesen. Zudem bleiben bei der auf den kommerziellen Markt ausgerichteten Software Wünsche offen, denn die benötigten Programmiersprachen differieren, bei der Textbeabeitung ist der Zeichensatz für naturwissenschaftliche Arbeiten zu dürftig und die Formelmanipulation unzureichend, und die Kameralistik der Verwaltung unterscheidet sich völlig von einer Betriebskostenrechnung einer Fachabteilung. Erweiterungen der angebotenen Systeme sind aber softwaremäßig meist nur in einem vorher festgelegten Rahmen möglich, die benötigte Fremdperipherie, z.B. Drucker mit über 200 Spezialzeichen, läßt sich nicht anschließen oder wird vom Betriebssystem nicht unterstützt, die Datenübertragung setzt Firmennormen voraus usw. Für ein Hochschulrechenzentrum erweist sich zusätzlich, daß eine Organisation mit hunderten von Benutzern im freien Zugang bei nicht planbaren Erfassungsaufgaben in der Software nicht vorgesehen ist und von ihr nicht bewältigt wird.

Alle diese Schwierigkeiten mit der Übernahme von fertigen Mikrorechnersystemen stellten sich im Lauf einer jahrelangen Suche des HRZ Bielefeld nach einem Ersatz für Schreiblocher heraus. Insbesondere die Datensammelsysteme, die auf den ersten Blick sehr verlockend schienen, erwiesen sich bei näherer Analyse als so stark in anderer Richtung konzipiert, daß wir ihnen beim freien Einsatz für Benutzer hätten Gewalt antun müssen und trotzdem nicht froh geworden wären, insbesondere bezüglich des Editors, der Dateiorganisation und der Einsatzflexibilität. Daher fiel nach längerer Vorarbeit die Entscheidung doch für eine eigene Softwareerstellung auf einfachen, unspezialisierten Geräten. Das zunächst realisierte Einzelplatzsystem ist organisatorisch vorteilhaft. Jeder Benutzer verfügt an einem Arbeitstisch über einen Mikroprozessor Z 80 mit 64 KB, ein Diskettenlaufwerk mit 300 KB und einen einfachen Asynchronbildschirm mit abgesetzter Tastatur. Das im HRZ entwickelte Betriebssystem EUMEL, in der Programmiersprache ELAN formuliert, erfüllt die oben angegebenen Forderungen an die Software. Als Anwenderprogramme sind für die im HRZ-Service benötigten Bereiche Softwarepakete für die unformatierte und formatierte Erfassung und Textbearbeitung entstanden. Die oben zusammengefaßten Benutzerbedürfnisse, insbesondere hinsichtlich eines multifunktionalen Einsatzes, sind im Grundsatz schon so weit abgedeckt, daß sich die meisten Fakultäten und Einrichtungen der Universität bei Beschaffungsvorhaben für Mikrorechner dem EUMEL/ELAN-System anschlossen. Als Vorteile entstehen eine zentrale Dokumentation, Programmpflege und Beratung durch das HRZ, und auch die möglicherweise später benötigte Datenübertragung wird keine Probleme mehr aufwerfen. Die Geräte sind durch ihre vielseitigen Einsatzmöglichkeiten optimal nutzbar und werden nicht das Schicksal von Spezialgeräten erleiden, die nach Fortfall der ursprünglichen Anforderung als Investitionsruinen in der Ecke stehen.

Der Aufwand für die eigene Programmerstellung ist erheblich und summiert sich im HRZ Bielefeld auf über 6 Mannjahre. Weitere Programmteile entstanden bei dem kooperierenden Informatikkolleg der GMD in Bonn/Birlinghoven. Für Benutzerbetreuung, Dokumentation und Klärung von Beschwerden ist ein Mitarbeiter ganztägig notwendig. Rechtfertigen läßt sich dieser Aufwand mit dem allgmeinen Auftrag an ein Hochschulrechenzentrum, die Benutzer nach dem Stand der Technik mit den möglichen Investitionen optimal zu bedienen und ihre Probleme flexibel zu lösen. Hier übernimmt das Mikrorechnersystem die Aufgabe der Zuarbeit zum Großrechner in idealer Weise.

5. Organisatorische und psychologische Probleme

Bei der Einführung von neuartigen Geräten gibt es zunächst Widerstand. Auch die Benutzer des HRZ konnten erst nach Jahren völlig überzeugt werden, daß man auf Lochkarten außer in Ausnahmefällen (Programmweitergabe, zu stark besetzte Kurse) verzichten kann. Voraussetzung sind genügend viele Eingabeplätze, ein gut und störungsfrei funktionierendes System, eine mehrstufige Dokumentation, insbesondere eine Anleitung auch für DV-Laien (z.B. Sekretärinnen), ein regelmäßiges Angebot von Einführungen und eine Beratung in allen Fehlerfällen. Wenn die Anfangsschwierigkeiten überwunden sind, sorgt "Flüsterpropaganda" für ein immer stärkeres freiwilliges Umschwenken der Benutzer.

Die Arbeitsplätze mit den Sichtgeräten sind in zwei benachbarten Räumen aufgestellt, so daß die Hälfte von ihnen stundenweise für Kurse reserviert werden kann. Es gibt z.Zt. neun einfache Plätze und drei mit den zusätzlichen Sonderfunktionen
 - Übertragen zum TR 440,
 - Übertragen zum TR 440, Kopieren und Archivieren,
 - Schönschreibdruck,   Kopieren und Archivieren.

Nach der Erfahrung wird ein Übertragungsplatz durch Zuarbeit von rund 10 einfachen Plätzen ausgelastet. Der für später vorgesehene Übergang zur on-line Lösung durch Vernetzung der Plätze wird bei zentraler Aufstellung nicht als dringlich empfunden, hat jedoch bei dezentralen Geräten höhere Priorität. Mit Sicherheit entsteht nach Freigabe eines solchen Systems der Wunsch nach unbeschränktem Zugang. In Bielefeld ist einer der beiden Erfassungsräume rund um die Uhr geöffnet, nachdem die Technische Betriebsverwaltung die Mikrorechner möglichst gut durch Verschraubungen gesichert hat und mit dem Überwachungsdienst vereinbart wurde, einen Kontrollpunkt in eine Raumecke zu legen. Bisher gab es keine schlimmen Überraschungen.

Ein weiteres Problem ist der Kostennachweis, da eine jobabhängige Abrechnung wie auf Großrechnern nicht möglich ist. Die Entgeltregelung sieht vor, daß die Geräte frei für Zubringeraufgaben zum Großrechner benutzt werden dürfen, da ihre Kosten dort eingerechnet sind. Disketten sind zu kaufen (z.Z. für 7 DM), bei der Universitätsbibliothek zu entleihen oder dienstlich beim HRZ zu beantragen. Die Benutzung des Schönschreibdruckers ist durch den Kauf von Farbbändern für das Gerät zu entgelten, wobei in dem hohen Aufschlag die Geräte- und Papierkosten eingerechnet sind.

Bei der Gestaltung der Arbeitsplätze hat sich das HRZ bemüht, so weit wie möglich die "Sicherheitsregeln für Bildschirmarbeitsplätze im Bürobereich" der Verwaltungs-Berufsgenossenschaft [2] zu erfüllen. Allerdings werden bei der zentralen Aufstellung die geforderten Quadratmeter weit unterschritten. Dies ist damit zu rechtfertigen, daß es sich im Hochschulrechenzentrum nicht um feste Arbeitsplätze handelt, sondern um ein Angebot zur meist kurzfristigen oder zumindest nur sporadisch intensiven Benutzung. Dagegen hat der Personalrat der Universität dem Einsatz von Textbearbeitungsgeräten in Fakultäten und Einrichtungen noch nicht zugestimmt, sondern fordert hierfür den Abschluß einer Betriebsvereinbarung mit dem Kanzler. Die technischen Bedingungen können durch geeigneten Gerätekauf und eine angepaßte Umgebungsgestaltung relativ problemlos erfüllt werden. Mit Recht wird jedoch erwartet, daß es keine ausschließliche Arbeit an den Sichtgeräten geben sollte. Mischtätigkeiten, am besten mit erhöhter Zuweisung von Verantwortung, sind anzustreben. Hierfür gibt es im Hochschulbereich bei gutem Willen günstige Voraussetzungen.

6. <u>Erste Einsatzerfahrungen</u>

Ende 1978 konnten 13 EUMEL/ELAN-Geräte aus Ersteinrichtungsmitteln beschafft werden, bis 1980 kauften Fakultäten und Einrichtungen der Universität weitere 5 Systeme. Im Herbst 1979 erfolgte die Freigabe an Benutzer mit der ersten Softwareversion für unformatierte Erfassung; vorher gab es viel Aufwand mit der Klärung von organisatorischen und technischen Fragen (insbesondere bei der Kompatibilität von Diskettenlaufwerken). Die weitere Software kam im Laufe der Zeit hinzu. Inzwischen ist Version 1.5 erreicht [3]. Beim Betrieb gab es vor allem die folgenden Erfahrungen:

- Von Herbst 1979 bis Anfang 1981 sank durch verändertes Benutzerverhalten die Platzausnutzung an den Schreiblochern werktags zwischen 9 und 16 Uhr von 60% auf 30%, die an den Mikrorechnern stieg von 25% auf 50%. Bei Abhaltung von Kursen bilden sich tagsüber vor den Diskettengeräten Warteschlangen. Meistens arbeiten einige Benutzer weiter bis Mitternacht und darüber hinaus.
- "Umgestiegene" Benutzer äußern sich zufrieden über den Komfort und die bessere und schnellere Erfassung, quantitative Angaben gibt es jedoch nicht.
- Die Verwaltung gab 1980 eine gut eingespielte Lochkartenorganistion für das Studentenverwaltungprogramm HISSOS auf und wechselte auf Disketten über.
- Nach Freigabe der Textbearbeitungsmöglichkeiten kamen Benutzer aus bisher noch nicht vertretenen Bereichen in das HRZ. Auffällig war, daß eine Reihe von Wissenschaftlern anfing, ihre Texte selbst vor dem Bildschirm zu entwerfen, statt ein handschriftliches Manuskript zu erstellen.
- Beim Anfängerkurs wurden Studenten wahlweise Lochkarten, Terminals und die Mikrorechnerplätze angeboten. Sie bevorzugten die Arbeit am Bildschirm; auch bei Vertrautheit mit TR 440 - Terminals benutzten sie die Diskettengeraete zum Editieren und beherrschten es in relativ kurzer Zeit.
- Mit den Disketten als Datenträgern gab es bisher kaum Probleme.
- Ein Benutzer beabsichtigte, Meßergebnisse auf Disketten bis zu 10 Jahre aufzubewahren und fragte nach einer Haltbarkeitsgarantie.

- Bei den etwa halbjährlichen Wechseln der Softwareversionen bespielt das HRZ Disketten und tauscht sie gegen alte um.
- Es besteht die Möglichkeit, die Diskettenlaufwerke auf doppelte Schreibdichte umzurüsten. Die Erweiterung des freien Dateibereiches von ca. 200 KB auf 450 KB würde viele Erfassungen sehr vereinfachen. Um den Übergang "weich" zu gestalten, hat ein HRZ-Mitarbeiter den neuen Controller so umgerüstet, daß durch Anlesen der Diskette entschieden werden kann, ob der verbleibende alte oder der neue Controller anspricht, so daß nebeneinander alte hardware-sektorisierte und neue software-sektorisierte Disketten benutzbar sind. Andernfalls entstünde hier ein schwieriges Problem beim Übergang, weil bisher schon rund 3000 Disketten ausgegeben wurden.
- Fehlermeldungsformulare werden von Benutzern kaum ausgefüllt, dies geschieht meist indirekt durch die Beratung.
- Für Reparaturen für alle 18 Systeme hält das HRZ als Ersatzgeräte drei Diskettenlaufwerke, zwei Bildschirme und einen Mikroprozessor bereit. Dies erwies sich bei einer Reparaturdauer von ca. 3 Wochen auf dem Versandweg als angemessen. Rechnerplatinen versagten nicht mehr, wenn sie einmal richtig zum Laufen gekommen waren. Der Reparaturaufwand lag 1980 bei etwa 2,5 % vom Beschaffungswert.
- Das EUMEL/ELAN - System wird jedes Semester in einer HRZ-Einführung, in dem Anfängerkurs und in einer Fortbildungsveranstaltung für Universitätsbedienstete vorgestellt.
- Für Beratung und Betreuung aller EUMEL-ELAN - Plätze in der Universität ist ein Mitarbeiter erforderlich; die Benutzung der nicht zentral stehenden Geräte stabilisiert sich dabei nach etwa einem halben Jahr so weit, daß nur noch wenige Anfragen kommen.
- Die Entwicklungsarbeit im HRZ wäre nicht ohne intensive Kenntnisse auf dem Gebiet der Mikroelektronik auch in technischer Hinsicht zu leisten gewesen, die sich ein Mitarbeiter als "Hobby" angeeignet hatte.

Das HRZ traut sich aufgrund der gesamten Erfahrungen zu, beim Angebot besserer oder günstigerer Hardware (z.B. Z 8000) die erstellte Software mit vertretbarem Aufwand zu portieren und sieht der weiteren Entwicklung in Ruhe entgegen.

<u>Literaturverweise:</u>

[1] ALWR (Arbeitskreis der Leiter wissenschaftlicher Rechenzentren):
       Arbeitspapier zur Textbearbeitung. Februar 1980.

[2] Verwaltungs-Berufsgenossenschaft:
       Sicherheitsregeln für Bildschirmarbeitsplätze im Bürobereich.
       Ausgabe ZH 1/618, Oktober 1980.

[3] HRZ Bielefeld:
       EUMEL-Benutzerhandbuch, Version 1.5. Februar 1981.

Einsatz von Mikrorechnern bei der Laborautomatisierung

Bernd Knauer
Rechenzentrum der
Universität Regensburg
8400 Regensburg

1. Konzept der Universität Regensburg

Die Universität Regensburg plante von Anfang an die Installation eines
mehrstufigen Rechnerverbundes. Dabei sollte in der obersten Stufe I
ein Großrechner die üblichen Dialog- und Batch-Aufgaben übernehmen.
In der untersten Stufe III sollten Laborrechner hauptsächlich Prozeß-
rechneraufgaben wahrnehmen; sie sollten mehrere Experimente bedienen,
also Mehrbenutzersystem sein. Fakultätsrechner in der Stufe II sollten
einerseits die Laborrechner von rechenintensiven Aufgaben entlasten
und Peripheriegeräte für die Laborrechner betreiben (Last- und Geräte-
verbund), andererseits die Kopplung der Laborrechner zur Stufe I und
daneben noch Datenstationsfunktionen übernehmen. Dabei sollten die Leistungen des Zentralrechners auf allen Stufen zugänglich sein.
Dieses Konzept wurde realisiert mit einem TR440-Doppelprozessor und
zwei Vorrechnern (Stufe I), zwei Dietz 621-Doppelsystemen in der Stufe
II sowie 16 Dietz 621 in der Stufe III. Durch die Einheitlichkeit der
Stufe II und III sollte die Austauschbarkeit von Hard- und Software
gewährleistet und die Wartung vereinfacht werden.
Wie zu erwarten, reicht die Zahl der Laborrechner nicht aus. Die Idee,
an einem Laborrechner mehrere Experimente anzuschließen, befriedigt
aus technischen und organisatorischen Gründen nicht, ebenso wenig der
Gedanke, einen Laborrechner wechselweise mehreren Benutzern zu über-
lassen. Es wurde deshalb untersucht, ob kostengünstigere Lösungen im
Laborbereich mit Mikrorechnern möglich sind.

2. Auswahlkriterien

Für Anwendungen im Laborbereich wie Meßdatenerfassung, Gerätesteuerung
usw., die nicht extrem zeitkritisch sind, sind heutige 8-Bit-Prozessoren im allgemeinen hinreichend schnell und bieten die nötigen Möglichkeiten zur Interruptbehandlung. (So hat etwa der Z80 bei einer
Taktfrequenz von 4 MHz eine mittlere Befehlsausführungszeit von 2,5
Mikrosekunden und bis zu 12 Interruptebenen; Minirechner wie Dietz 621
oder PDP 11/23 liegen in derselben Größenordnung).
Ein Laborsystem besteht jedoch nicht nur aus dem Prozessor, sondern
aus Rechner (CPU mit Hauptspeicher und Hintergrundspeicher sowie Normalperipherie), Prozeßperipherie und Software. Die Hardware für Rechner- und Prozeßrechnerperipherie kann dabei auf Chip-Level, als Einschubsystem mit einzelnen Karten oder als vollassembliertes System erhältlich sein.

2.1 Rechner

Der Rechner muß zuverlässig und möglichst weit verbreitet sein; nur
dann kann mit einem breiten Spektrum an Software und Prozeßperipherie
gerechnet werden. Das schließt für den Moment 16-Bit-Mikros noch aus.

Reine Kartensysteme sind meist nicht so betriebssicher wie ein Einplatinensystem. Zudem sind die am Markt erhältlichen Kartensysteme
(z.B. MCZ, CROMEMCO, DEC) vergleichsweise teuer und werden teilweise
nur von Kleinstfirmen vertrieben. Es wurden daher Systeme in die
engere Wahl gezogen, bei denen eine klare Trennung besteht zwischen
dem Grundsystem (auf einer Platine) und der Prozeßperipherie, die in
einem eigenen Einschubsystem zusammengefaßt wird.

2.2 Software

Auch das Betriebssystem soll möglichst weit verbreitet sein; nur dann
ist zu erwarten, daß Compiler usw. von einer größeren Anzahl unabhängiger Hersteller angeboten werden. Es sollte unbedingt plattenorientiert sein; Lösungen mit EPROMS, Crossassemblern bzw. Crosscompilern sind für die wechselnden Anwendungen im Labor zu umständlich
und erfordern in der Regel ein teureres Entwicklungssystem. Das Betriebssystem soll eine einfache, benutzerfreundliche Struktur haben
und mindestens eine leistungsfähige strukturierte Programmiersprache
unterstützen. Echtzeitverarbeitung muß von höheren Programmiersprachen
aus möglich sein.

2.3 Prozeßperipherie

Damit sind Elemente wie A/D-Wandler bzw. D/A-Wandler, parallele Ein-
und Ausgänge, Zähler usw. gemeint. Für den Anschluß von Prozeßperipherie
gibt es mittlerweile viele Normvorschläge. Firmeninterne Normen wie
etwa von TI oder DEC sind nur interessant, wenn auch andere Herstellerfirmen diese Normen anbieten. Firmenunabhängige, modulare Systeme sind
etwa CAMAC, der S100-Bus, der ECB-Bus oder der IEC-Bus. Eine Festlegung auf eine Norm (evtl. mit Übergangsmöglichkeiten zu einer anderen)
ist notwendig.
CAMAC und IEC sind relativ teuer, jedoch weit verbreitet; die Kosten
für CAMAC-Peripherie können leicht den Preis des Prozeßrechners über-
steigen.
Der S100-Bus ist in den USA weit verbreitet; es gibt eine Vielfalt von
Peripherie. Nachteilig ist, daß bei derzeitigen Normierungsbestrebungen
sich nicht alle S100-Hersteller beteiligen; daß das Kartenformat nicht
europäischen Kartennormen entspricht und daß S100-Peripherie zur Zeit
in Deutschland nur von relativ unbekannten Lieferanten erhältlich ist.

2.4. Weitere Gesichtspunkte

Eigenentwicklungen waren wegen des hohen Personalaufwandes nicht möglich und wegen der Marktsituation unnötig.
Dem jeweiligen Problem angepaßte Lösungen mit unterschiedlichen Rechnertypen sind für den Einzelbenutzer scheinbar ideal, erzwingen jedoch
bei einer größeren Anzahl von Rechnern und bei wechselnden Benutzern
einen nicht vertretbaren (und auch nicht zu leistenden) Aufwand bei
Betrieb, Wartung und Software. Da Mikrorechner auch für andere Zwecke
(intelligente Terminals, Programmierausbildung) eingesetzt werden
sollten, fiel die Entscheidung für ein einheitliches System, das durch
Ausstattung mit Peripherie dem jeweiligen Einsatzzweck angepaßt werden
muß.
Schließlich mußte es möglich sein, die Rechner in den bestehenden Verbund einzubinden. Dabei sollten folgende Möglichkeiten gegeben sein:
  - Betrieb als Terminal,
  - Dateitransfer in beiden Richtungen.

Damit können die meisten Kopplungsfunktionen erledigt werden.

3. Ergebnis

Diese Überlegungen führten zu folgender Entscheidung:

3.1 Grundausbau

Handelsüblicher Rechner des Typs ALTOS:

- 8-Bit-CPU Z80A (4MHz)
- 64 KB RAM
- 1 KB EPROM
- 2 Plattenlaufwerke SHUGART SA800 mit je 256 KB Speicher
- integrierter Arithmetikprozessor AM 9511A
- 1 serieller Port (synchron oder asynchron) für
  Rechnerkopplung (*)
- 1 serieller Port mit angeschlossenem Terminal
- 1 paralleler Port für Drucker und/oder Plotter
- Busschnittstelle zum Übergang von ALTOS-Z80-BUS
  auf Z80-ECB-BUS (*)

3.2 Peripheriesystem

- Externes Steckkartensystem mit Einfach-Europakarten
  und Z80-ECB-Bus
- Busverbindung über maximal 1,5 m 64 poliges Flachbandkabel
- Steckkartenträger als 19"-Tischgehäuse für maximal 18 Baugruppen
  mit eigenem Netzteil

3.3 Software

- modifiziertes Betriebssystem CP/M für Einbenutzerbetrieb (*)
- Editoren
- Interpreter für BASIC, PASCAL, ALGOL
- Compiler für BASIC, FORTRAN, PASCAL
- Assembler, Linker
- Plot-Software
- Systemhilfsprogramme (Formatieren, Kopieren u.ä.) (*)
- Rechnerkopplung (*)
- Treiber für Prozeßperipherie (*)

Die mit (*) bezeichneten Teile sind ganz oder teilweise Eigenentwicklungen.

3.4 Aufwand

Rechner wie in 3.1 sind von verschiedenen Firmen für ca. DM 12.000,--
erhältlich; ein Peripheriesystem mit 4 typischen Einschubkarten (ADC,
DAC, 32-Bit-PIO, 4 serielle Kanäle) für ca. DM 4.000,--. Die Software
kostet bei entsprechenden Lizenzen für Mehrfachbenutzung einmalig
ca. DM 10.000,--. Der Entwicklungsaufwand für die selbstentwickelten
Komponenten lag etwa bei einem Mannjahr; die Umrüstung eines Rechners
durch einen Elektroniker erfordert ca. 5 Stunden.
Rechner im Grundausbau werden auch als intelligente Terminals, zur Programmierausbildung, Datenerfassung usw. eingesetzt.

4. Software-Entwicklungen

Als Betriebssystem wurde CP/M gewählt, weil es zuverlässig, benutzerfreundlich und weitverbreitet ist. Es kann daher kostengünstig relativ
gute Software (Compiler, Interpreter,...) beschafft werden.
Auch das UCSD-Pascal-System wurde in Betracht gezogen, jedoch nicht gewählt, weil es für Modifikationen unzugänglich und mit dem mehr ver-
breiteten CP/M inkompatibel ist (z.B. Plattenformat).

4.1 Rechnerkopplung

Die Betriebssystemschnittstellen der Rechnerkopplung sollten aus naheliegenden Gründen möglichst einfach sein.
Die Kopplung wird initialisiert durch das Benutzerprogramm TRS, das zu
CP/M einen (unabhängigen) Kopplungstreiber hinzufügt und einige Wei-
chen zwischen CP/M und CP/M-Konsoltreiber einbaut (Blockdiagramm in
Fig. 1). Dies sind die einzigen Schnittstellen zu CP/M. Eine Status-
variable S, die durch speziellen CP/M-Output, Konsol-Input oder Groß-
rechner- Output geändert werden kann, beschreibt den Zustand des Mikrorechners und regelt Ziel von Konsol-Input, Großrechner- und CP/M-Output.

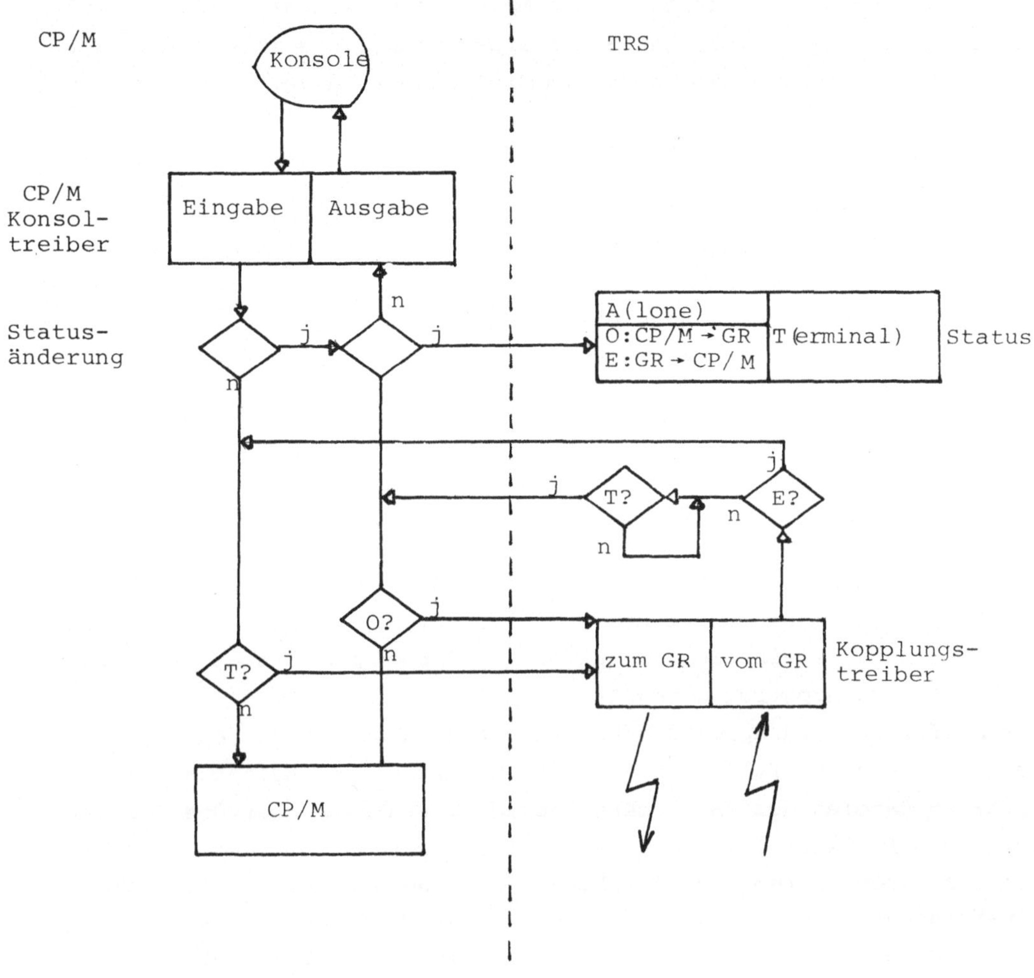

Fig.1   Blockdiagramm der Rechnerkopplung

Es wird prinzipiell unterschieden zwischen Zustand A (Stand alone) und
T (Terminal). A kann verbunden werden mit den Zuständen O (CP/M-Out-
put zum Großrechner) und/oder E (Großrechner-Output zu CP/M). Im Zu-
stand A$\overline{\text{E}}$ (d.h. Stand-Alone-Betrieb und Großrechnerausgabe <u>nicht</u> an
CP/M) werden Großrechner-Ausgaben gepuffert, bis wieder der Zustand
T eingestellt wird.
Auf diese Weise ist es möglich, das Gerät als reines Terminal zu betreiben (Zustand T), Dateitransfer in beiden Richtungen durchzuführen
(geeignetes CP/M-Benutzerprogramm im Zustand AOE nach Dialogeröffnung
unter T), im Zustand A weiter zu arbeiten usw. Geeignete Programme für
Dateitransfer und ähnliches stehen zur Verfügung.

Aus diesen Bausteinen lassen sich komplexere Kopplungsleistungen aufbauen, da es möglich ist, daß Benutzerprogramme, die im Mikrorechner ablaufen, mit Benutzerprogrammen im Großrechner in Verbindung treten.

4.2 Treiber für Prozeßperipherie

Es wird eine Assemblerbibliothek zur Verfügung gestellt, die es erlaubt, die gängigen Peripheriebausteine durch CALLS aus höheren Programmiersprachen (FORTRAN, BASIC-Compiler und BASIC-Interpreter) anzusprechen. Ein weiterer Ausbau dieser Möglichkeiten ist in der Entwicklung. Dazu ist eine Programmiersprache erforderlich, die Realtimeverarbeitung erlaubt.

5. Organisation

Rechner werden nach Zustimmung der EDV-Kommission durch das Rechenzentrum beschafft, modifiziert und installiert. Der Betrieb liegt in der Verantwortung des einzelnen Benutzers. Wartung und Reparaturen werden durch das Rechenzentrum geregelt.
Systemsoftware wird durch das Rechenzentrum ausgewählt, beschafft, betreut und gegebenenfalls modifiziert. Software wird dezentral auf langfristigen Dateien des TR440 bereitgestellt und kann über die Rechnerkopplung auf die Zielsysteme transportiert werden. So kann die Software auf jedem System ständig aktualisiert werden. Ein komfortables Transferprogramm mit Menutechnik steht zur Verfügung, es erlaubt unter anderem die Systemgenerierung auf Mikros und die Übertragung von ganzen Paketen (z.B. Sprachpaket: Compiler, Binder, Bibliotheken, Fehlertexte). Dadurch ist der Benutzer der Notwendigkeit enthoben, Sicherheitskopien der Systemsoftware zu halten und sich um die Kompatibilität der einzelnen Komponenten zu kümmern.

6. Ausblick

Die bisherigen Erfahrungen mit Mikrorechnern sind sowohl bei den Laboranwendungen, als auch bei der Programmierausbildung ausgesprochen positiv. Im Laborbereich traten gelegentlich Engpässe bei den Platten auf wegen der geringen Kapazität und Zugriffsgeschwindigkeit. Durch geeignete Softwaremaßnahmen konnte der Zugriff um ca. den Faktor 3 be-

schleunigt werden. Es soll aber trotzdem in nächster Zeit die Möglichkeit des Einsatzes von Festplatten von ca. 10MB untersucht und, wenn
möglich, unterstützt werden.
Weiterhin ist geplant, für Speicher- und CPU-intensive Anwendungen den
Einsatz von 16-Bit-Prozessoren (Motorola 68000, Z8000) vorzubereiten
und auf einer ähnlichen Basis in die Wege zu leiten.

<u>INTEGRATION VON FUNKTIONEN BETRIEBLICHER RECHENZENTREN</u>
<u>IN DEN TECHNISCH-WISSENSCHAFTLICHEN RECHENBETRIEB</u>

W. Dirlewanger

Hochschulrechenzentrum der Universität Kassel

1. Einleitung und Problem

Datenverarbeitungsanlagen sind eines breiten Einsatzspektrums fähig und können
quasisimultan für unterschiedlichste Anwendungen eingesetzt werden. Die hohen Kosten,
der Bedarf an besonderen Umgebungsbedingungen, die Notwendigkeit zu sehr speziali-
siertem Personal etc. haben zu einer zentralisierten Betriebsform geführt, für die
sich der Name Rechenzentrum eingebürgert hat. Solche Rechenzentren entwickelten
sich vor drei Jahrzehnten zunächst im technisch-wissenschaftlichen Bereich und
später auch im kommerziellen Bereich, wo sich die neuen Maschinen schnell als sehr
schlagkräftiges Hilfsmittel zur Automatisierung von Organisationsabläufen aller
Arten erwiesen. Eigenartigerweise setzten aber gerade die öffentlichen wissenschaftlichen Bereiche in der BRD, insbesondere die Hochschulen, die Datenverarbeitung lange nicht in ihren Verwaltungen ein. Als dann vor ca. einem Jahrzehnt dort die ersten
Einsatzwünsche aufkamen, war es naheliegend, betreffs der Datenverarbeitungsleistung
auf die vorhandenen und mit einem vermeintlich allmächtigen Computer ausgestatteten
Hochschulrechenzentren zurückzugreifen. Die ersten Versuche verliefen ziemlich ent-
mutigend, und auch heute noch ist die Situation meist sehr unbefriedigend, was die
EDV-gerechte Unterstützung der Verwaltung durch die vorhandenen wissenschaftlichen
Rechenzentren anbelangt. Als Folge setzte der Einsatz der Datenverarbeitung in den
Hochschulen nur sehr zögernd ein. Oft wurde in die Installation von kleinen schlüs-
selfertigen Systemen (z.B. Buchungsautomaten) ausgewichen und - in sehr wenigen
Fällen - wurden eigene kleine Verwaltungsrechenzentren geschaffen. Die Einrichtung
eines eigenen Verwaltungsrechenzentrums, gar wenn es gut ausgestattet sein soll,
ist i. allg. äußerst langwierig. Aus aktuellem Anlaß eines solchen Falles, wo die
Verwaltung aber sehr an umfangreicher und wirkungsvoller Unterstützung durch Datenverarbeitung interessiert war, wurde folgende Frage aufgeworfen: Sind administrativ/
kommerzielle und technisch/wissenschaftliche Aufgaben tatsächlich unvereinbar oder
können sie nicht doch bei geeigneter Organisation in einem gemeinsamen Rechenzentrum und auf einer gemeinsamen Anlage zufriedenstellend abgewickelt werden? Falls
ja, dann interessieren die dazu nötigen Voraussetzungen; weiter interessieren die
Grenzen solcher Vorhaben (Praktikabilität, Kosten, Nutzen etc.). Mit diesem Problem befaßt sich die vorliegende Arbeit.

2. Vergleich von Organisationsstrukturen und Funktionen

2.1 Das kommerziell/betriebliche und das technisch/wissenschaftliche Rechenzentrum

Ganz sicher sind die kommerziell/betrieblichen Rechenzentren (kurz KBRZ) gegenüber den technisch/wissenschaftlichen Rechenzentren (kurz TWRZ) in der Überzahl. Während sich ein KBRZ schon fast in jedem kleineren Unternehmen findet, um Aufgaben wie Auftragsabwicklung, Vertriebsunterstützung, Buchungsabwicklung, Lagerhaltung u.v.m. zu erfüllen, finden sich die TWRZ'n seltener, z.B. in größeren Unternehmen mit eigenen Entwicklungsabteilungen, in Hochschulen oder Großforschungsinstitutionen. Die Menge der Rechenzentrumstypen ist natürlich nicht auf die beiden genannten beschränkt, sondern es gibt weitere wie z.B. das Prozessrechenzentrum oder das freie Servicerechenzentrum. Die weiteren Betrachtungen befassen sich jedoch damit nicht und konzentrieren sich auf das TWRZ und das KBRZ.

2.2 Aufgaben und Funktionen des Rechenzentrums

2.2.1 Das TWRZ geht zurück auf den Einsatz von Datenverarbeitungsanlagen als numerisches Rechengerät, d.h. als Hilfsmittel für Techniker, Forscher, etc. bei ihrer Arbeit. Wichtiges Merkmal dieser Arbeit ist es, Lösungsverfahren für Probleme zu erstellen, was dann für das TWRZ bedeutet, daß der Benutzer typischerweise selbst die Erstellung der Software durchführt. Diese Benutzer sind im allgemeinen Einzelpersonen oder kleine Teams. Sie erwarten vom TWRZ typischerweise die Bereitstellung des Gerätes "Datenverarbeitungsanlage". Genauer: Sie erwarten die Bereitstellung von Gerätefunktionen, nämlich:

- CPU-Leistung (möglichst über verschiedene Sprachen erreichbar),
- Informations-Speicherung (Daten, Programme, Arbeitsergebnisse, Skripten, allg. Texte, ...) für Online-Zugriff (Permanent-File) und zur Lagerung (Archiv),
- Standardelemente von Anwenderprogrammen (z.B. Programmbibliothek mit Funktionen, Matrix-Unterprogrammen, ...),
- Fertige Anwenderprogrammpakete für oft vorkommende Aufgaben (z.B. SPSS).

Die wesentlichen Einsatzgebiete des TWRZ sind:
- Wissenschaft/Forschung/Entwicklung: Die gesamte Verantwortung für die Erstellung seiner Software, den Test, die Durchführung der Produktionsläufe, die Verwaltung der Daten und Programme und deren Archivierung trägt der Benutzer hierbei ganz selbst. Anteilig viel seltener setzt er schlüsselfertige Anwendersysteme ein, womit er dann die Verantwortung für Erstellung, Test und Pflege der Software dem TWRZ überträgt. Gelegentlich kommt noch der Fall vor, daß der Rechner oder sein Betriebssystem selbst Gegenstand der Benutzeraktivität sind (z.B. Blockzeit für Experimentalbetriebssystem).
- Lehre: Die Datenverarbeitungsanlage wird als Übungsgerät verwendet, in

dessen Programmierung und Benutzung sich der Lernende übt.

Die Terminierung für die vom TWRZ verlangten Leistungen ist nicht zu hart. Innerhalb eines gewissen Rahmens richtet der Benutzer sein Arbeitstempo danach ein, wie schnell ihn das TWRZ bedient.

2.2.2 Das KBRZ setzt Datenverarbeitungsanlagen im wesentlichen zur Automatisierung von Betriebsabläufen ein. Die Benutzer des KBRZ unterscheiden sich wesentlich von denen des TWRZ. Es sind Institutionen (und nicht Einzelpersonen), z.B. auftragserteilende Fachabteilungen. Sie verlangen vom KBRZ die Bereitstellung der kompletten Problemlösung (Software) und deren Produktionseinsatz (z.B. Durchführung des Rechnungswesen, Stücklistenverwaltung). Die Fachabteilungen haben (im Gegensatz zum Benutzer des TWRZ) kein Interesse selbst Software zu entwickeln. Die typischen Auftragsarten sind:

- Durchführung eines Produktionslaufes (meist in Form einer Batch-Job-Kette),
- Betriebsbereitstellen und -halten von Online-Anwendungssystemen,
- Archivierung und Sicherung.

Der betriebliche Einsatz der Datenverarbeitung hat als Zielgebiete die Unterstützung von Organisationsverfahren oder deren ganze Abwicklung. Dabei überträgt die auftragsgebende Fachabteilung die gesamte Verantwortung für die Erstellung und Pflege der Software, für die Speicherung (Archivierung) und für die Verwaltung dieser Software und aller Datenbestände sowie für die ordnungsgemäße Durchführung aller Produktionsläufe an den EDV-Bereich.

Die Terminierung aller in Auftrag gegebenen Arbeiten ist fast ausnahmslos hart und bezüglich der Reaktionszeiten der Online-Systeme gelten scharfe Forderungen. Sicherheit der Durchführung u. Richtigkeit der Ergebnisse sind dabei unabdingbare Randbedingungen.

2.3 Organisationsstrukturen und organisatorische Einbettung in das Unternehmen
Die Organisationsstruktur eines Teilbereiches, z.B. des Rechenzentrums,ist nicht unabhängig von seiner Umgebung. Es sei deshalb jeweils der Gesamtbereich der EDV betrachtet.

2.3.1 Kommerziell/betrieblichen EDV-Einsatz in einem typischen Beispiel zeigt Abb.1. Der Bereich EDV steht organisatorisch gleichberechtigt neben den ihn benutzenden Fachabteilungen. Er untergliedert sich in drei Abteilungen: die Organisationsabteilung (deren Aufgabe die organisatorische Planung von EDV-Vorhaben in den Fachabteilungen und deren Unterstützung bei Einführung und Durchführung ist), die Ab-

teilung für Systemanalyse und Programmierung (die die Problematik von EDV-Vorhaben
analysiert, Ressourcen und Betriebsmittelbedarf ermittelt und die Anwendungssoft-
ware beschafft und/oder erstellt und pflegt) und das Rechenzentrum. Letzteres ist
für die Betriebsbereitschaft der DV-Systeme (d.h. für die Hardware, für die Systemsoftware und für die zur Produktion freigegebene Version der Anwendersoftware)
verantwortlich, für die ordnungsgemäße Erfassung der Daten (soweit dies nicht in
den Fachabteilungen erfolgt), die Speicherung und Bereitstellung der Daten (Archiv),
die termingerechte Durchführung der Programmläufe und die Abwicklung von Testläu-
fen für die Programmierabteilung. Neben diesen drei Abteilungen gibt es typischerweise Stabsstellen für die EDV-Leitung, z.B. Planung und (betriebsinterne) Normie-
rung. Das Rechenzentrum besteht aus den Abteilungen:

- Datenerfassung ,
- Arbeitsvorbereitung (zentrale Stelle des Rechenzentrums, Durchführung
  einer mit den Fachabteilungen abgestimmten Terminplanung, Überwachung der
  Termineinhaltung, Auftragsannahme, Steuerung des Archivbetriebs),
- Betrieb (Durchführung des Produktionsbetriebes, Betreiben des Archivs,
  Lagerhaltung),
- Systembetreuung (Verwaltung und Betreuung der Hardware, Systemsoftware
  und der aktuell zur Produktion eingesetzten Anwendersoftware),
- Arbeitsnachbereitung (Kontrolle, Abstimmung, Nacharbeiten wie z.B.
  Schneiden, Versand, Botendienst)·

2.3.2 Technisch/wissenschaftlichen EDV-Einsatz zeigt in einem typischen Beispiel
Abb. 2. Der Bereich, in dem die Datenverarbeitung konzentriert ist, wird als Ganzes
mit "Rechenzentrum" bezeichnet. Dieses steht organisatorisch gleichberechtigt neben
den es benutzenden Teilinstituten. Es stellt neben der Bibliothek (und eventuell
weiteren Einrichtungen wie z.B. Windkanal) eine weitere Hilfseinrichtung für die
Arbeit der Teilinstitute dar. Da oft die Teilinstitute sehr selbständige Einrichtungen (mit teilweise eigener Verwaltungskompetenz) sind, ergibt sich meist auch
im Rechenzentrum die Notwendigkeit einer Verwaltung, typischerweise in Form einer
Stabsstelle. Die Abteilungen des Rechenzentrums sind:

- Anwendungsunterstützung (Beratung, Kurse, Unterlagenbereitstellung, ggf.
  Mitarbeit an Projekten, Vergabe von Rechenberechtigung),
- Programmbibliothek (Verfügbarmachung, Erstellung, Pflege von Anwendersoft-
  ware für Standardprobleme),
- Entwicklung und Planung (Befriedigung von Sonderbedürfnissen für System-
  software und Hardware, routinemäßige Systempflege, Anlagenbedarfsplanung
  für das Rechenzentrum u. ggf. Unterstützung für lokale DV-Beschaffungs-
  Vorhaben der Teilinstitute),

- Betrieb (DV-Anlagenbedienung, Betrieb von Hilfsaggregaten wie Klima, Verwaltung der Magnetplatten /-Bänder, ggf. - falls vorhanden - Archivfunktionen, Lagerhaltung).

2.3.3 Unterschiedlichkeit des Begriffes Rechenzentrum. In den beiden Beispielen wird dieser Begriff nicht analog verwendet. Während in Abb. 1 des KBRZ nur eine von drei Abteilungen des Bereiches EDV ist, nämlich die reine Produktionsabteilung, wird in Abb. 2 unter TWRZ der gesamte EDV-Bereich des Instituts verstanden. Es gelten vielmehr etwa folgende Entsprechungen: Das KBRZ entspricht der Abteilung Betrieb des TWRZ; das TWRZ jedoch entspricht dem ganzen Bereich EDV eines Unternehmens. Dabei muß allerdings gesehen werden, daß im TWRZ eine Abteilung Organisation fehlt. Die Aufgaben von Systemanalyse und Programmierung, soweit sie im TWRZ überhaupt auftreten, werden teilweise von der Anwendungsunterstützung und der Programmbibliothek wahrgenommen, sind aber eigentlich in die Teilinstitute hineinverlagert. Dasselbe gilt für Rudimente einer Arbeitsvorbereitung, die im TWRZ eigentlich unbekannt ist. Dagegen haben die Abteilungen Anwendungsunterstützung und Entwicklung + Planung Aufgaben zu erledigen, die im Bereich EDV eines Unternehmens kaum oder gar nicht anfallen.

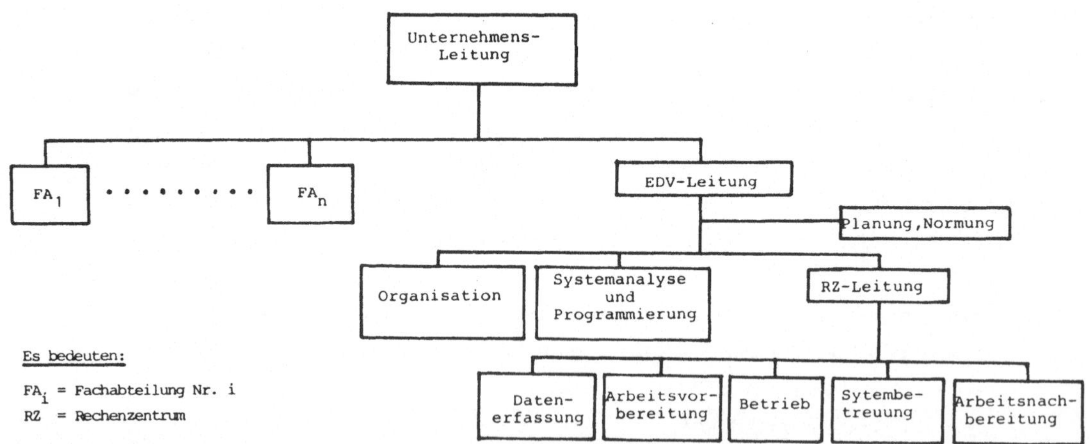

Abb. 1 Standardorganisationsform eines kommerziell/betrieblichen Rechenzentrums in einem Unternehmen

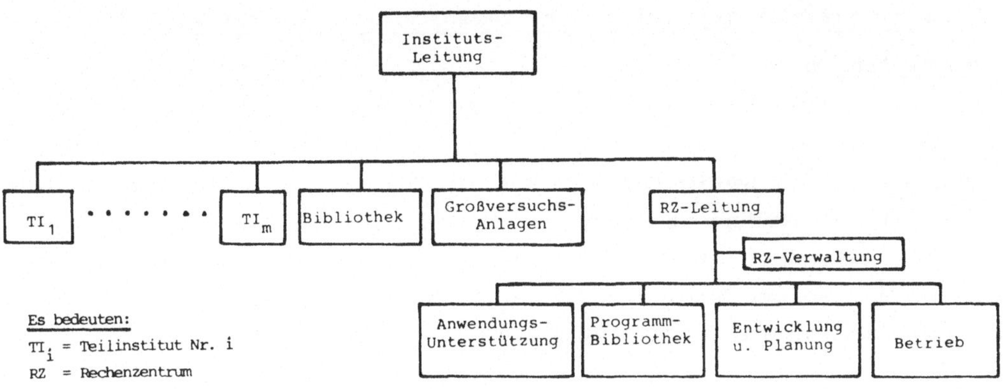

Abb. 2 Standardorganisationsform eines technisch/wissenschaftlichen Rechenzentrums in einem Institut

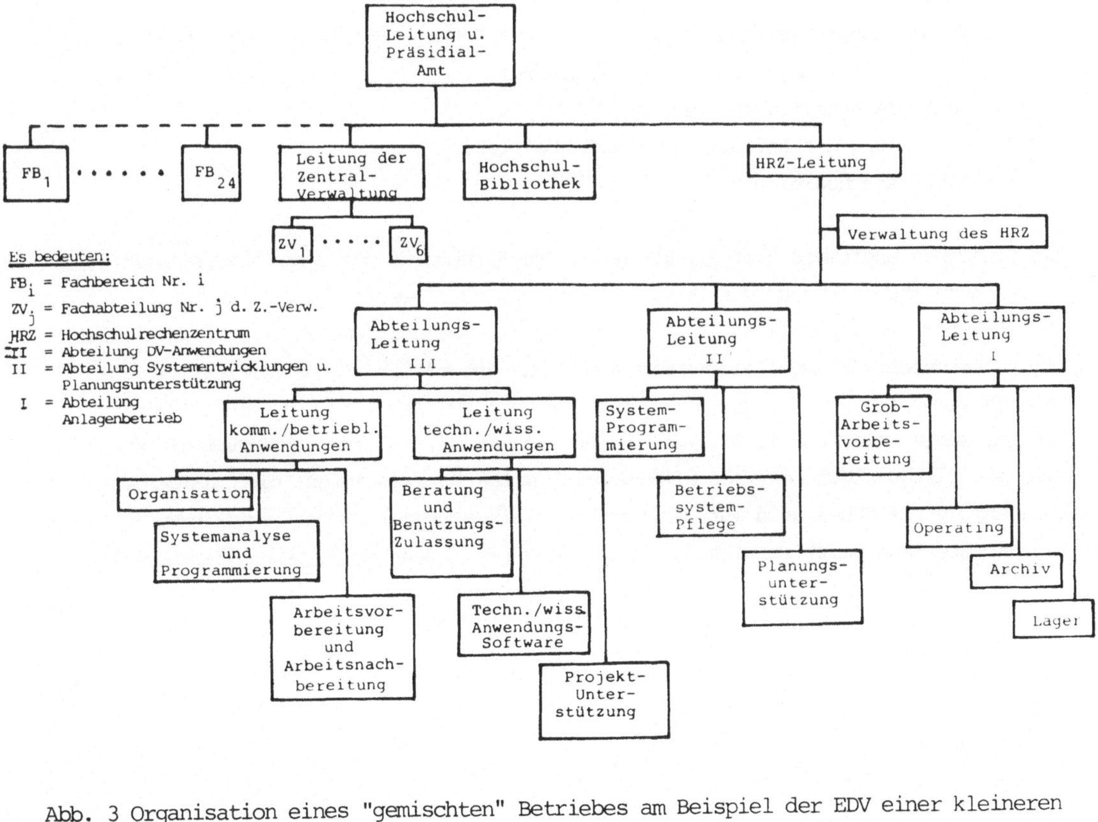

Abb. 3 Organisation eines "gemischten" Betriebes am Beispiel der EDV einer kleineren Universität

3. Gemischt kommerziell/betrieblicher und technisch/wissenschaftlicher Rechenzentrumsbetrieb

Fallen in Unternehmen sowohl technisch/wissenschaftliche wie auch kommerziell/betriebliche Probleme in entsprechendem Umfang an, dann entwickelt sich meist sowohl ein TWRZ wie auch ein Bereich EDV mit einem KBRZ. Wenn aber z. B. der Bedarf in beiden Bereichen stark fluktuiert oder insgesamt nicht zwei Rechenzentren rechtfertigt, könnte es wünschenswert werden, einen EDV-Bereich zu haben, der beide Anwendungsbereiche bedient. Aus den Abbildungen 1,2 bekommt man Hinweise zur Konstruktion der neuen Organisationsform. Die benötigten Funktionen sind:

- Leitung (ggf. mit Stabstellen, u. a. für Verwaltung, Planung, ...),
- Organisationsplanung und -unterstützung,
- Systemanalyse (mit Schwerpunkt für KBRZ),
- Programmierung und Verwaltung der Programmbibliothek(en),
- Anwendungsunterstützung für Technik/Wissenschaft,
- Wartung (für Hardware, Pflege der Betriebssysteme und Produktionsprogramme incl. Verwaltung dieser Software),
- Entwicklung (systemnahe Software soweit Bedarf, Betriebssystemanpassungen, Eigenentwicklungen des Rechenzentrums),
- Zentrale Arbeitsvorbereitung,
- Abwicklung des Anlagen- und Archivbetriebs,
- Arbeitsnachbereitung.

Ein einfaches additives Übereinanderlegen der Strukturen gemäß den Abbildungen 1, 2 wäre ein zu grober Weg, um die Organisationsform zu entwerfen. Außerdem spielt das Gesamt-Anforderungsprofil an den EDV-Bereich eine wesentliche Rolle und schließlich ist zu beachten, daß wohl eine Reihe von Varianten möglich ist, die den Aufgabenbereich womöglich ähnlich gut abdecken. Auch sind Fälle eines solchen EDV-Bereiches für gemischte Anwendung z. Zt. kaum bekannt geworden, so daß sich Standardformen (wie sie für das TWRZ oder beim EDV-Bereich mit KBRZ existieren) nicht entwickeln konnten. Es sei daher auch auf den Vorschlag eines Organigramms verzichtet und auf den nächsten Abschnitt verwiesen, wo auf einen Fall aus der Praxis eingegangen wird.

4. Beispiel eines gemischten Rechenzentrumsbetriebes

4.1 Startsituation

Die Universität Kassel erhielt 1977 erstmals ein eigenes Rechenzentrum. Dabei war im
Aufgabenprofil von der Hochschulleitung von vornherein eine stark online-orientierte
Unterstützung der Zentralverwaltung der Hochschule als Aufgabe vorgesehen, die mindestens gleichrangig mit den Aufgaben aus Wissenschaft und Lehre vom Rechenzentrum ab-
gewickelt werden sollte. Zur Verfügung standen ca. 2 1/2 Dutzend Personalstellen und
ein geeigneter Rechenzentrumsneubau. Weiterhin war aus historischen Gründen bereits
die Anlagenausrüstung festgelegt (eine mittelgroße Datenverarbeitungsanlage mittlerer
Größenordnung). Eine Wahlmöglichkeit (etwa mehrere kleine Anlagen o.ä.) bestand nicht.
Die Anlage: CGK-TR440/400 (Leistung ca. 0.7 MOp/s, also etwa IBM 360/67 ...
IBM 370/158) mit 1,5 MB Hauptspeicher , 2 GB Plattenspeicher, ca. 50 Dialogterminals
und mehrere RJE-Stationen.

4.2 Anforderungen der Benutzer

4.2.1 Kommerziell/betriebliche Datenverarbeitung. Der Anforderungskatalog der Hochschulverwaltung lautet: 1. Studentenverwaltung, 2. Gebäude- und Raumverwaltung,
3. Kassen- und Haushaltswesen, 4. Personal- und Stellenverwaltung, 5. Auskunftssystem
für Planungs- und Gremienarbeit der gesamten Hochschule, 6. Verschiedene Hilfssysteme,
7. Telefonabrechnungssystem, 8. Prüfungsverwaltung, 9. Lehrveranstaltungsverwaltung,
10. Inventarverwaltung.
Die Anwendungen 1, 2, 3, 5, 6 mußten möglichst sofort verfügbar sein (1, 2 wurden
kurzfristig voll-dialogorientiert installiert; von 3,5,6 wurden Vorab-Versionen
in Betrieb genommen). Die anderen Anwendungen konnten zunächst warten (sie sind derzeit noch in Entwicklung).

Die Anforderungen an das Rechenzentrum sind:
- Voller Betrieb aller Online-Systeme täglich 8 bis 16 Uhr und harte Terminierung aller Batch-Aufträge;
- Plattenspeicherplatz: 400 MB;
- CPU-Leistung: Keine bezifferte Forderung (inzwischen zeigt sich, daß in der
  aktiven Zeit von 8 bis 16 Uhr ca. 1/3 der CPU-Leistung benötigt wird, manchmal
  sogar mehr);
- Archivierung: Band- und Plattenarchivfunktion, Normal- und Sicherheitsarchiv,
  sichere Zugriffssperren für alle Nichtberechtigten zu den Daten;
- Erfüllung der Datenschutz- und Sicherheitsanforderungen, auch beim Online-
  betrieb und trotz gleichzeitigem Batch- und Online-Zugang der Benutzerschaft
  aus Wissenschaft und Lehre.

4.2.2 Technisch/wissenschaftliche Datenverarbeitung. Eine klare Bedarfsangabe im Sinne
eines Mengengerüstes stand nicht zur Verfügung. Aus dem CPU-Zeitverbrauch bei der
hilfsweisen Inanspruchnahme externer Rechenzentren und einer Betrachtung der damaligen

DV-bezogenen Wissenschafts- und Lehraktivitäten war jedoch grob abzuschätzen, daß die
Ressourcen der Rechenanlage wenigstens anfangs ausreichen könnten und zwar bei gleich-
zeitiger Abwicklung der kommerziell-betrieblichen Aufträge. Sonstige Randbedingungen
waren: Die Benutzer sind über viele Institutsgebäude verteilt, die fast ausnahmslos
so weit vom Rechenzentrum entfernt sind, daß sie (per DFÜ) mit Terminals und RJE-
Stationen arbeiten müssen. Es war gewünscht, daß für all diese Geräte im Non-stop-
Betrieb Rechnerzugang (RJE- bzw. Interaktiv-Zugang) besteht, also 7 x 24 Std. in der
Woche.

4.3 Die gewählte organisatorische und funktionelle Struktur

Bezüglich der Gestaltung des Hochschulrechenzentrums (kurz HRZ) war lediglich eine
Grobstrukturierung in drei Abteilungen von übergeordneter Stelle vorgegeben. Bezüglich
der Gestaltung des Betriebsgeschehens gab es keine zu übernehmenden Formen, da vorher
kein Rechenzentrum bestand. Realisiert wurde die in Abb. 3 gezeichnete Organisationsstruktur.

4.3.1 Abteilung I ("Betrieb") wickelt den Anlagenbetrieb ab, betreibt das Materiallager und das Archiv und führt eine Grob-Arbeitsvorbereitung durch. Zur Anlagenbedie-
nung ist Personal für eine Schicht anwesend; der Anlagenbetrieb läuft aber 7 x 24 Std.
pro Woche, also weitgehend automatisiert. Die Archivierung erfolgt nach Vorgaben der
Arbeitsvorbereitung (siehe 4.3.4); es gibt ein Normal- und ein Sicherheitsarchiv. Die
Archive sind bandspulen- bzw. plattenstapelorientiert, mit Ausnahme der Permanentfile-
Sicherung und -Archivierung, die dateiorientiert erfolgt. Das Archiv unterscheidet
nicht zwischen technisch/wissenschaftlichen und kommerziell/betrieblichen Daten. Es
speichert und behandelt sie einheitlich. Das Betriebssystem der Rechenanlage, ergänzt
um einige wirkungsvolle Kontrollmechanismen, läßt dies zu, da es Zugriffskontrollen
realisiert, die auch dem Schutzbedürfnis der empfindlichsten hier verarbeiteten Daten
angemessen sind.

4.3.2 Abteilung II ("System und Planung") führt die Pflege des Betriebssystems durch,
macht ggf. nötige systemnahe Entwicklungen und gibt der Rechenzentrumsleitung Unterstützung bei Planungsarbeiten, sowohl was die DV-technische Entwicklung des HRZ selbst
betrifft, als auch für fachbereichslokale DV-Geräteplanungen und Installationen.

4.3.3 Abteilung III ("DV-Anwendungen") betreut einerseits die technisch/wissenschaft-
lichen Benutzer und ist andererseits für den ganzen kommerziell/betrieblichen EDV-
Einsatz verantwortlich. Bezüglich des ersten Anwenderkreises stehen zur Verfügung:
"Beratung" (Auskunft, Kurse, Unterlagenerstellung, Hilfsmittel zum Selbstunter-
richt, ...), "Softwarebereitstellung" (Verfügbarmachen, Test, Unterhalt der Programmbibliothek, etc. für technisch/wissenschaftliche Anwendersoftware) und "Projektunter-
stützung" (bedarfsweise, unterstützende Beteiligung an schwierigen Unternehmungen von
Benutzern). Der Zweig für die kommerziell/betrieblichen DV-Anforderungen realisiert

die hierfür nötigen Funktionen, nämlich: Organisationsplanung und Durchführungsunterstützung für die Fachabteilungen (im wesentlichen die 6 Abteilungen der Zentralverwaltung, die Hochschulleitung und das Präsidialamt), Durchführung der Systemanalyse, Programmierung, Arbeitsvorbereitung und -nachbereitung.

4.3.4 Arbeitsvorbereitung (kurz AV). Sie baut darauf auf, daß alle Anwendungen terminalorientiert sind und die Operateurmannschaft außer der Bedienung des Archivs und der zentralen Drucker relativ wenig Kontakt mit Aufträgen hat. Die AV ist zweigeteilt realisiert. Innerhalb der Abteilung Betrieb gibt es eine Grob-AV, die im wesentlichen die Betriebsmittel (CPU-Leistung, Plattenspeicherplatz, Zentraldruckerbelegung, ...) zeitlich und mengenmäßig vergibt. Damit werden den technisch/wissenschaftlichen Benutzern Betriebsmittelanteile zugeteilt, über die sie verfügen und die sie im Sinne eines festen Angebotes und schwankenden Einzelbedarfswerten untereinander aufteilen. Die anderen Betriebsmittelanteile stehen für die kommerziell/betrieblichen Anwendungen zur Verfügung und werden durch die AV der Abteilung I detailliert vergeben. Dabei wird fast ausschließlich über Bildschirm gearbeitet, d.h. Jobketten werden von der AV am Bildschirm generiert, abgespeichert, gestartet etc. Wegen der starken Online-Orientierung haben sich gewisse AV-Funktionen in die Fachabteilungen verlagert und werden von dort wahrgenommen.

4.3.5 Bemerkungen zum Maschinenraum. Er liegt zentral im Gebäude (und hat einen Haupteingang und einen Nebeneingang zum Materiallager). Um ihn herum und nur durch ihn hindurch erreichbar sind: Normalarchiv, Sicherheitsarchiv, Ersatzteilraum, Arbeitsraum für Maschinensaalleitung. Die Raumanordnung mußte so bei Rechenzentrumsgründung übernommen werden. Sie läßt einen gut funktionierenden Betrieb zu. Er ist ein strenger "closed-shop". Im Maschinensaal halten sich nur die Operateure auf und (jedoch nur wenn benötigt) Wartungstechniker und Systempfleger. Zur Ein/Ausgabe sei bemerkt, daß sie ohne jegliche Regale arbeitet. Die Job-Eingabe, ggf. einschließlich Datenträger wie Bänder, erfolgt in eine Art Nachttresor (in den immer eingegeben werden kann, auch außerhalb der Schicht) und in dem die Datenträger (Band, Lochkartenkästen, ...) so verschwinden, daß sie nicht wieder zurückgeholt werden können. Die Rückgabe der Jobs, der zugehörigen Listen und der eventuellen weiteren dazugehörenden Datenträger , wie Bänder etc., erfolgt über Schließfächer, die den Benutzern bzw. Fachabteilungen zugeordnet sind.

5. Einige Erfahrungen

Realisierung: Das Konzept konnte, dank einer günstigen Ausgangssituation, wie geplant realisiert werden. Es wird seit zwei Jahren so betrieben. Die im Laufe der Zeit nötigen Anpassungen (Anlagenkonfiguration, Etat des Rechenzentrums, Personal, ...) konnten soweit durchgeführt werden, daß das Konzept nicht etwa durch Engpässe so degerierte, daß die Signifikanz der Ergebnisse hätte leiden müssen. Es erfüllt die gehegten Erwartungen, insbesondere bezüglich der Funktionstüchtigkeit und Effektivität des Personaleinsatzes. Die wichtigtste Voraussetzung, daß beides weiter aufrecht erhalten werden kann,ist, daß es weiterhin möglich bleibt, die Anlagenkonfiguration kurzfristig an die Bedarfsänderungen anzupassen. Solches mag in der freien Wirtschaft als selbstverständlich gelten, ist aber im Hochschulbereich z.Zt. die Ausnahme. Sollte die Konfigurationsanpassung nicht möglich sein, dann degeneriert das Konzept. Dies zieht u. a. mit Sicherheit einen erhöhten Personalbedarf nach sich, wenn der jetzige Leistungsumfang des HRZ aufrecht erhalten werden soll.

Operating: Der Non-stop-Betrieb läßt sich z.Zt. mit nur einer Bedienungsschicht (Maschinensaalleiter und vier Operateure) bewältigen. Der stark online-orientierte Betrieb ergibt wenig Arbeit an peripheren Geräten.Die Druckausgabe wird von den Anwendern/Fachabteilungen (mittels RJE-Station) weitgehend selbst überwacht und abgenommen. Batchläufe, die tagsüber nicht erledigt werden, gehen ins Spool-System und werden nachts automatisch abgearbeitet; wenn dabei zu druckende oder zu plottende Ergebnisse anfallen, werden sie in Spoolbereiche abgelegt und dann tagsüber gedruckt. Die Sicherungsläufe, Archivierungen etc. lassen sich innerhalb der Schicht erledigen. Der Closed-shop-Betrieb wird in der in Abschnitt 4.3.5 beschriebenen strengen Form praktiziert und ergibt klare Verhältnisse beim Betriebsgeschehen. Unbefriedigend ist, daß der Hardware-Wartung ein fast ständiger Arbeitsplatz im Maschinenraum eingeräumt werden mußte (Ursache: Das nun etwa 15 Jahre alte Hardware-Konzept unserer Anlage ist unangemessen wartungsintensiv).

Benutzungszeiten und Ausfallrate: Gegenüber dem Wunschziel von 7 x 24 Std. pro Woche mit vollem Timesharing- und Batchzugang mußten kleine Abstriche wegen Systempflege (Hardware und Systemsoftware) gemacht werden. Insgesamt fünf Stunden (auf die Woche verteilt, jeweils zu fester Zeit frühmorgens) ist die Anlage nicht benutzbar und steht der Systempflege für solche Arbeiten zur Verfügung, die nicht bei laufender Produktion erfolgen können. Hardware- und Systemsoftware-Wartung teilen sich die fünf Stunden bedarfsweise, nicht etwa nach fester Einteilung. Die benutzerbezogene Ausfallrate (d.h. Nichtfunktionieren der am Terminal erwarteten DV-Funktion, unter Einschluß aller Ursachen wie Fehler im Terminal, Ausfall des Datenweges, Ausfall der CPU, Betriebsstörung wegen Betriebssystemfehler, Unterbrechung wegen Operatingfehler, Ausfall wegen Klimastörung oder Netzstromausfall) erreicht bezüglich der Zeiten mit Operating Werte von 3 bis 5 Prozent und ist damit nicht schlecht, aber verbesserungsbedürftig (sehr gute Rechenzentren mit sehr modernen Maschinen erreichen z. Teil schon 2 %!).

Die Ursache liegt wesentlich in der zuwenig ausfallsicheren Konzeption unserer derzeitigen Anlage, womit eine grundlegende Verbesserung erst mit einer Neuinstallation möglich ist. Betreffs der operateurlosen Zeiten ist die benutzerbezogene Ausfallrate schlechter als tagsüber, da die Anlage bei Systemfehlern,Klimastörung oder Netzausfall nicht wieder selbst anläuft,so daß sie still steht, bis Reparaturdienste und Operateure zur Stelle sind (was z.B. nachts und am Wochenende sehr lang dauern kann). Eine gewisse Abhilfe wird in Zukunft eine geplante Verbesserung der Klimaanlage sowie die Installation einer (derzeit nicht vorhandenen) unterbrechungsfreien Stromversorgung (USV-Anlage) bringen. Allerdings bleiben dann noch die Unterbrechungen bei Betriebssystemfehler. Hier sollte jedoch unserer Anlage kein Vorwurf gemacht werden, da ja auch die meisten der heute neuen Großrechner im Störungsfall nicht selbst anlaufen, sondern eines Operateurs bedürfen. Wie einige wenige Hersteller beweisen, ist es aber durchaus möglich, daß auch Großanlagen selbstanlaufend sind bzw. Systemstörungen selbst umgehen. Die Rechenzentren sollten dies von heutigen DV-Anlagen grundsätzlich fordern.

Steuerungsmechanismen des Betriebssystems: Für den gemischten Betrieb sind Steuerungsmechanismen nötig,um die Ressourcen aufzuteilen (z.B. tagsüber möglichst genau 30 % der CPU-Leistung für kommerziell/betriebliche Anwendungen und möglichst genau 70 % für technisch/wissenschaftliche Anwendungen). Innerhalb dieser Ströme sollten verschiedene Prioritätsklassen für Batch-Job-Ströme und Dialog-Jobs möglich sein und pro Klasse entsprechende Spoolfunktionen. Rückwirkungen derart, daß durch eine hohe Jobbelastung eines Anwendungsbereiches ein Rückgang des Leistungsstroms für die anderen Anwendungsbereiche eintritt, sollten nicht möglich sein. Unser Betriebssystem hat bezüglich der plangerechten Aufteilung des CPU-Leistungsstromes zuwenig Steuerungsmechanismen,so daß viel Handsteuerungsarbeit des Operatings nötig ist, das Ziel wird aber insgesamt erreicht. Betreffs anderer Aufteilungen (z.B. Permanentfile-Belegung, temporäre Dateien auf Platten) ist die Unterstützung durch unser Betriebssystem ausreichend. Ein anderer Punkt sei noch erwähnt: Der Onlinezugriff erfolgt bei der technisch/wissenschaftlichen Anwendung fast immer im Teilnehmerzugriff, die Teilhaberzugriffsform tritt dagegen kaum auf; umgekehrt ist es bei der kommerziell/betrieblichen Anwendung. Genau dort tritt dann auch zutage, daß für die Teilhaberanwendungen immer ein sehr leistungsfähiger Shared-file-access-Mechanismus nötig ist. Unser Betriebssystem hat diesen Mechanismus zwar, aber er führt z.Zt. noch zu teilweise ungünstig langen Antwortzeiten am Terminal. Dies muß verbessert werden.

Zugriffsschutz und Vertraulichkeit: An anderer Stelle wurde schon erwähnt, daß die realisierten Zugriffskontrollen dem Schutzbedürfnis der bei uns vorkommenden Anwendungen angemessen sind. Es sei jedoch noch eine Maßnahme erwähnt, die diese Kontrollen wirklich sehr wirkungsvoll, d.h. nicht durchbrechbar macht: Jegliche Programmierung findet in höheren Sprachen statt,und die Übersetzer für maschinennahe Sprachen, insbesondere der Assembler,sind grundsätzlich gesperrt; weiterhin sind alle Eingabemöglichkeiten, mit denen vorübersetzte Programme (Binär-Decks etc.) oder der Assembler

selbst in die Anlage kommen könnten, gesperrt. Eine Unterrichtung der Benutzerschaft
in maschinennaher Programmierung findet absichtlich nicht statt. Das Verfahren hat
sich sehr bewährt. Andererseits hat sich die maschinennahe Programmierung als völlig
entbehrlich erwiesen, und kein Benutzer konnte bisher nachweisen, daß ihm Assembler-
programmierung nennenswerte Vorteile gebracht hätte, auch nicht im kommerziell/be-
trieblichen Bereich.

Formalisierung der Arbeitsabläufe und Funktionstrennung: Für eine sichere und termin-
gemäße Auftragserledigung ist die Abschaffung von "Tätigkeiten auf Zuruf" und die Formalisierung der Arbeitsvorgänge (insbesondere bei Arbeitsvorbereitung, Programmeingabe,
Operating, Archivbetrieb) oberstes Gebot. Dabei gab es zwei Probleme. Erstens stieß
die Formalisierung auf ein gewisses Akzeptanzproblem, das typisch für den Hochschulbereich sein mag. Zweitens ist eine latente Rückfallgefahr zu beobachten. Sie hat ihren
Grund darin, daß bei beschränkter Personenzahl eine Vielzahl von Funktionen zu realisieren sind und damit einzelne Mitarbeiter oder sehr kleine Gruppen (2 bis 3 Mitarbeiter) simultan mehrere Funktionen ausüben. Es bedarf dann einer permanenten An-
strengung der Leitung, um "Tätigkeiten auf Zuruf" nicht wieder aufkommen zu lassen.

Grenzen für gemischten Betrieb: Die derzeit bei uns praktizierte Lösung hat klare Vor-
teile, wie den (schon erwähnten) sehr effektiven Personaleinsatz oder die gegenseitige
Kapazitätsaushilfe zwischen kommerziell/betrieblichen und technisch/wissenschaftlichen
Anwendungen bei kurzfristigen Bedarfsschwankungen, etc. Dies gilt auch bei größerem
Leistungsbedarf beider Anwenderbereiche. Eine Grenze ist wohl dann erreicht, wenn jeder
Bereich für sich schon Last für eine große Anlage (oder gekoppeltes Mehrrechnersystem)
erzeugt. Dann wäre für den gemischten Betrieb eine Anlage der obersten Leistungsklasse
nötig. Dort sind (im Gegensatz zum mittleren Bereich) Anlagen, die für beide Anwen-
dungsbereiche gleichermaßen geeignet sind, die Ausnahme. Einen Anhaltspunkt gibt unser
Betrieb: z.Zt. sind ca. ein Viertel der geplanten kommerziell/betrieblichen Anwendungen für die Verwaltung einer kleineren Universität implementiert, und es wird ein
CPU-Leistungsstrom von 0.2 bis 0.3 MOp/s benötigt. Bei Realisierung aller Vorhaben
und im Falle einer sehr großen Hochschule können dann z.B. 2 bis 3 MOp/s nötig sein.
Dann wäre wohl an getrennte Anlagen zu denken. Die Grenze gemeinsamen Betriebs nach
unten ist gegeben, wenn ein Bereich zu schwachen Bedarf hat. Dann ist es sicher
günstiger, diesen mit einer lokalen kleinen Anlage (z. B. Buchungsautomat, lokaler
Kleinrechner) auszustatten, als einen großen vorhandenen Rechenbetrieb (TWRZ bzw.
KBRZ) auf gemischten Betrieb umzuorganisieren.

6. Zusammenfassung

Die technisch/wissenschaftliche und die kommerziell/betriebliche Datenverarbeitung
bedienen sich i.allg. getrennter und unterschiedlich strukturierter Rechenzentren.
Die Frage, ob dafür auch ein gemeinsamer Rechenbetrieb möglich ist, wurde untersucht.
Es zeigt sich: Von kleinen Anwendungen (z.B. schlüsselfertiges Bürocomputersystem bzw.
Kleinrechner für eigene technisch/wissenschaftliche Programme) und wirklich großen
Anwendungen (die dann Datenverarbeitungsanlagen aus der obersten Klasse benötigen)
abgesehen, d.h. in einem weitgespannten mittleren Betrieb ist ein gemeinsamer Betrieb
mit Vorteilen möglich. Solche sind z.B.: geringerer Personalbedarf, Flexibilität
bei kurzfristigen DV-Lastschwankungen in Teilbereichen der Anwendung. Hinweise zur
Organisation eines gemischten Betriebes wurden gegeben, und über praktische Erfahrungen
wurde berichtet. So bedingen z.B. die Datenschutzprobleme keineswegs getrennte Rechenzentren, sie sind lösbar. Weiter bleibt festzustellen, daß der für die kommerziell/
betriebliche Datenverarbeitung nötige (Produktions-)Ablauf höhere Anforderungen an
das Rechenzentrum stellt als der technisch/wissenschaftliche. Der gemischte Betrieb
zeigt auf, daß die klassischen Operateurtätigkeiten im Wandel begriffen sind und eine
Chance besteht, diese allmählich auf die normalen Tageszeiten zu verlagern. Um die
Vorteile eines gemischten Betriebes aufrechtzuerhalten, muß der DV-Anlagenpark
permanent kurzfristig an den Bedarf angepaßt werden. Insbesondere die Hochschulen, die
z.Zt. DV-Anlagen kaufen, welche dann zehnjährige Standzeiten haben, schließen sich von
der flexiblen Lösung aus, und es ist zu befürchten, daß sie hiermit in einem un-
günstigeren Kosten/Nutzen-Bereich arbeiten als nötig.

Literaturhinweise

/1/ Graef, Martin und Greiller, Reinold:
      Organisation und Betrieb eines Rechenzentrums
      Stuttgart-Wiesbaden: Forkel-Verlag 1975

/2/ Gaffal, Franz:
      Datenverarbeitung im Hochschulbereich der USA
      Berlin-Heidelberg-New York: Springer-Verlag 1980

/3/ Heilmann, Heidi:
      Jahrbuch der EDV, Bd. 1 bis 9
      Stuttgart-Wiesbaden: Forkel-Verlag 1972 - 1980

<u>AUTOMATISIERUNG DER HOCHSCHULVERWALTUNG</u>

<u>IN DEN USA</u>

F. Gaffal
Bayerisches Staatsministerium für Unterricht und Kultus
8000 München

1. <u>Einführung</u>

Die USA verfügen über 3130 Bildungseinrichtungen, die dem Hochschulbereich zuzurechnen sind. Hiervon können ca. 900 einen Master-
Grad verleihen, der etwa mit dem Abschluß deutscher wissenschaftlicher Hochschulen vergleichbar ist. 11,4 Mio Studenten besuchten
diese Einrichtungen im Jahre 1977. Auffallend ist der hohe Anteil
von Teilzeitstudenten. Er lag bei 40 %./1/
Im Vergleich dazu hat die Bundesrepublik Deutschland 308 Hochschulen,
von denen 71 wissenschaftliche Hochschulen oder Gesamthochschulen
sind. An ihnen waren zur gleichen Zeit ca. 913.000 Studenten einge-
schrieben.

Trotz grundsätzlich gleicher Aufgabenstellung sind Aufgabenumfang
und Aufbau und Ablauf des Betriebs amerikanischer Hochschulen
durchaus von denen deutscher verschieden; daraus ergeben sich auch
Auswirkungen auf die Durchführung der Verwaltungsaufgaben. Um nur
einige Beispiele zu nennen:

- Die amerikanischen Hochschulen sind in der Regel in stärkerem
  Maße autonom (über die Hälfte ist gänzlich privat organisiert).
  In vielen Fällen werden deshalb Arbeiten, die bei uns zentral
  durchgeführt werden, dezentral abgewickelt (z.B. Lohn- und Ge-
  haltsabrechnung, finanzielle Unterstützung der Studenten) und
  Hilfseinrichtungen wie Mensen, Studentenheime, Buchhandlungen,
  Geschäfte für Artikel des eigenen Bedarfs selbst betrieben.

- Die Finanzierung erfolgt außer durch öffentliche Zuweisungen
  oder Zuweisungen des Trägers durch Studiengebühren und Spenden
  früherer Absolventen (den Alumni) sowie oftmals durch eigenes
  Vermögen.

Die zugehörigen Verwaltungstätigkeiten sind von der Hochschulverwaltung zu vollziehen.

Bereits diese Zusammenstellung zeigt deshalb, daß die Hochschulverwaltung in den USA mehr Aufgaben umfaßt als bei uns. Unter
ihnen sind insbesondere auch solche, die mit umfangreichen Massen-
arbeiten verbunden sind, die sich gut zur Automatisierung eignen
und deren Automatisierung Vorteile bringt.

Die amerikanischen Hochschulen werden zur Automatisierung der
ihnen übertragenen Aufgaben - wie auch hierzulande - durch Hochschulrechenzentren unterstützt. Eine Umfrage im Studienjahr 1976/77
/2/ ergab bezüglich der von den Hochschulrechenzentren bearbeiteten
Aufgabenbereiche das in Tab. 1 dargestellte Bild (es können
mehrere Hochschulrechenzentren an einer Hochschule vorhanden sein).

Aufgabenbereich	Anteil aller Hochschulrechenzentren (%)
nur Verwaltung	8
nur Lehre	6
nur Forschung	5
Lehre und Forschung	10
Lehre, Forschung und Verwaltung	71

Tab. 1 Von Hochschulrechenzentren der USA bearbeitete Aufgabenbereiche

Aus Tab. 1 ist ersichtlich, daß etwa jedes 12. Hochschulrechenzentrum ausschließlich für Verwaltungsaufgaben eingesetzt wird.Die hohe Prozentzahl für Hochschulrechenzentren,die das
gesamte Aufgabenspektrum (Lehre, Forschung und Verwaltung) einer
Hochschule bearbeiteten, erklärt sich daraus, daß die Umfrage
alle Hochschulen, von den kleinsten bis zu den größten,umfaßte,
wobei zwangsläufig die kleineren zahlenmäßig überwiegen. An ihnen
ist der Einsatz eines Universalrechners in der Regel ausreichend.
Umgekehrt ist aus der Aufstellung zu schließen, daß bei den

größeren Hochschulen der Grad der Spezialisierung des Einsatzes
von Rechenanlagen für die einzelnen Aufgabenbereiche der Hochschule bereits hoch sein wird. Diese Tatsache konnte bei allen
besuchten Hochschulen dieser Kategorie bestätigt werden.

Besteht ein eigenes Rechenzentrum für Verwaltungsaufgaben, so
ist dieses in der Regel dem für die Verwaltung zuständigen Vizepräsidenten der Hochschule unterstellt. Diese Organisation trifft
vor allem für die größeren Universitäten zu, die mit deutschen
Universitäten etwa vergleichbar sind. Eine Koordinierung von
Planung, Benutzung und Betrieb der verschiedenen Rechenzentren
einer Hochschule findet, soweit erforderlich, auf höherer Ebene
statt.

2. <u>Allgemeiner Stand der Automatisierung der Hochschulverwaltung</u>

Die Gesamtverwaltung der Hochschulen der USA kann in die in Tab. 2
angegebenen Verwaltungsbereiche unterteilt werden, denen wiederum
eine Reihe von Teilaufgaben zuzuordnen ist.
Zu allen Verwaltungsbereichen sowie den zugeordneten Teilaufgaben
gibt es zahlreiche automatisierte Verfahren. Einzelheiten können
aus Tab. 2 entnommen werden, die einen Überblick über die Gesamtsituation auf dem Gebiet der Automatisierung der Hochschulverwaltung
in den USA gibt (ohne Kliniks- und Bibliotheksverwaltung; nur
Vierjahres-Colleges und Universitäten) /2/.

Nach Tab. 2 sind die einzelnen Verwaltungsbereiche bei 19 % bis
72 % der befragten Hochschulen automatisiert. Am stärksten automatisiert ist der Bereich Studentenverwaltung, gefolgt von Planung
und Finanzverwaltung; dies sind auch die Bereiche, in denen die
meisten Dialoganwendungen zu finden sind. Insgesamt überwiegt jedoch die Stapelverarbeitung noch stark.
Im Studentenbereich sind die Teilaufgaben Studentendatei, Infor-
mationswesen zu Einschreibung und Ablegung von Prüfungen (statistischer Bericht etc.) sowie Zulassung, Einschreibung und Belegen
sehr stark automatisiert, letztere häufig im Dialogverfahren. Im

Verwaltungsbereich	Bearbeitung (in % der gesamten Hochschulen)		
	Manuell oder mit einfachen Hilfsmitteln	Stapelverar- beitung	Dialog on-line
Planung, Management, Informationsbereit- stellung	43	53	4
Finanzverwaltung (Haushalts-, Kassen- und Rechnungswesen)	46	47	7
Allgemeine Verwaltung (einschließlich Per- sonalverwaltung)	63	33	4
Verwaltung von Hilfs- einrichtungen und Hilfs- diensten (Studenten- heime, Läden etc.)	72	24	4
Verwaltung technischer Betriebseinrichtungen	81	17	2
Studentenverwaltung	28	60	12
Finanzielle Unter- stützung der Studenten	60	35	5
Sonstige	64	26	5

Tab. 2 Automatisierung der einzelnen Verwaltungsbereiche an
Hochschulen der USA entsprechend einer Gesamtbefragung
im Jahre 1976/77

Bereich der Finanzverwaltung sind vor allem die Teilaufgaben Lohn-
und Gehaltsabrechnung, Ausgaben der Fachbereiche, Ausgabenüber-
wachung, allgemeine Buchhaltung und Zahlungsverkehr mit Studenten
(Studiengebühren) automatisiert. Sofern Dialogverfahren angewandt werden, betreffen sie auch am ehesten diese Teilaufgaben.
Im Bereich Planung besteht ein hoher Automatisierungsgrad in den
Teilbereichen Haushaltsanalyse, Untersuchungen zur Kostenstruktur,
Haushaltsaufstellung und -überwachung, Analyse der Gehaltsstruktur
und Datenlieferung an die Statistik. Auch hierfür findet man des
öfteren Dialoganwendungen.

Bei den vorstehend genannten Angaben ist zu beachten, daß sie ein
Bild des gesamten Hochschulbereichs, von den größten Universitäten
bis zu kleineren Colleges (immer jedoch 4-Jahres-Colleges), geben.
Besonders bei den großen Universitäten können sich ziemliche Abwei-
chungen gegenüber den Durchschnittswerten zu einer stärkeren
Automatisierung des Verwaltungsbereiches hin ergeben.

3. <u>Beispiel eines Verwaltungsrechenzentrums</u>

Als Beispiel seien nachfolgend die Verhältnisse an der University
of Michigan näher betrachtet.

Die University of Michigan hatte im Winterhalbjahr 1977/78 insgesamt 46017 Studenten mit einem vergleichsweise hohen Anteil an
Graduierten (ca. 1/3). Der Personalstand der Universität war 14260
(Vollzeitäquivalente), davon sind 2405 in der Lehre tätig. Der
Gesamtetat betrug im Haushaltsjahr 1977/78 463 Mio Dollar.
Die University of Michigan hat 19 Schools und Colleges, in denen
alle Wissenschaftsbereiche gelehrt werden, darunter auch Ingenieur-
wissenschaften und Medizin. Die Universität verfügt über ein
eigenes Klinikum (Medical Center) mit ca. 800 Betten.
Für die Aufgaben der Lehre und Forschung steht ein eigenes Großrechenzentrum mit einer Amdahl 470 V/6 mit 6 MB Hauptspeicher und
ca. 400 Terminals zur Verfügung. Es ist über das MERIT-Netzwerk
und EDUNET noch mit anderen Hochschulrechenzentren verbunden.
Das Klinikum betreibt für seine patientenbezogenen, medizinischen
Verwaltungsaufgaben eine eigene Rechenanlage (Doppelsystem IBM
370/148 mit 2 MB bzw. 1 MB Hauptspeicher); im Office of
Administrative Systems (OAS) ist die Verantwortung für die Bereitstellung von Hardware, die Entwicklung der Software und den
Betrieb der Systeme für alle anderen Verwaltungsaufgaben der
Universität zusammengefaßt.

Die Verteilung des gesamten DV-Etats der Universität auf die drei
großen Rechenzentren (gesamte Personal- und Sachausgaben) ist in
Tab. 3 wiedergegeben. Demnach wird absolut gesehen der größte
Anteil mit 3,337 Mio Dollar (41,7 %) für die Datenverarbeitung
in der Verwaltung ausgegeben.

Der Gesamthaushalt des OAS für das Haushaltsjahr 1978/79 betrug
ca. 3,8 Mio Dollar. Der größte Teil davon (65 %) sind Personalkosten. Der Haushalt wird weitaus überwiegend durch Gebühren
abgedeckt, die die Benutzer des OAS, das sind im wesentlichen
die Verwaltungsabteilungen der Universität, für die Inanspruchnahme der Leistungen des OAS zu zahlen haben (siehe Tab. 4).

Rechenzentrum	Ausgaben (Mio $)	Anteil am DV-Gesamtetat (%)
Verwaltung	3,337	41,7
Hochschulrechen-zentrum	2,996	37,4
Klinikum	1,667	20,9
insgesamt	8,000	100,0

Tab. 3 **Ausgaben der University of Michigan für die drei großen** Rechenzentren 1977/78

Kostenart	Kosten ($)	% des Gesamtetats
Personal	2.421.421	65
Kaufpreisraten und Wartung für das System	983.700	26
Verbrauchsmaterial und Datenfernübertragung (Papier, Lochkarten, Formblätter, Telefon, Büromaterial etc.)	354.750	9
Gesamtetat	3.759.871	100

Einnahmen:

. Zuweisungen aus Haushaltsmitteln der Universität	588.442	16
. Benutzergebühren	3.171.429	84

Tab. 4 DV-Haushalt des Verwaltungsbereiches der University of Michigan 1978/79

Dem OAS steht zur Durchführung der ihm obliegenden Arbeiten eine Rechenanlage folgender Konfiguration zur Verfügung:

IBM 370/158 mit 4 MB Hauptspeicher

16 Laufwerke ITEL Plattenspeicher á 150 MB

8 Magnetbandgeräte

3 Drucker

1 Lochkartenleser/-stanzer

6 RJE-Stationen

159 Sichtgeräte

Off-line Spezialperipherie:

1 Laserdrucker 22000 Zeilen/min (Honeywell Page Printing System)

1 COM-System

1 OCR-Leser

1 Disketten-Datenerfassungssystem

Als Betriebssystem wird MVS eingesetzt. Die Anwendungsprogramme
werden mit Hilfe des Datenbanksystems IMS abgewickelt.

Dem OAS sind insgesamt 127 Personalstellen zugeordnet; die Hälfte
hiervon wird für die Bereiche Management, Systemanalyse und
Programmierung eingesetzt (siehe Tab. 5).

Personalkategorie	Anzahl	% der Gesamtanzahl
Management, Systemanalyse Programmierung	64	50
Operating	18	14
Arbeitsvorbereitung und Nachbearbeitung	9	7
Verwaltungsunterstützung	15	12
Datenerfassung	16	13
Hilfspersonal	5	4
Gesamtzahl	127	100

Tab. 5 Ausstattung des Verwaltungsbereiches der University
of Michigan mit DV-Personal

Im Jahre 1978 fielen insgesamt mehr als 5 Millionen On-line-
Transaktionen (Einzelschritte der Bearbeitung eines Vorganges)
an, das sind über 120 Transaktionen pro Terminal und Tag, ein
Hinweis auf den bereits erreichten hohen Grad an On-line-Abwicklung
der Verwaltungsarbeiten. In den letzten 5 Jahren wurde an der Entwicklung neuer Systeme mit durchschnittlich 45 Programmierern und
Systemanalytikern gearbeitet und es wurden ungefähr 4 Mio Dollar
investiert. Alle an der Universität eingesetzten Programme wurden
selbst entwickelt, getestet und eingeführt. Programme von anderen
Universitäten konnten nicht übernommen werden, wenn auch ein
allgemeiner Gedanken- und Erfahrungsaustausch zwischen den Universitäten auf diesem Gebiet besteht. Die anderen Staatsuniversitäten
in Michigan verfügen ebenfalls über eigene Verwaltungsrechenzentren
und eigene Programmentwicklungsgruppen ähnlicher Größenordnung.
Zum Teil setzen selbst die Zweig-Campusse eigene dort entwickelte
Programmsysteme auf eigenen Rechenzentren ein.

Die Universität hat 1978 ihre Datenverarbeitungsaktivitäten im
Verwaltungsbereich von einer bekannten unabhängigen Beraterfirma
analysieren lassen. Diese hat grundsätzlich festgestellt, daß
der Aufwand für die Datenverarbeitung in der Verwaltung gerechtfertigt ist und die Ausgaben auf die verschiedenen Verwaltungsbereiche - Studenten, Personal und Haushalts-, Kassen- und Rechnungswesen - richtig verteilt sind. Für die Zukunft werden jedoch
einige Veränderungen angeregt, die nicht nur für diese Universität
berücksichtigenswert sind, sondern ganz allgemeine Bedeutung haben:

- Die Benutzer sind stärker in die Entwicklung der Systeme einzu-
  beziehen. Das Problembewußtsein der Benutzer muß gestärkt und
  ihre Beratung verbessert werden.

- Die Aufgabe der DV-Abteilung der Verwaltung ist neu zu definieren.
  Sie soll nicht Datenverwalter, sondern Informationsbereitsteller
  sein,mit dem Auftrag festzustellen, wie die Daten der Universität
  gemeinsam von den Verwaltungsstellen für die Gesamtuniversität
  bereitgestellt werden können und einen Plan und eine Organisationsstruktur für eine Verteilung der Verwaltungsfunktionen und
  der Daten auf die einzelnen Verwaltungsbereiche zu entwickeln.

- Das Management der Universität muß sich stärker in die DV-Aufgaben
  und Probleme einschalten mit dem Ziel, die vorstehenden Veränderungen durchzusetzen.

Außerdem wurde anläßlich dieser Untersuchung festgestellt, daß
über einen Zeitraum von 1969 bis 1978 folgende Entwicklungen
zu beobachten waren:

- Der Gesamthaushalt der Universität hat von ca. 240 Mio Dollar/
  Jahr stetig auf 460 Mio Dollar/Jahr zugenommen.

- Der Anteil der Ausgaben für die DV in der Verwaltung am Gesamthaushalt stieg von anfänglich 0,5 % auf 0,9 % im Jahre 1975
  und ist seither etwa konstant. Er liegt damit unter dem an
  anderen Universitäten festgestellten Anteil.

- Der Anteil der Ausgaben für die Verwaltung am Gesamthaushalt
  (errechnet durch Subtraktion der Ausgaben für Lehre, Forschung
  und Klinikum vom Gesamthaushalt) schwankte zwischen 33 % und
  30 % mit leicht fallender Tendenz und liegt derzeit bei 31,5 %.
  Der Anteil der DV in der Verwaltung am Verwaltungsetat ist jedoch
  von anfänglich 1,1 % auf nunmehr 2,8 % gestiegen.

Diese Zahlen zeigen die Größenordnung der Ausgaben für DV in der
Verwaltung im Vergleich zu den übrigen Ausgaben der Universität
auf und lassen erkennen, daß die DV-Ausgaben stärker zugenommen
haben als andere Ausgaben. Ziel der beschriebenen stärkeren Beteiligung des Managements soll es sein, die Ausgaben außerhalb
Lehre und Forschung zu verringern. Das kann nach dem Ergebnis der
Untersuchung durch eine - bezogen auf die Ausgaben der Universität
außerhalb Lehre und Forschung - überproportionale Steigerung der
Ausgaben für die DV in der Verwaltung erreicht werden.

Der Entwicklungsaufwand für neue Systeme wurde für die nächsten
2 Jahre (1979 - 1980) auf 148 Mannjahre geschätzt, das entspricht
ca. 2,7 Mio Dollar. Sie teilen sich etwa 1 : 1 : 2 auf die Bereiche
Studentenverwaltung, Personalverwaltung und Haushalts-, Kassen-
und Rechnungswesen auf. Die Entwicklung der Systeme wird nach
diesen 2 Jahren jedoch zu einem großen Teil noch nicht abgeschlossen sein.

Zu den genannten Kosten kommen die für die Inanspruchnahme des
Rechenzentrums hinzu. Hervorzuheben ist, daß entsprechend den
Planungen die Benutzerabteilungen in hohem Maße in die Entwicklung der Systeme miteinbezogen werden sollen: etwa 1/3
der Entwicklungsleistung soll von Ihnen aufgebracht werden.
Nur so erscheint es der University of Michigan möglich, daß die
Anforderungen der Benutzer von Anfang an in den Entwicklungs-
prozeß voll einbezogen und nach Abschluß der Arbeiten die
entwickelten Systeme von den Benutzern wirklich eingesetzt
werden. Eine Einbeziehung der Benutzer in diesem Maß setzt
jedoch auch voraus, daß sie mit den grundlegenden Methoden der
Datenverarbeitung ausreichend vertraut sind. Entsprechende Maßnahmen im Verwaltungsbereich werden ohnehin überall in erhöhtem
Umfang erforderlich sein, wenn der Einsatz der Datenverarbeitung
vorangebracht werden soll.

Entwicklungsaufwendungen in dieser Höhe sind kein Einzelfall.
So hat z.B. auch die University of California in Berkeley
(29084 Studenten) für den Zeitraum 1979 - 1981 3,675 Mio $
für die Entwicklung DV-gestützter Verwaltungssysteme eingeplant.

4. Zusammenfassende Bemerkungen und Ausblick

An den großen Universitäten der USA wird Datenverarbeitung in erheblichem Umfang für die Unterstützung der Verwaltungsaufgaben eingesetzt. Die Aufwendungen für diesen Bereich können die Aufwendungen für Datenverarbeitung in Forschung und Lehre bei weitem übertreffen. Dies ist im wesentlichen auf den höheren Personalaufwand zurückzuführen, weil entsprechend dem großen Umfang der eingesetzten bzw. erforderlichen DV-unterstützten Verwaltungssysteme umfangreiche Entwicklungs- und Betreuungsmannschaften erforderlich sind. Auch verglichen mit dem Gesamtaufwand für die Verwaltung einer Hochschule sind die Aufwendungen für die Datenverarbeitung erheblich und werden voraussichtlich noch steigen. Der Anteil der Ausgaben für Datenverarbeitung in der Verwaltung (einschließlich Bibliotheken und Kliniken) an den Gesamtausgaben für Datenverarbeitung im Hochschulbereich liegt nach dem neuesten Erhebungsstand bei 45 % /3/.

Bei uns ist die Situation auf diesem Gebiet völlig unterschiedlich. Wollte man zu vergleichbaren Verhältnissen kommen, müßten für die größten deutschen Universitäten eigene Großrechner für die Verwaltung mit einer Mannschaft von ca. 100 Personen zur Verfügung stehen, wovon wir derzeit weit entfernt sind. Für den großen Unterschied in der DV-Ausstattung der Verwaltungsbereiche großer amerikanischer und deutscher Hochschulen sind die eingangs erwähnten strukturellen Unterschiede keine Begründung; dies zeigen der Anteil der dadurch bedingten zusätzlichen Aufgaben an der Gesamtrechenzeit von Verwaltungsrechenzentren amerikanischer Hochschulen, der z.B. an der University of Illinois etwa 1/4 bis 1/3 beträgt und der Aufwand für die bei uns eingesetzten zentralen Verfahren. Durch den Vergleich soll nicht einer kritiklosen Übertragung der Verhältnisse an amerikanischen Universitäten auf deutsche das Wort geredet werden. Bei Maßnahmen, die heute erforderlich sind, ist von den bestehenden Verhältnissen und dem neuesten Stand der Hardware- und Softwaretechnologie auszugehen. Zu denken geben sollte jedoch, daß nach der Einführung einiger DV-unterstützter Verwaltungssysteme in der ersten Hälfte des letzten Jahrzehnts die Verwaltungsautomatisierung an den deutschen Hochschulen nicht mehr entscheidend vorangekommen ist.

Nach einer Faustformel kann man davon ausgehen, daß in den USA
eine Universität ab ca. 15.000 Studenten ein eigenes Verwaltungsrechenzentrum getrennt vom Hochschulrechenzentrum für Lehre
und Forschung besitzt. In der Regel sind die beiden dann auch
organisatorisch getrennt. Das Verwaltungsrechenzentrum wird
dem Verwaltungsbereich, das Hochschulrechenzentrum dem
akademischen Bereich zugeordnet. Bei kleineren Hochschulen
werden aus wirtschaftlichen Überlegungen alle Aufgaben der
Lehre, Forschung und Verwaltung in einem Rechenzentrum durchgeführt oder man setzt sogar Fremdrechenzentren ein.

Die Entwicklung der Hardwareausstattung des Verwaltungsbereichs
der amerikansichen Hochschulen wird, soweit aus den Verhältnissen
an den besuchten Institutionen erkennbar, zunächst zwei verschiedene Wege verfolgen, nämlich
- den Betrieb von leistungsfähigen Universalrechnern und
- den Einsatz von Kleinrechnern für spezielle Aufgaben.
Der Kleinrechnereinsatz wird vor allem dort angegangen werden,
wo die derzeit verwendeten Systeme den Anforderungen nicht mehr
genügen und größere Neuentwicklungen für geschlossene, jedoch
überschaubare Bereiche erforderlich werden. Jedoch wird auch in
diesen Fällen ein zentraler größerer Rechner nicht entbehrlich
sein (für Entwicklungsarbeiten und größere oder stark hierarchi-
sche oder vernetzte Programmsysteme).
Wo durch erhöhte Zentralisierung, ggf. noch zusätzlich verbunden
mit Kauf oder Leasing der Anlagen, bereits größere Wirtschaftlichkeit erreicht werden konnte und neuere Konzepte verwirklicht
wurden, die möglicherweise auch von der vorhandenen Hardware
zumindest z.T. abhängig sind, wird die zentrale Lösung noch
längere Zeit unverändert Bestand haben. Dies wird auch für solche
Hochschulen gelten, deren Rechenzentren neben den Aufgaben der
Forschung und Lehre noch ausreichend freie Kapazität für die
Verwaltungsaufgaben bereitstellen können.

Literatur

/1/ Department of Health, Education and Welfare:
    Interne Statistik (1978)

/2/ Hamblen, John, and Thomas Baird:
    Fourth Inventory of Computers in Higher Education,
    preliminaly results (1978)

/3/ Hamblen, John, and Carolyn Landis:
    The Fourth Inventory of Computers in Higher Education:
    An Interpretative Report. EDUCOM Series in Computing and
    Telecommunications in Higher Education Nr. 4. Boulder:
    West View Press (1980)

Anmerkung:
Der Beitrag entstand aus einem von der Fulbright-Kommission ge-
förderten Projekt des Autors (vgl. auch Gaffal, Franz: Datenverarbeitung im Hochschulbereich der USA - Stand und Entwicklungstendenzen. Informatik Fachberichte Nr. 26. Berlin, Heidelberg,
New York: Springer-Verlag (1980)).

Effizienzuntersuchungen amerikanischer Hochschulrechenzentren

Heinrich Henke
Regionales Rechenzentrum Erlangen
Martensstr.1
8520 Erlangen

1 Definition und Lagebericht

Hier werden verschiedene Wege der Effizienzsteigerung an Hochschulrechenzentren dargestellt, wie sie gegenwärtig in den USA praktiziert werden. Bei meinen Betrachtungen wird Effizienz nicht am
Durchsatz festgestellt, der mit einem Benchmark in Zahlen ausge-
drückt werden könnte, sondern am Dienstleistungsangebot des Rechenzentrums. Und dieses ist viel schwerer zu erfassen und zu beurteilen, auf jeden Fall ist es fast nicht meßbar.

Beim Dienstleistungsangebot eines Rechenzentrums muß man mehrere
Problemkreise unterscheiden:
- Zunächst braucht man die Dienstbereitschaft der Hardware. Auf dem
  Wege vom Rechner zum Benutzer gibt es viele technische Hürden, an
  denen die Rechnerleistung hängen bleiben kann.
- Die Organisation des Rechenzentrums und ihre Spielregeln müssen so
  eingerichtet sein, daß sie dem Benutzer dienen.
- Dazu müssen auch die Menschen, die diese Organisationsform füllen,
  sich ständig bewußt sein, daß sie zur Unterstützung der Benutzer
  in dieser Organisation arbeiten.

Problemkreis	Zustand	Wunsch
System	zuviele Zusammenbrüche	100% Uptime
Organisation	abgekapselt	zugänglich
Mitarbeiter	keine Zeit	hilfsbereit

Abb.1: Effizienzkriterien

Der erste Punkt "Dienstbereitschaft der Hardware" ist sicherlich am
leichtesten zu konkretisieren. Um eine Idee von den amerikanischen
Qualitätsvorstellungen in Bezug auf Hardware-Zuverlässigkeit zu bekommen, habe ich an etwa 30 Rechenzentren der unterschiedlichsten
Größen Fragebögen verteilt, von denen 10 beantwortet wurden. Davon
haben 3 die Fragen nach Maschinenauslastung und Fehlerabstand deutlich beantwortet, 3 andere haben diesen Komplex durch einen großen
Strich beantwortet, der Rest antwortete unvollständig. Bei mehreren
Rechenzentrums-Besuchen war mir aufgefallen, daß man bei der Frage
nach der Verfügbarkeit recht günstige Angaben parat hatte, nur Tabellen oder grafische Darstellungen für die letzten Monate waren
nicht greifbar - we don´t keep them - wurde erklärt.

Turnaround Statistics

April 1980 batch jobs total 262,513
batch jobs normal priority 208,124

Hours	Percent	Jobs
<1/2	90.15	187,633
< 1	93.99	195,615
< 2	96.12	200,059
< 3	98.87	205,771
< 4	99.56	207,208
< 5	99.83	207,768
< 6	99.91	207,946
<999	100.00	208,124

Abb.2: Wartezeiten

Ein weiteres Beispiel: Abb. 2 zeigt eine Tabelle der Wartezeiten (im Original als Turnaround-Zeiten bezeichnet!) von Jobs in einem amerikanischen regionalen Rechenzentrum. 90% der Jobs sind kürzer als eine halbe Stunde in einer Warteschlange, das ist bei 3 Millionen Jobs pro Jahr sicher eine gute Leistung. Ich hatte an diesem Rechenzentrum sowohl eine Mitarbeiter-Benutzernummer als auch eine Studenten-Benutzernummer zur Verfügung. Unter der Studenten-Benutzernummer habe ich auf einen 1-sec-Job mehr als 4 Stunden gewartet und konnte daraufhin die Klagen der Studenten verstehen, denn unter der Mitarbeiter-Nummer hatte ich praktisch keine Wartezeit. Kein Rechenzentrum kann es sich für längere Zeit leisten, eine Benutzergruppe völlig zu vernachlässigen, und die Amerikaner arbeiten kräftig daran, ihre Rechenzentren benutzerfreundlich zu machen - wie, das soll im folgenden gezeigt werden.

Zum zweiten Punkt ist leicht vorstellbar, daß ein größeres Rechenzentrum immer in der Gefahr steht, zu einer Bürokratie zu werden, die vorwiegend sich selbst dient.

Und zum dritten Punkt: Innerbetriebliche Reibereien stören den Eindruck aus Benutzersicht ebenso wie das Verschanzen hinter "viel Arbeit", womit eine Benutzerfrage abgewimmelt wird.

Diese Punkte, die die Qualität der Dienstleistung beeinflussen, sind schon häufiger Thema auf Rechenzentrumsleiter-Tagungen in den USA gewesen. Ich möchte hier zwei Wege darstellen, die eine Verbesserung des Dienstleistung zum Ziel haben.

2 Ein typisch amerikanischer Ansatz

Privatinitiative ist im Land der unbegrenzten Möglichkeiten das A und O. Auch staatliche Stellen honorieren dies, indem sie viele Aufgaben an private Firmen delegieren. Und so kann sich eine Universität natürlich auch eine Rechenzentrumsmannschaft mieten, vollständig, vom Direktor bis zum Operateur.

Ich habe über die Systems & Computer Technology Corporation (SCT) auf einem ACM-Treffen gehört. Es ist eine eigenartige Firma; sie verkauft keine Rechner, sie verkauft Software - aber nur nebenbei -, ihr Hauptgeschäft ist, Fachleute zu vermieten. Sie stellt Colleges und Universitäten vollständige Rechenzentrumsbesatzungen zur Verfügung. Dabei wird nicht nur Personal für den Betrieb gestellt, es werden auch Benutzerberatung und Kurse in Datenverarbeitung geboten.

Wie funktioniert das? Eine Universität, die sich nicht mit dem Aufbau und der Organisation eines Rechenzentrums belasten will, die aber trotzdem die Vorteile eines eigenen Rechenzentrums genießen möchte, kann SCT beschäftigen. SCT wird zunächst mit der Universität beraten, welche Art und welche Größe von Rechner gebraucht wird, dann wird SCT eine Ausschreibung machen, wenn das nötig ist. SCT ist an keinen Hersteller gebunden, es wird das ausgewählt, was den Bedürfnissen des Kunden an besten gerecht wird. SCT organisiert die Installation und organisiert das "Universitäts-" Rechenzentrum. Die Universität stellt das Gebäude, das Geld für den Rechner und für die Firma SCT.

Ist es nicht zu teuer, wenn man das Rechenzentrum einer (vielleicht staatlichen) Universität von einer privaten Firma betreuen läßt? Wenn man nur auf das Budget sieht, vielleicht, aber man sollte die Dienstleistungen in Betracht ziehen. Wenn man z.B. für ein bestimmtes Projekt von vielleicht 6 Monaten Dauer einen Spezialisten braucht, dann hat man normalerweise die Wahl, jemanden anzustellen oder das Projekt fallen zu lassen. Was macht man mit dem Spezialisten nach dem Ende des Projekts? Bei SCT ist das kein Problem. Da die Firma eine Menge Rechenzentren betreibt, hat sie die Möglichkeit, Fachleute von einer Installation zur nächsten zu schicken, wie sie gebraucht werden.

SCT beschäftigt etwa 600 Leute, deren Gehalt höher ist als das an öffentlichen Universitäten und vergleichbar den Industriegehältern. Außerdem sind eine Reihe von Angestellten am Erfolg der Firma beteiligt, was sicher auch ein Ansporn ist.

Ich habe die Temple University in Philadelphia besucht, die vor einigen Jahren ein eigenes Rechenzentrum mit zwei CD6400-Anlagen und etwa 110 Angestellten betrieb. Aber die Universitätsleitung kam mit dem Personal nicht klar und beschloß im Jahre 1978, das Rechenzentrum an SCT zu übergeben. Die Firma führt das Rechenzentrum nun mit 93 Mitarbeitern, die nur teilweise vom alten Rechenzentrum übernommen wurden, und betreibt eine CD 172 für Verwaltungsaufgaben (die allerdings demnächst gegen eine IBM 4341 ausgetauscht werden soll) und eine CD 174 für Ausbildung und Forschung. Der für das Rechenzentrum zuständige Vizekanzler war stolz auf die Art von Service, die die Universität vom Rechenzentrum bekommt. Er sagte, daß es nicht merklich teurer ist als vorher, daß aber die Qualität der Dienstleistung erheblich besser ist.

Die Temple University hat 32000 Studenten und 2000 Lehrer auf zwei Geländen. Es sind etwa 130 Terminals und 8 RJE-Stationen an die zentralen Rechner angeschlossen. Das Rechenzentrum fährt spezielle Diagnoseprogramme für die Datenfernverarbeitungsausrüstung als Hintergrund. Es hat eine besondere Definition für Fehler: jede Unterbrechung, die vom Benutzer bemerkt werden könnte - auch die Meldung "line printer down". Sie erreichen damit immer noch 20 Stunden mittleren Fehlerabstand. Vorbeugende Wartung ist drei Mal wöchentlich morgens von 6 bis 8. Die Maschinen laufen rund um die Uhr, unbedient nur von Samstag nachmittags bis Montag morgens.

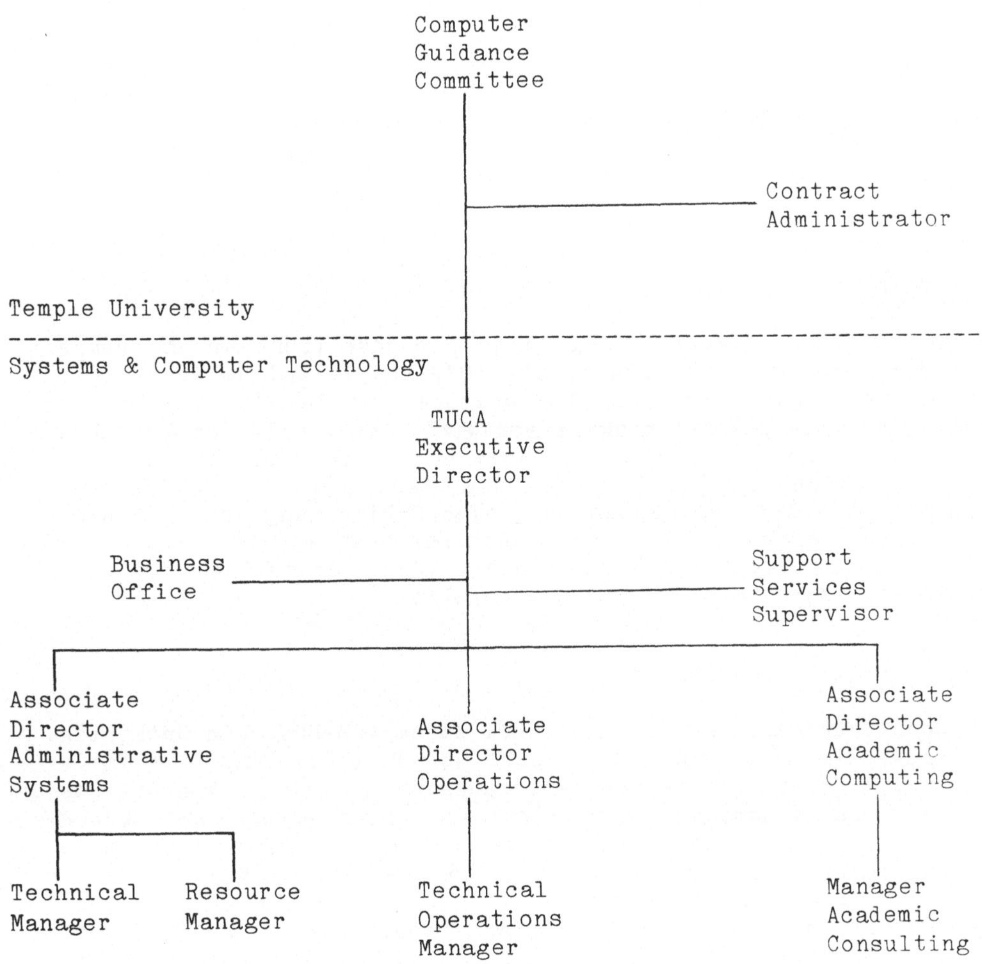

Abb.3: Temple University Computer Activity

SCT war eine der wenigen Stellen, wo ich eine klare Definition eines Maschinenfehlers und die zugehörige langfristige Buchführung über Durchsatz und Zuverlässigkeit gefunden habe.

Die Aktivitäten von SCT werden durch mehrere Komitees der Temple University gelenkt und überwacht, die Kommunikation zwischen den Partnern schien sehr gut zu sein. Die Struktur des Rechenzentrums und die Anbindung an die Universität ist in Abb.3 dargestellt.

Kleinere Universitäten könnten SCT besonders kostengünstig einsetzen, denn die Firma
- kennt sich mit vielen verschiedenen Rechnertypen aus,
-. hat Erfahrung, passendes Personal anzuheuern,
- hat Beratungskapazität und
- hat Erfahrung im Betrieb von Rechenzentren.
Temple University machte einen völlig neuen Anfang durch den Auftrag an SCT. Aber die Universität hat die Möglichkeit, aus dem Vertrag nach 5 Jahren wieder auszusteigen, wenn sie meint, daß ein universitätsbetriebenes Rechenzentrum doch besser ist. In Florida war SCT gerade dabei, ein Rechenzentrum in die Hände der Universität zurückgehen zu lassen.

3 Peer Review

3.1 Einführung

Peer Review ist die Beurteilung eines Rechenzentrums durch Fremde. Es ist eine englische Erfindung, die 1979 von Leland H. Williams in die USA übertragen wurde und die seitdem von der Association for Computing Machinery (ACM) praktiziert wird. Ich möchte das Verfahren "Gutachten" nennen, obwohl dieses Wort nur einen Teil des Verfahren korrekt bezeichnet. Es fehlt die Komponente "brüderlicher Ratschlag", die bei der ganzen folgenden Schilderung des Verfahrens immer bedacht werden sollte. Womit auch schon gesagt ist, daß dieses kein objektives Verfahren ist, sondern eine persönliche Beziehung zwischen drei Besuchern und einem Gastgeber.

3.2 Das formale Verfahren

Ein Rechenzentrumsleiter beantragt bei einem ACM-Büro ein Gutachten. Dort werden daraufhin aus einer Reihe von Bewerbern für die Tätigkeit als Gutachter drei geeignete herausgesucht. Der Rechenzentrumsleiter hat ein Vetorecht. Diese drei Gutachter werden vom Rechenzentrumsleiter schriftlich und gründlich über das Rechenzentrum informiert; dadurch sind sie zu Beginn des dreitägigen Besuches schon mit vielen Einzelheiten vertraut. Es gibt ein recht ausführliches Aufgabenblatt, das die drei Gutachter abzuarbeiten haben und wofür der Rechenzentrumsleiter die Organisation zu übernehmen hat. Vor ihrer Abreise entwerfen die Drei einen Bericht, der dann später auf dem Postwege noch einmal korrigiert wird. Die volle Verfügungsgewalt über diesen Bericht hat der Rechenzentrumsleiter, nur er kann entscheiden, wem dieser Bericht bekannt gemacht wird.

Die ACM hat auf dem SIGUCC-Treffen (Special Interest Group University Computer Centers) in St.Louis im März 1980 beschlossen, dieses Peer-Review-System zu einer ständigen Einrichtung in den USA zu machen. Es gibt ein Komitee, das die Organisation der Besuche übernimmt und an Verbesserungen des Verfahrens arbeitet. Als Beitrag zu dem Verwaltungsaufwand der ACM (SIGUCC) sind vom anfragenden Rechenzentrum $200 zu zahlen.

3.3 Ablauf eines Besuches

Der Rechenzentrumsleiter informiert die Gutachter rechtzeitig vor der Anreise über alles, was ein Rechenzentrum am Laufen erhält: die Finanzen, das Personal, die Hardware, die Software, die Wartung, dazu die Betriebszeit und die Organisation innerhalb der Universität. Die Gutachter haben sich an Hand dieser Unterlagen eingestimmt und auf spezielle Fragen vorbereitet, sie haben auch für die bevorstehenden Gespräche einen Fragenkatalog zusammengestellt. Der Rechenzentrumsleiter organisiert einen Terminplan für die Gespräche der Gutachter mit der Universitätsleitung, dem Rechenzentrumsvorstand (o.ä.), den wesentlichen Benutzergruppen (z.B. Informatik, Verwaltung, Abendschule,u.a.), mit Studenten der verschiedenen Fachrichtungen, mit dem Personal des Rechenzentrums (einzeln, wenn möglich).

Nach der Ankunft der Gutachter wird der Rechenzentrumsleiter in einem ersten Gespräch seinen Besuchern mitteilen, was er mit dem erwarteten Bericht erreichen will und welche speziellen Probleme besondere Aufmerksamkeit erfordern. Die Gutachter werden allerdings Probleme, die ein kommerzielles Beratungsbüro lösen müßte, nicht angehen. Durch die Gespräche und Besuche entsteht ein so dichter Terminkalender, daß zwei Tage damit absolut gefüllt sind. Der dritte Tag wird dann zum Entwerfen des Berichts und zu einem abschließenden Gespräch mit dem Rechenzentrumsleiter verwendet. Der Bericht soll deutlich und ehrlich sein, deshalb wird er ganz persönlich dem Rechenzentrumsleiter zugestellt, der auch schon den Entwurf liest, damit sich keine sachlichen Fehler einschleichen. Der Rechenzentrumsleiter kann dann allein über den Bericht verfügen, die Gutachter sind gehalten, ihre Kopien zu vernichten. Der Bericht kann z.B. zur Argumentation gegenüber der Universität verwendet werden. Wenn allgemein interessante Feststellungen darin enthalten sind, können diese Teile auch durch das SIGUCC-Komitee weiter verbreitet werden.

Zum Abschluß schreibt auch der Rechenzentrumsleiter eine Beurteilung über seine Gutachter, die dann vom Komitee bei weiteren Gutachten berücksichtigt werden kann.

Die Gutachter werden von ihren heimatlichen Rechenzentren für diese Tätigkeit freigestellt; die Reisekosten, Unterkunft und Verpflegung zahlt der Gastgeber. Die Auswahl der Gutachter geschieht im SIGUCC-Komitee derart, daß sowohl gleichartige als auch gegensätzliche Typen von Rechenzentren vertreten sind.

Summary of Recommendations

a) Formulation of a collegewide long range plan with respect to computing, with a continual planning process carried out by the Computer Center director and his appropriate committees.

b) Maintain a full time position for Computer Center director.

c) Maintain a full time position for academic computing coordinator.

d) Continue the position now held by ... as full time after the ... grant support expires.

e) Develop a Computer Center organization chart to clarify staff responsibilities.

f) Provide an adequately equipped office for ... .

g) Review current schedule for elective hardware preventive maintenance.

h) Develop or obtain software to evaluate user statistics, as well as continue to review new software for both academic and administrative users.

i) Extend Computer Center hours and place a cluster of terminals in another location like the library. This will assist evening school students.

j) Eliminate priority levels for student access to computer terminals.

k) Encourage the placement of terminals in faculty offices or work areas.

l) Provide documentation for both novice and experienced users of the computer, including operational procedures and availability of software. Also, document all new and existing software developed.

Abb.4: Zusammenfassung der Empfehlungen

In Abb. 4 ist die Zusammenfassung aus einem echten Peer-Review-Bericht wiedergegeben, wobei nur alle Hinweise auf die Institution gestrichen wurden. Der Bericht enthält eine Reihe von Empfehlungen, die sofort in Angriff genommen werden könnten, natürlich auch andere, die auf eine Finanzierungsmöglichkeit warten müssen. Aber auch dieser Bericht wird noch ergänzt durch das abschließende Gespräch des Teams mit dem Rechenzentrumsleiter, wo z.B. gesagt wird: "Laden Sie mal Ihren Vizepräsidenten ein, der hat gar keine Vorstellung, was Ihr Rechenzentrum tut".

3.4 Ergebnis

Solch ein Gutachten ist für alle Beteiligten nützlich. Der Rechenzentrumsleiter kann folgende Vorteile daraus ziehen:
- Er muß zur Vorbereitung des Besuches sehr viel Information über sein Rechenzentrum sammeln, die er sonst nie zusammenstellen würde.
- Fremden die eigene Lage ausführlich darzustellen, fördert den Überblick und verändert vielleicht einige Anschauungen.
- Durch den Bericht erhält der Rechenzentrumsleiter Einsichten über Untergebene und Vorgesetzte, die er auf direktem Wege nicht bekommen würde.
- Benutzer, Studenten ebenso wie Professoren, sprechen Fremden gegenüber freier und deutlicher, so daß sich aus dem Bericht neue Perspektiven ergeben können.
- Selbst, wenn der Rechenzentrumsleiter nur eine Bestätigung seiner Ansichten erhält, so kann er den Bericht zur Verbesserung seiner Argumentation verwenden.

Auch der Gutachter hat Vorteile:
- Er sieht eine andere Installation, erkennt deren Probleme und sieht fremde Lösungen.
- Er erhält dadurch einen weiteren Überblick und verhindert Betriebsblindheit.
- Alle Teilnehmer an diesen Gutachten haben mir hinterher versichert, daß sie in diesen Tagen außergewöhnlich viel gelernt haben.

3.5 Übertragbarkeit auf deutsche Verhältnisse

Diese Gutachten werden nur in wenigen Fällen direkte und meßbare Erfolge vorweisen können. Das ist auch nicht ihr Sinn. Der gutgemeinte Rat der Kollegen soll vielmehr
- Hinweise auf Schwächen im Betriebsklima geben,
- technische Unvollkommenheiten aufdecken,
- den Service verbessern helfen.

Solche Ratschläge könnten auch deutschen Rechenzentren nützlich sein. Die Vorschriften, die von der ACM ausgearbeitet wurden, halte ich für ohne weiteres übertragbar. Vielleicht muß man als Gastgeber noch die Hürde überwinden, sich von anderen in die Karten schauen zu lassen.

4 Schluß

Ich habe versucht zu zeigen, daß auch an amerikanischen Hochschulrechenzentren durchaus noch Möglichkeiten der Effizienzsteigerung vorhanden sind, daß aber andererseits die Amerikaner auch daran arbeiten, diese Möglichkeiten auszuschöpfen. Dazu habe ich zwei Wege gezeigt, die derzeit beschritten werden:
- Privatisierung der Rechenzentren und
- verbesserte Kommunikation der Rechenzentren untereinander (Peer Review).

Beide Wege zeigen Erfolge:

- die Kommerzialisierung hat Erfolge durch eine gestraffte Organisation und eine Zentrale mit Spezialisten.
- der "brüderliche Rat" des Peer Reviews wirkt langsamer, aber er könnte eine erwünschte Nebenwirkung haben, nämlich Maßstäbe zu entwickeln, und damit Rechenzentren vergleichbar zu machen.

Literatur

Leland H. Williams,
    A Recommended Peer Review Procedure for
    Academic Computing Centers
    SIGUCC Newsletter IX/2

SIGUCC Peer Review Committee,
    SIGUCC Peer Review
    A Report to the SIGUCC Board of Directors

Systems & Computer Technology,
    Temple University Computer Activity
    Annual Report, 1978-1979

<u>Unterstützung der Benutzer von Statistikpaketen,</u>

<u>insbesondere Erleichterung der</u>

<u>Anwendung von SPSS durch eine Methodenbankumgebung</u>

G. Bachbauer, F. Bodendorf
Informatik-Forschungsgruppe VIII
Universität Erlangen - Nürnberg

1. <u>Einsatz von statistischen Programmsammlungen</u>

Die zunehmende Bedeutung statistischer Programmsammlungen für die Benutzer des Regionalen Rechenzentrums Erlangen (RRZE) wird durch ständig wachsende Nachfrage nach solchen Rechenleistungen dokumentiert.

Für Programmsammlungen mit einem umfangreichen Methodenspektrum wurden für 1980 folgende Zugriffszahlen ermittelt:

Tab. 1	Zugriffshäufigkeit für die wesentlichen statistischen Programmsammlungen im Jahr 1980	
Programmsammlung		**Anzahl der Zugriffe**
SPSS (Statistical Package for the Social Sciences)		18.900
BMDP (Biomedical Computer Programs P-Series)		1.700
CLUSTAN (Cluster Analysis Package)		20
IMSL (International Mathematical & Statistical Libraries)		400
NAG (Numerical Algorithms Group Library)		320
SSP (Scientific Subroutine Package)		20

SPSS wird mit deutlichem Abstand am häufigsten eingesetzt. Die mathematisch-statistischen Unterprogrammbibliotheken werden dagegen nur selten angewendet. Die Zugriffszahlen (vgl. Tabelle 1) für diese Bibliotheken beziehen sich ausschließlich auf die darin enthaltenen Statistik-Unterprogramme.

Untersucht man, welchen Anwendungsbereichen die registrierten Benutzer zuzuordnen sind, so erhält man das in Tabelle 2 dargestellte Ergebnis.

Tab. 2	Verteilung der Benutzer nach Anwendungsgebieten	
Anwendungsgebiet	**Anzahl der Benutzer**	
	Absolut	Relativ
Wirtschafts- und Sozialwissenschaften	80	34,8 %
Naturwissenschaften	46	20,0 %
Sprach- und Kulturwissenschaften	41	17,8 %
Medizin	37	16,1 %
Ingenieurwissenschaften	26	11,3 %
	230	100,0 %

Es zeigt sich, daß auch Benutzer aus Fachrichtungen, die früher nur in geringem Umfang quantitative Verfahren einsetzten, inzwischen zu regelmäßigen Anwendern von statistischen Programmsammlungen geworden sind.

2. Konzept zur Benutzerunterstützung

Für viele angehende Benutzer von Programmsammlungen führt deren Anwendung zum ersten Kontakt mit einem Rechner. Deshalb muß überdacht werden, ob die seit langem durchgeführte Form der Benutzerunterstützung, die Statistiksoftware als Zusatzangebot für DV-Erfahrene versteht, noch den gestellten Anforderungen entspricht.

2.1. Ist-Zustand

Das RRZE bietet bisher folgende Dienstleistungen an:

- Bereitstellung von Benutzerhandbüchern der Software-Hersteller,

- Aufrufbeschreibungen für die Programmsammlungen,

- Kurse für den Einsatz von BMDP oder SPSS,

- Beratung bei auftretenden Problemen im Zusammenhang mit statistischen Anwendungen.

Von Mitarbeitern einzelner Lehrstühle werden Studenten ebenfalls in die Anwendung von Programmsammlungen eingewiesen und bei auftretenden Schwierigkeiten unterstützt.

In der gegebenen Situation sollten zwei Schwachstellen beseitigt werden:

- Es gibt keine allgemeinzugängliche systematische Hinführung eines potentiellen Benutzers zur geeigneten Programmsammlung oder zur geeigneten Realisation eines statistischen Verfahrens.

- Benutzer, die nur sporadisch - im Grenzfall nur einmal - Daten auswerten möchten, sind gezwungen, sich spezifisches Wissen über den Umgang mit Rechner und Programmsammlung anzueignen, ohne diese Kenntnisse in anderem Zusammenhang sinnvoll verwerten zu können.

2.2. Geforderte Erweiterungen

Es werden zwei Arten von Informationen nachgefragt (vgl. Abbildung 1):

- Benutzer ohne Erfahrung im Umgang mit Statistiksoftware suchen eine für ihr Auswertungsproblem geeignete Programmsammlung. Faktoren wie Verständlichkeit der Dokumentation, Handhabung der Programmsammlung oder Gestaltung der Druckausgabe sind dabei von größerer Bedeutung als die Ausprägung des statistischen Verfahrens (vertikaler Einstieg in die Verfahren/Programmsammlungen-Matrix).

- Benutzer mit speziellen Anforderungen an ein statistisches Verfahren möchten wissen, wo dieses Verfahren in welcher Ausprägung realisiert ist (horizontaler Einstieg in die Verfahren/Programmsammlungen-Matrix).

Die erforderlichen Informationen für beide Zielgruppen sollen als Handbuch allgemein zugänglich angeboten werden und so zu dem für die spezielle Aufgabenstellung adäquaten Softwareprodukt hinführen.

Zur intensiven Unterstützung von Benutzern, die sich bei ihren statistischen Auswertungen möglichst wenig mit den Kommandosprachen von Rechnern und Programmsammlungen belasten wollen, soll der Umgang mit einer geeigneten Programmsammlung möglichst komfortabel gestaltet werden. Aufgrund der Anwendungshäufigkeit bietet sich hier SPSS als offensichtlich universell einsatzfähiges Statistikpaket an. Es wird angestrebt, ein Anwendungsprogramm mit Methodenbankcharakter zu entwickeln, das es ermöglicht, statistische Auswertungen mit SPSS unabhängig von Rechner- und SPSS-Kommandosprache durchzuführen.

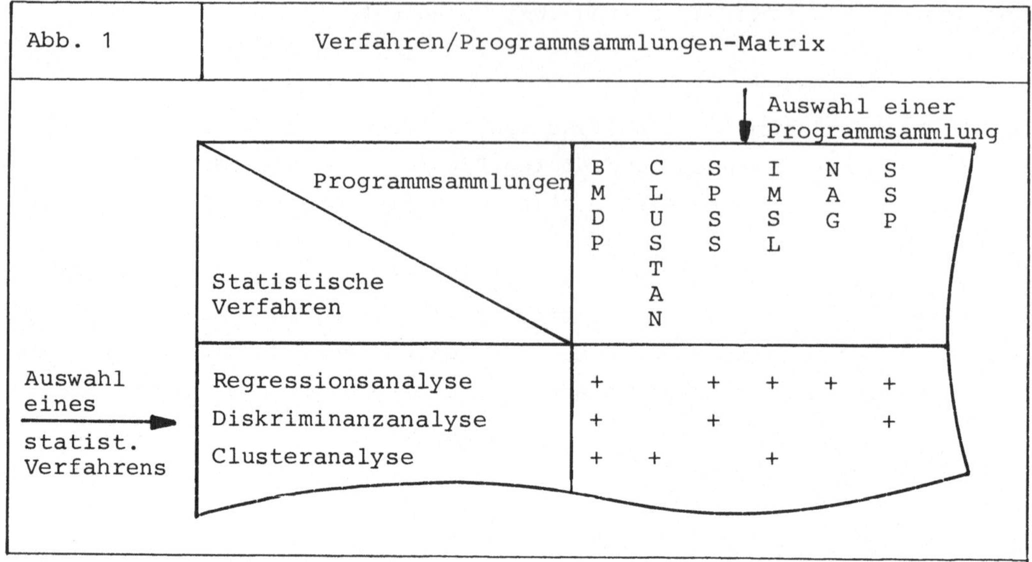

3. Realisierung der Erweiterungen

3.1. Allgemeines Werkzeug: Handbuch mit Auswahlinformationen

Der Zielsetzung entsprechend enthält das Handbuch zwei große Blöcke:

- Informationen zur Auswahl einer Programmsammlung und

- Informationen zur Auswahl der Realisation eines statistischen Verfahrens.

Der erste Informationsblock vermittelt einen übersichtsartigen Eindruck der vorhandenen Programmsammlungen mit umfangreichen Methoden-
spektren. Er umfaßt die Hauptprogrammsammlungen BMDP, CLUSTAN und
SPSS sowie die Unterprogrammbibliotheken IMSL, NAG und SSP. Auf die
Aufnahme von Einzelprogrammen und Sammlungen für Spezialprobleme wurde verzichtet.

Im zweiten großen Informationsblock - dem Schwerpunkt des Handbuchs -
werden die Realisierungen der gängigen statistischen Verfahrensgrup-
pen in ausführlicher Form dargestellt. Vom Benutzer wird erwartet, daß
er bereits konkrete Vorstellungen mitbringt, welche Verfahrensgruppe -
z. B. Regressionsanalyse oder Varianzanalyse - für seine Problemstellung geeignet ist. Innerhalb einer solchen Verfahrensgruppe wird er
dann mit den nötigen Auswahlinformationen in übersichtlicher Form -

wie Tabellen und Entscheidungsbäumen - versorgt.

Für jedes Programm bzw. jede Prozedur mit Hauptprogrammcharakter enthält das Handbuch ausführliche Informationen zu

- statistischem Leistungsspektrum,
- Möglichkeiten der Datenein- und -ausgabe,
- Behandlung fehlender Werte,
- programmtechnischen Restriktionen und
- Schätzung der Rechenzeitkosten.

Für Unterprogramme, die im Regelfall nur Teile eines statistischen Verfahrens enthalten, werden Leistungsspektrum sowie Ein- und Ausgabedaten skizziert.

Der zweite Informationsblock versetzt jeden Benutzer in die Lage, die Auswahlinformationen nach den Bedürfnissen der speziellen Anwendung zu gewichten und so die für seine Problemstellung passende Realisierung auszuwählen. Die Informationen des ersten Blocks können ergänzend einbezogen werden.

Somit ist der Ablauf des Entscheidungsprozesses weder fest vorgegeben noch führt er automatisch zur Empfehlung eines bestimmten Programms.

Das Handbuch macht die Leistungen der Programmsammlungen transparent. Zur Auswahl einer Realisation eines Statistikverfahrens erübrigt sich das zeitraubende Durchsuchen verschiedener Hersteller-Manuals. Somit ist zu erwarten, daß eine Reihe von Benutzern, die bisher mit einer Programmsammlung - vor allem mit SPSS - im allgemeinen zufrieden war, doch einmal den Einsatz anderer Statistiksoftware erwägen wird.

Um hier die Hemmschwelle herabzusetzen, die insbesondere auch wegen der Probleme bei der Datenübergabe zwischen Programmsammlungen und/ oder Rechnern besteht, enthält das Handbuch im Anhang ausführliche Informationen zu den Schnittstellen zwischen Programmsammlungen, zur Datenübergabe und zur Datenhaltung im Datenbankmanagementsystem SIR (Scientific Information Retrieval) in Verbindung mit BMDP und SPSS.

3.2. Spezielles Werkzeug: Unterstützung der Anwender von SPSS

3.2.1. Zielsetzung

Viele Benutzer haben nur sporadisch Datenanalysen durchzuführen und
damit - bedingt durch längere Zeiten ohne Rechnerkontakt - immer wieder die gleichen Schwellen zu überwinden:

- EDV-Schwelle

  Zum Zugriff auf ein Statistikpaket sind Kenntnisse der Kommandosprache (Job Control Language) der Rechenanlage erforderlich. Daneben
  ist die Abspeicherung der Daten auf Dateien und deren Manipulation
  für "EDV-Laien" ein nicht zu unterschätzendes Problem.

- SPSS-Schwelle

  Die Leistungen des SPSS-Pakets werden mittels einer paketspezifischen
  Sprache abgerufen. SPSS kennt hierzu ca. 1oo verschiedene Steuerkarten, die oft noch mit mehreren unterschiedlichen Parametern besetzt
  sein können.

- Statistik-Schwelle

  Der Benutzer muß sich über Anwendbarkeit und Leistung der Methoden
  von SPSS im klaren sein.

Das SPSS-anwendungsorientierte Methodenbanksystem SAMBA setzt sich zum
Ziel, den Gelegenheitsverwendern von SPSS beim Überwinden dieser Schwellen zu helfen.

3.2.2. Ein Methodenbankrahmen um SPSS

Um den Benutzer nicht nur bei der Pakethandhabung,sondern auch bei der
Problemlösung zu unterstützen, wird das geschlossene SPSS-Paket um
mehrere anwendungsorientierte und benutzernahe Schichten erweitert
(vgl. Abbildung 2). Dabei werden möglichst viele Elemente realisiert,
die man heute als Entwurfskriterien einer modernen Methodenbank an-
sieht [Mertens, Bodendorf (1979)].

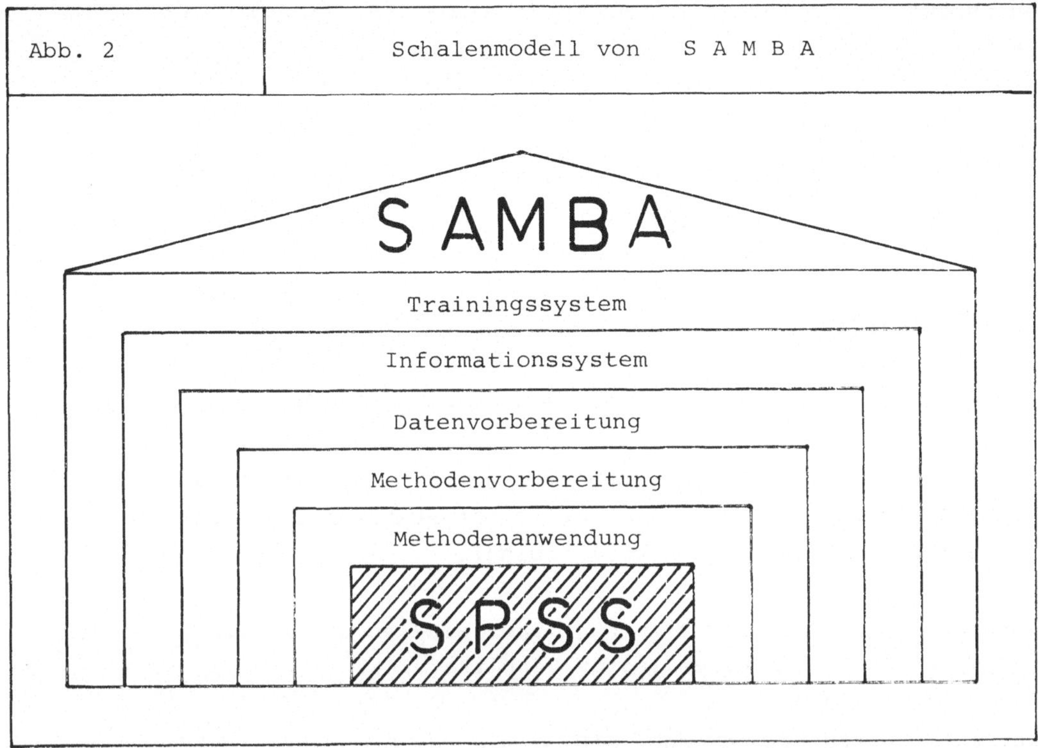

Von der äußeren Hülle zum SPSS-Kern fortschreitend lassen sich folgende Komponenten unterscheiden:

- **Trainingssystem**

  Erstbenutzer haben die Möglichkeit, die Bedienung des Dialoggerätes und die Handhabung des Methodenbanksystems zu trainieren.

- **Informationssystem**

  Im Dialog können jederzeit Zusatzinformationen, wie z. B. Erklärungen nicht geläufiger Begriffe oder Methodendokumentationen, abgerufen werden.

- **Datenvorbereitung**

  Im ersten Schritt zur Statistikanwendung wird eine Datenbasis erstellt oder eine vorhandene Datenbasis angekoppelt und beschrieben. Datenselektionen oder -modifikationen sind möglich.

- **Methodenvorbereitung**

  Eine dem Analyseproblem und dem Datenmaterial angepaßte Methode ist auszuwählen. Der Aufruf der entsprechenden SPSS-Prozedur wird vorbereitet.

- <u>Methodenanwendung</u>

Die Durchrechnung der Methode wird gesteuert und überwacht. Die Ergebnisse können in aufbereiteter Form am Dialoggerät abgerufen werden. Interpretationshilfen stehen zur Verfügung.

3.2.3. <u>Dialogführung</u>

Um den Einarbeitungsaufwand in das System so gering wie möglich zu halten, ist der Dialog als "Sklavensystem" konzipiert, d. h., der Benutzer wird auf einem vorgegebenen Weg geführt. Dieser Weg entspricht der "natürlichen" Vorgehensweise bei einer Statistikanwendung. Abschnitt 3.2.4. skizziert den Dialogablauf.

Die Kommunikation mit SAMBA erfolgt über eine an der Terminologie der Angewandten Statistik orientierten Schnittstelle.

Gewünschte Leistungen werden - soweit sie das SPSS-Paket oder die Datenhaltung der Rechenanlage betreffen - automatisch in entsprechende SPSS-Steuerkarten oder Betriebssystem-Kommandos "übersetzt".

Die Ein-/Ausgabe von Informationen erfolgt mittels Bildmasken, d. h. nicht zeilenorientiert sondern seitenorientiert. Eine Bildmaske ist formularähnlich aufgebaut und entsprechend auszufüllen. Beispiele sind im folgenden Abschnitt 3.2.4. zu finden.

3.2.4. <u>Ablauf einer SAMBA-Anwendung</u>

<u>Überblick</u>

Der Benutzer durchläuft bei der SAMBA-Anwendung eine vorgegebene Dialogstruktur (vgl. Abbildung 3), wobei jeder einzelne Modul einen Dienstleistungsbaustein des Methodenbanksystems darstellt. Zusatzinformationen oder -funktionen, wie z. B. Methodendokumentationen oder Interpretationshilfen, können über Kommandos abgerufen werden. Dabei wird, bedingt durch den Batch-Charakter des SPSS-Pakets, ein "SPSS-Job" nach und nach zusammengestellt und anschließend als abgeschlossener Auftrag ausgeführt.

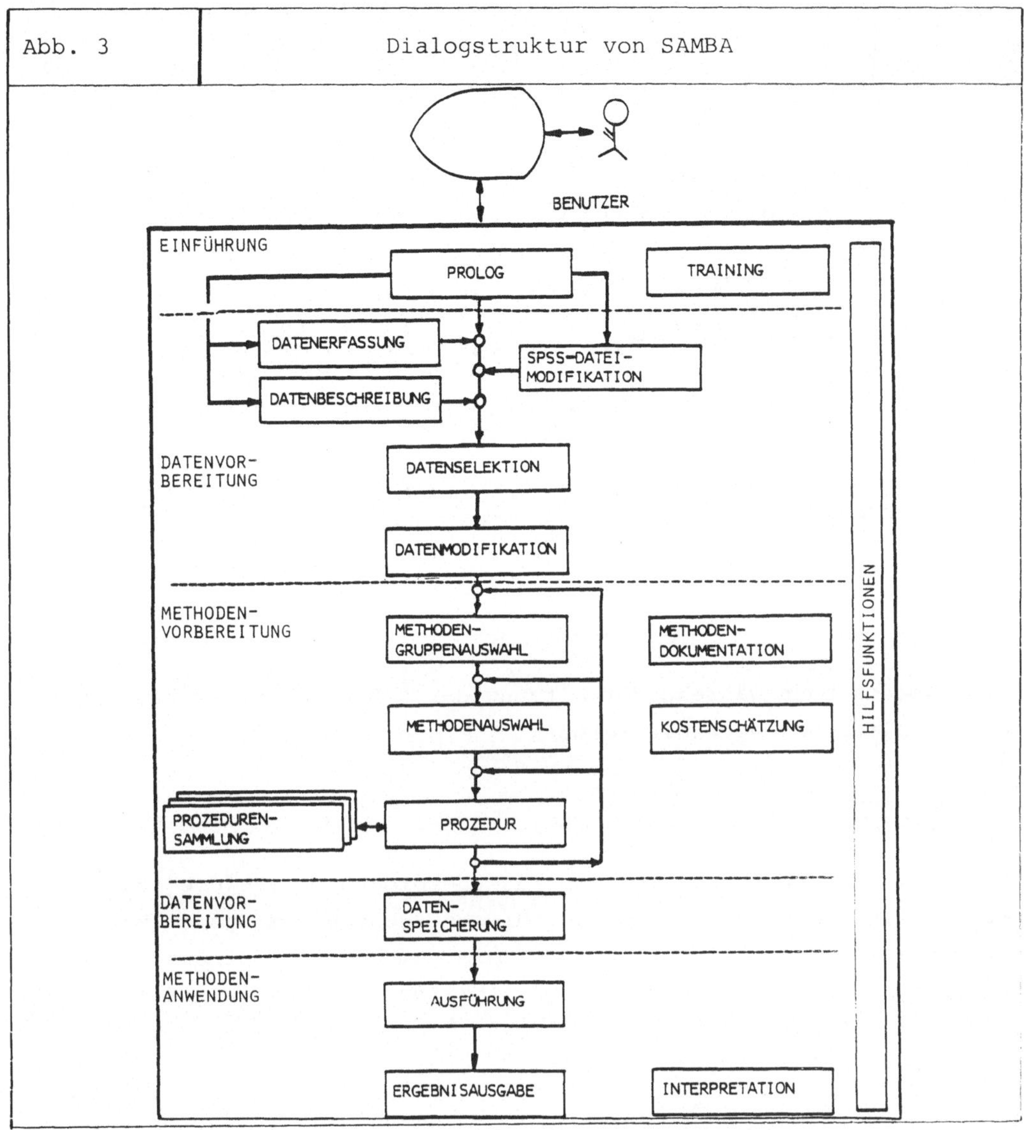

Einführung

Zu Beginn der Dialogsitzung bietet SAMBA eine Einweisung in die Bedienung des verwendeten Terminals und in die Handhabung der Methodenbank an. Die verschiedenen Funktionen können dabei "spielerisch" unter Anleitung des Systems trainiert werden. Daneben sind auch Übersichtsdarstellungen verfügbar, die als Erinnerungshilfen gedacht sind.

Anschließend wählt der Benutzer den seinem SPSS-Kenntnisstand entsprechenden Dialogmodus (vgl. Abbildung 4).

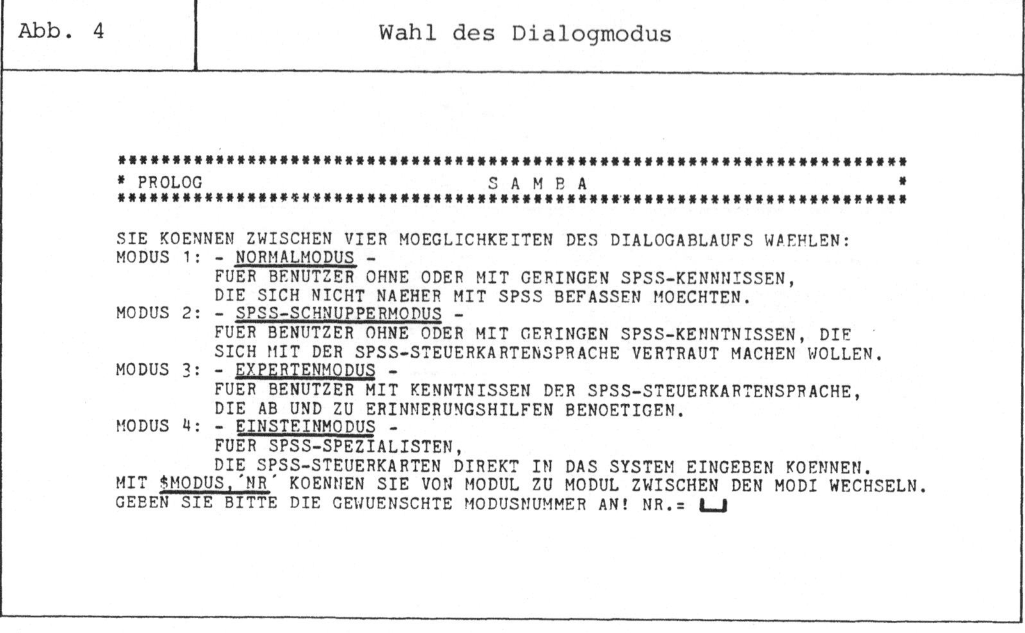

Der Dialogmodus kann während der Sitzung durch Eingabe eines einfachen
Kommandos beliebig gewechselt werden.

Datenvorbereitung

Mit Hilfe eines interaktiven Datenerfassungsprogramms ist die "ad hoc"-
Erstellung einer Datenbasis möglich. Hierbei werden vom System zunächst Eingabemasken erstellt, die auf die vom Benutzer gewünschte
Datenstruktur zugeschnitten sind (vgl. Abbildung 5). Während der Da-
teneingabe führt das Programm Formal- und Plausibilitätsprüfungen
durch, so daß Online-Korrekturen möglich sind.

Ist eine Eingabedatei schon vorhanden, so begnügt sich SAMBA mit einer
kurzen und benutzernahen Beschreibung des Datenformats. Liegt eine
SPSS-Systemdatei vor, so ist eine Datenbeschreibung nicht nowendig.
Modifikationen von SPSS-Dateien, ebenso wie Datenselektionen und -mo-
difikationen, werden von SAMBA angeboten und bei Bedarf später vom
SPSS-Paket ausgeführt. Die hierzu notwendigen Steuerkarten werden automatisch erzeugt.

<table>
<tr><td>Abb. 5</td><td>Eingabemaske zur Datenerfassung</td></tr>
</table>

```
**********************************************************************************
* DATENERFASSUNG   S A M B A    DATENERFASSUNG   S A M B A    DATENERFASSUNG  *
**********************************************************************************
 >>GEBEN SIE BITTE IHRE VARIABLENWERTE IN DAS SCHEMA EIN:

        MATRNR   L______J     GEBDAT   L______J     SEMESTER L__J
        FACHBER  L_____J      STUDFACH L_____J       PRUEFUNG L____J
        LEHRV1   L____J       LEHRV2   L_____J       LEHRV3   L_____J
        LEHRV4   L_____J       LEHRV5   L_____J       LEHRV6   L____J
        LEHRV7   L____J        LEHRV8   L____J        LEHRV9   L____J




     LEEREINGABE BEENDET DIE DATENERFASSUNG !
```

Methodenvorbereitung

Ist die Datenbasis für die Analyse vorbereitet, so muß zunächst eine
geeignete Methode ausgewählt werden. SAMBA grenzt zunächst durch gezielte Fragen das Problem des Benutzers ein und schlägt eine Metho-
dengruppe vor. In Abbildung 6 wird z. B. nach einer vorhergehenden
Eingrenzung der Analyseabsicht auf Zusammenhangshypothesen nach der
vermuteten Richtung des Zusammenhangs gefragt. Aus der Methodengrup-
pe wird anschließend diejenige Methode herausgefiltert, die auf die
zu untersuchenden Daten anwendbar ist und den Benutzerwünschen am
besten entspricht. Das System fragt hierzu u. a. nach dem Skalenniveau
(vgl. Abbildung 7).

<table>
<tr><td>Abb. 6</td><td>Abfrage des vermuteten Zusammenhangs</td></tr>
</table>

```
******************************************************************************
* METHODENGRUPPENAUSWAHL          S A M B A                                  *
******************************************************************************

SIE MOECHTEN EIN VERFAHREN ZUR UEBERPRUEFUNG VON
ZUSAMMENHANGSHYPOTHESEN MIT 2 VARIABLEN
BITTE GEBEN SIE AN, WELCHE ART VON ZUSAMMENHANG SIE VERMUTEN :
(1) KAUSALER ZUSAMMENHANG
    EINE ODER MEHRERE -->>VARIABLE (UNABHAENGIGE VARIABLE, "URSACHE")
    BESTIMMEN MEHR ODER WENIGER DEUTLICH DIE AUSPRAEGUNGEN DER UEBRIGEN
    VARIABLEN (ABHAENGIGE VARIABLE, "WIRKUNG").
    BSP: GROESSE Y DER SOEHNE IST ABHAENGIG VON DER GROESSE X DER VAETER
(2) NICHT-KAUSALER ZUSAMMENHANG
    ES WIRD NICHT ZWISCHEN ABHAENGIGEN UND UNABHAENGIGEN VARIABLEN
    UNTERSCHIEDEN. DIE VARIABLEN WERDEN IN GEWISSEM SINNE ALS GLEICH-
    BERECHTIGT AUFGEFASST. ES EXISTIERT EINE WECHSELSEITIGE BEZIEHUNG.
    BSP: KOERPERLAENGE UND KOPFUMFANG VON NEUGEBORENEN

NUMMER= __
```

<table>
<tr><td>Abb. 7</td><td>Abfrage des Skalenniveaus</td></tr>
</table>

```
******************************************************************************
* METHODENAUSWAHL                 S A M B A                                  *
******************************************************************************

UM SIE BEI DER METHODENAUSWAHL UNTERSTUETZEN ZU KOENNEN, BENOETIGT DAS
SYSTEM EINIGE WEITERE INFORMATIONEN.

DIE ANWENDUNG DER VERSCHIEDENEN VERFAHREN IST VON DER -->>SKALIERUNG
IHRER DATEN ABHAENGIG. SIE KANN
  NOMINAL   (N) ,
  ORDINAL   (O) ODER
  INTERVALL (I)
SEIN. BITTE GEBEN SIE DEN ENTSPRECHENDEN BUCHSTABEN AN.
(BEI GEMISCHTEN SKALIERUNGEN DIE MIT DEM GERINGSTEN INFORMATIONSGEHALT)
                                            (N VOR O VOR I)


SKALIERUNG= __
```

Für Methodenkenner ist auch eine gezielte Direktauswahl über Menus
möglich. Während des Auswahlvorgangs stehen Zusatzinformationen, wie
z. B. Methodendokumentationen, zur Verfügung.

Die Leistungen der selektierten Methode werden problemorientiert erklärt und bei Bedarf automatisch in entsprechende Parameter der SPSS-
Prozedur umgesetzt. Eine Standardanwendung mit vorbesetzten Parametern
ist alternativ wählbar.

<u>Methodenanwendung</u>

Nach dem Angebot verschiedener Möglichkeiten zur zusätzlichen Daten-
speicherung führt das SPSS-Paket die vorbereitete Methodenanwendung
unter der Kontrolle von SAMBA aus. Die Ergebnisliste kann im Dialog
unter der Verwendung des Bildschirms als "Fenster" betrachtet werden,
wobei vielfältige Möglichkeiten zur Ausschnittsteuerung, Textsuche
und Protokollierung gegeben sind.

Benutzer, die bei der Ergebnisanalyse Erinnerungshilfen benötigen,
erhalten Unterstützung bei der Ergebnisinterpretation. Dabei kann
die grobe Vorgehensweise anhand der aktuellen Resultate geübt
oder gezielt komprimiertes Lehrbuchwissen abgerufen werden. Abbildung
8 zeigt einen Hinweis zur Interpretation des Pearson'schen Korrela-
tionskoeffizienten.

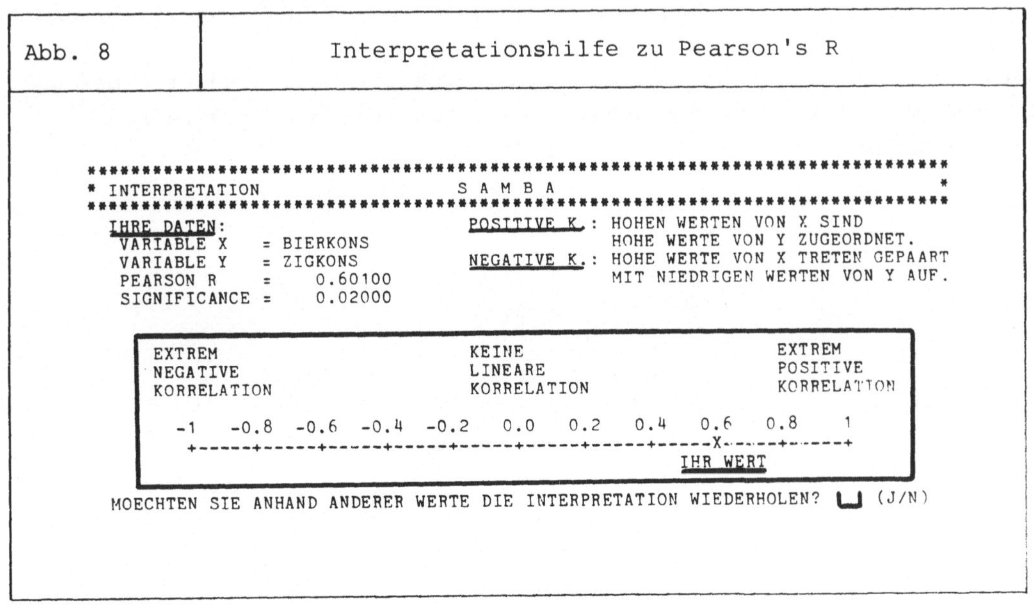

Abb. 8	Interpretationshilfe zu Pearson's R

<u>Hilfsfunktionen</u>

Der vorgegebene Dialogablauf kann über eine Reihe von Kommandos beeinflußt werden. So stehen z. B. Lexikonbilder zur Erklärung nicht geläufiger Begriffe, Sprungkommandos zur Dialogsteuerung oder verschiedene
Protokollierungsmöglichkeiten zur Verfügung.

Auf Wunsch wird vom System dialogbegleitend auf geeignete und sinnvol-
le Zusatzinformationen hingewiesen.

3.2.5. <u>Systementwicklung</u>

SAMBA wurde an der Rechenanlage TR440 des Regionalen Rechenzentrums
Erlangen entwickelt. Das Programmsystem ist so konzipiert, daß nicht
mehr Betriebsmittel als das "nackte" SPSS-Paket ohnehin benötigt, angefordert werden müssen.

Ein Akzeptanztest der ersten Teilversion im Jahre 1980 zeigte einerseits, daß sich SAMBA vom Konzept her bewährt, deckte andererseits
aber einige Detailprobleme auf. Nach der erfolgten Verbesserung und
Abrundung des Systems kann zur Zeit eine erste Endversion getestet
werden.

Verschiedentlich wird SAMBA schon von Mitarbeitern und Studenten der
Wirtschafts- und Sozialwissenschaftlichen Fakultät der Universität
Erlangen-Nürnberg für "Produktionsläufe" genutzt.

<u>Literatur</u>

Bodendorf, F., Mertens, P., Haas, R., Weber, G. und Wolf, G.:
SAMBA - ein Methodenbankrahmen um das Statistikpaket SPSS. Arbeits-
berichte des Instituts für Mathematische Maschinen und Datenverarbeitung (Informatik), Band 13, Nr. 5, Erlangen 1980.

Dixon, W. J. und Brown, M. B. (Hrsg.): BMDP-79 - Biomedical Computer Programs P-Series. Berkeley 1979.

IBM Corp. (Hrsg.): System /360 Scientific Subroutine Package Version III Programmer's Manual. 4. Aufl., White Plains 1968, Dok.-
Nr. H20-0205-2.

International Mathematical and Statistical Libraries Inc. (Hrsg.):
IMSL Library 3 Reference Manual. 6. Aufl., Houston 1977.

Mertens, P. und Bodendorf, F.: Interaktiv nutzbare Methodenbanken -
Entwurfskriterien und Stand der Verwirklichung. Angewandte Informatik 21 (1979) 12, S. 533 ff.

Nie, N. H., Hull, C. H., Jenkins, J. G., Steinbrenner, K. und
Bent, D. H.: SPSS - Statistical Package for the Social Sciences.
2. Aufl., New York 1975.

Numerical Algorithms Group Ltd. (Hrsg.): NAG FORTRAN Library
Manual Mark 7. Oxford 1978.

Robinson, B. N., Anderson, G. D., Cohen, E. und Gazdzik, W. F.:
SIR - Scientific Information Retrieval User's Manual. 2. Aufl.,
Evanston 1979.

Wishart, D.: CLUSTAN - Cluster Analysis Package User Manual. Bericht Nr. 47 der Inter-University/Research Council Series,
3. Aufl., Edinburgh 1978.

<u>AUSWIRKUNGEN DER ORGANISATORISCHEN UND TECHNISCHEN ENTWICKLUNGSTENDENZEN</u>
<u>AUF GROSSRECHENZENTREN</u>

Zusammenfassung der Diskussion

Dr. H. Pralle
Regionales Rechenzentrum für Niedersachsen

Der bisher geübten Tradition folgend, fand am Abend des ersten Veranstaltungstages eine Diskussion statt, in der die Auswirkungen der organisatorischen und technischen Entwicklungstendenzen auf Großrechenzentren behandelt werden sollten. Die Diskussion wurde eingeleitet von Beiträgen der Herren *Steinchen*, *Wendler* und *Graef*. Im folgenden wird versucht, diese Beiträge sowie die wesentlichen Punkte der nachfolgenden Aussprache zusammenzufassen.

Die Diskussionsteilnehmer waren sich einig darüber, daß die Großrechenzentren infolge der erkennbaren technischen Entwicklung in Zukunft ein deutlich gewandeltes Umfeld vorfinden, auf das sie sich einzustellen haben. Sehr unterschiedlich wurde jedoch das Ausmaß der erwarteten Veränderungen beurteilt.

Einerseits wird erwartet, daß die technische Entwicklung der Mikro- und Minirechner sowie der große Bedarfsstau bei den Endanwendern dazu führen, daß die Datenverarbeitungsfunktionen zukünftig direkt am Arbeitsplatz ablaufen. Der erwartete einfache Zugang zu diesen Funktionen sowie die durch eine zentrale Organisation nicht zu befriedigende Anforderung an Personalkapazität wird bewirken, daß das Rechenzentrum im wesentlichen nur noch große Spezialmaschinen, z. B. zum Erstellen der Papierausgabe, betreibt. Das Rechenzentrum wird - nach dieser Auffassung - in Zukunft in erster Linie Ausbildungs- und Beratungsfunktionen bei der Beschaffung und beim Betrieb von dezentralen Anlagen für die Benutzer übernehmen. Es wird erwartet, daß die Arbeitsplatzrechner in ein gut funktionierendes Kommunikationssystem eingebettet werden. *(Steinchen)*

Andererseits kann festgestellt werden, daß die Vorstellungen der "verteilten Datenverarbeitung" nicht ohne zentrale Rechenzentren auskommen. Die inzwischen vorliegenden Erfahrungen haben gezeigt, daß mit der dezentralen Verarbeitung der Arbeitsanfall für die zentralen Organisationen sogar gestiegen ist. Es wird zukünftig darauf ankommen, ein an Wirtschaftlichkeitsgesichtspunkten orientiertes und für die Endbenutzer komfortables verteiltes System aufzubauen, in dem Großrechenzentren weiter ihre Bedeutung besitzen. Aus diesem Grunde wird auch erwartet, daß Größtrechner einen weiter steigenden Absatzmarkt finden werden. *(Wendler)*

Weiterhin wird die Gefahr gesehen, daß der Endbenutzer durch den Einsatz von dezentralen Geräten sowie durch die Verwendung geschlossener Programmpakete u. U. in eine Iso-
lation gedrängt wird. Hier wird zukünftig eine verstärkte Benutzerberatung durch die Rechenzentren notwendig sein. Wenn man davon ausgeht, daß der Personalbestand der zentralen Organisation "Rechenzentrum" zukünftig nicht steigt, dann wird man zur besseren und
weitergehenden Betreuung der Endanwender eine geänderte fachliche Qualifikation der Re-.
chenzentrumsmitarbeiter fordern müssen. *(Graef)*

Die nachfolgende Diskussion behandelte dann zunächst die Frage, wie die Rechenzentren
die zukünftigen Ausbildungs- und Beratungsfunktionen für die Endanwender leisten können.
Das Rechenzentrum wird bei der Ausbildung von mündigen und gleichzeitig kritischen Benutzern eine wesentliche Rolle spielen.

In der Aussprache wurde sehr deutlich, daß die Erwartungshaltung für den Aufbau gut
funktionierender, verteilter Systeme und der Entwicklungsstand technischer Kommunikationssysteme noch weit auseinanderklaffen.

Die zukünftige Entwicklung wird sicher durch Vorhaben wie das von der Carnegie-Mellon-
University in USA vorgeschlagene SPICE-Projekt beeinflußt werden. In diesem Projekt soll
eine anwenderfreundliche, individuell verfügbare Kommunikations- und Programmierumge-
bung auf der Basis eines leistungsfähigen 32 Bit-Mikrorechners für die Mitte der acht-
ziger Jahre entwickelt werden. Andererseits ist damit zu rechnen, daß allein für die Abwicklung der Normarbeit des ISO-7-Schichten-Modells zur Datenkommunikation noch einige
Jahre ins Land gehen werden.

Im Verlauf der weiteren Diskussion wurde kritisiert, daß die Erörterungen der Organisa-
tionsprinzipien "Zentralisierung" und "Dezentralisierung" vielfach undifferenziert und
vordergründig geführt werden.

Weite Bereiche von Anwendungen, insbesondere die Entwicklung von Informations- und Pla-
nungssystemen sind für den Endbenutzer derzeit noch unzureichend gestaltet. Es ist zu
prüfen, ob eine überhöhte Erwartung bei der Einschätzung des Kommunikationsbedürfnisses
in verteilten Systemen vorliegt. Darüber hinaus ist zu fragen, ob man sich nicht zunächst auf die tatsächlichen Anwenderbedürfnisse und Anwendererwartungen konzentrieren
und den deutlich erkennbaren Anwendungsstau in der Datenverarbeitung aller größeren Be-
triebe und Verwaltungen gezielt abbauen sollte. Der Aufbau der für den Betrieb verteilter Systeme notwendigen Datenbanken und Schalteinrichtungen läßt erkennbar auf sich warten. Auch in diesem Bereich sollten die zentralen Organisationen "Rechenzentren" zukünftig stärker mitwirken.

Die Aussprache leitete dann über zur Frage der zukünftig erforderlichen Qualifikation
des Rechenzentrumspersonals. Die Auswirkungen der technischen Entwicklung auf den or-

ganisatorischen Ablauf im Rechenzentrum wurde diskutiert.

Es wird erwartet, daß neue Betriebssysteme zu einem eingriffsarmen Betrieb führen, dessen Handhabung ein höheres Qualifikations- und Qualitätsniveau erfordert als es bisher der Fall war. Als Beispiel wurde die Tätigkeit eines Flugzeugführers herangezogen, die zwischen intensiven und verantwortungsvollen Eingriffen während der Start- und Landephase sowie dem weitgehend automatisierten Betrieb des Flugzeugs verläuft. Die zukünftigen, hoch komplexen Systeme der Datenverarbeitung werden - nach übereinstimmender Auffassung - keinesfalls operateurlos betrieben werden können. Es wird erwartet, daß für ihren Betrieb Systemingenieure mit grundlegenden Hardware- und Softwarekenntnissen, jedoch mit besonderen Kenntnissen der Kommunikations- und Systemarchitektur benötigt werden.

<u>Vom Operateur zum qualifizierten EDV-Mitarbeiter</u>

E. Grund, Siemens AG
München

<u>Zusammenfassung</u>

In den Fachabteilungen der DV-Anwender und der Softwareentwickler besteht ein großer Bedarf an praxisnah ausgebildeten Mitarbeitern. Da infolge des Mangels auf dem Arbeitsmarkt auch auf EDV-Anfänger zurückgegriffen werden muß, tritt das Ausbildungsproblem besonders stark in Erscheinung. Der Vortrag zeigt ein erprobtes Modell. in dem die Tätigkeit des Operateurs als "Lehre" für einen qualifizierten EDV-Mitarbeiter ausgebaut werden konnte.

<u>Die Praxis in der Datenverarbeitung</u>

Der Mangel an qualifizierten Mitarbeitern in der EDV ist so alt, wie die Datenverarbeitung selbst. Bedingt durch Expansion und Innovation fehlen die für viele Anwendungen so wichtigen Erfahrungsträger, die auch nicht durch theoretischen Unterricht ausgebildet werden können. Das gilt ganz besonders für den Personenkreis, der, mittelbar und unmittelbar. für den wirtschaftlichen Einsatz der Rechner verantwortlich ist (Bild 1).

```
┌─────────────────────────────────────────────────────────┐
│                                                         │
│   DIE WIRTSCHAFTLICHKEIT DES RECHNEREINSATZES           │
│                                                         │
│   wird beeinflußt von:                                  │
│                                                         │
│       Systembedienern                                   │
│       Systemverwaltern, -betreuern, -beratern           │
│       Arbeitsvorbereitern                               │
│       Wartungstechnikern                                │
│       Netzbetreuern                                     │
│       Datenbankbetreuern                                │
│                                                         │
│      den Benutzern, durch:                              │
│                                                         │
│         Trennen von Dialog- u. Stapelverarbeitung       │
│         Verwaltung der "on-line" Dateien                │
│         DB/DC-Anwendungen                               │
│         Büroinstallationen                              │
│                                                         │
│  Bild 1: Die Wirtschaftlichkeit des Rechnereinsatzes    │
└─────────────────────────────────────────────────────────┘
```

Bei der wichtigen Frage nach der Wirtschaftlichkeit des Rechnereinsatzes
wird der Faktor Personal häufig vernachlässigt. Die Effektivität der
Mitarbeiter zu beurteilen, ist hier nur schwer möglich: Die Berufsbe-
zeichnungen sind verschwommen, die Tätigkeitsmerkmale ändern sich (1,2).
Weiter erschwerend bei der Einordnung dieser praxisorientierten Tätig-
keiten ist das Fehlen einer Berufsstruktur. Wir kennen keine Lehrlinge,
Gesellen, Meister, Techniker und Ingenieure. Selbst die Definition und
Interpretation des Begriffes Informatiker ist schwierig (3).

Das Beschaffungsproblem

Wie wir alle wissen, ist der Markt für praxisorientierte Tätigkeiten so
gut wie leer. Das gilt besonders für Erfahrungsträger. Da vorwiegend
praktische Berufe im Umfeld des Rechenzentrums bei Hoch- und Fachschul-
absolventen wenig gefragt sind, was zum Teil auch an der Dotierung dieser Arbeitsplätze liegt, muß in vielen Fällen auf EDV-Anfänger zurückgegriffen werden. Die Umfrage einer Zeitschrift in der Schweiz (1) ergab, daß 50 % des EDV-Personals als Anfänger eingestellt wurden. Für
EDV-Anfänger war die Tätigkeit des Operateurs schon immer ein bevor-
zugter Startplatz, um möglichst bald zum Programmierer "aufsteigen" zu
können.
Die Risiken bei der Einstellung von Anfängern für die Systembedienung
sind vielfältig. Gute Mitarbeiter für die Systembedienung zu finden,
ist noch schwerer als für die Programmierung (4). Unentschlossenheit
bei der Wahl des Arbeitsplatzes, Unkenntnis der zu übernehmenden Tätigkeit sowie die Schichtarbeit und deren Folgeerscheinungen (5) führen
in vielen Fällen zur Kündigung im ersten Jahr der Tätigkeit.
Die Rechenzentren sind daher von einer höheren Fluktuation betroffen
als Fachabteilungen. Bild 2 zeigt diese "Frühausfälle" am Beispiel eines
großen Rechenzentrums: 50 % der Kündigungen erfolgten im ersten Jahr,
trotz Vorselektion durch den DV-Eignungstest und individuellen Einstell-
gesprächen. Ein umfangreicher Fragenkatalog ist als Grundlage für dieses
Gespräch zu empfehlen (6). Dabei soll vor allem Aufschluß über Lern-
motivation, Lernfähigkeit und Konstruktivität des Bewerbers gegeben werden.

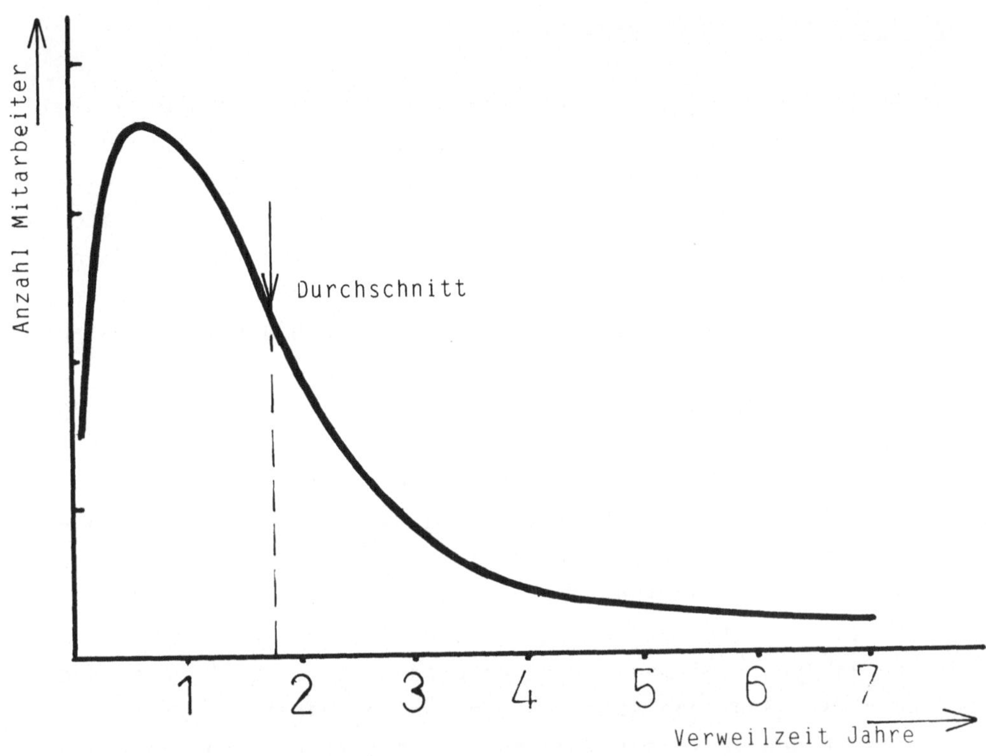

Bild 2: Verteilung der Verweilzeit bei ausgeschiedenen Mitarbeitern

Ein Teil dieser Mitarbeiter könnte jedoch gehalten werden. Das Problem liegt darin, einem DV-Neuling innerhalb eines Jahres sowohl die DV-Grundkenntnisse als auch die Entwicklungsmöglichkeiten im Rechenzentrum überzeugend zu vermitteln. Dabei muß vor allem das Märchen vom Aufstieg zum Programmierer aus der Welt geschafft und eine alternative Entwicklungsmöglichkeit aufgezeigt werden. Die Voraussetzungen haben sich geändert: Die Anforderungen an den Programmierer sind gestiegen, Programmierer werden auch mehr und mehr von privaten Lehranstalten produziert. Vor allem sind aber auch die Anforderungen an den Operateur gestiegen!

Die neuen Tätigkeiten im Rechenzentrum

Wir gehen heute davon aus, daß einem strebsamen Operateur über einige
Jahre genügend Entwicklungsmöglichkeiten in seinem Tätigkeitsfeld geboten werden können. Nach wie vor ist der Anlernberuf Operateur besonders geeignet, einem EDV-Neuling die ersten Schritte in der Datenverarbeitung zu vermitteln. Vorgebildete Mitarbeiter, wie z.B. Studienabbrecher, die häufig die Praxis als Einstieg in den Beruf wählen, stellen
jedoch schon nach ein bis zwei Jahren die Frage nach der weiteren Entwicklung.

Um eine Förderung innerhalb des Rechenzentrumsbetriebes zu ermöglichen,
müssen folgende organisatorische Voraussetzungen geschaffen werden:
Der Betrieb wird so selbständig wie möglich gemacht.
Arbeitsvorbereitung, Archiv und Systemverwaltung werden dem Rechenzen-
trumsbetrieb direkt unterstellt. Auch Planungs- und Verwaltungsaufgaben,
Rechenzeitzuteilung und Anwenderberatung werden zum Teil in den Verantwortungsbereich des Betriebes gelegt. Das RZ-Personal wird damit in größerem Umfang an den Problemen der RZ-Benutzer beteiligt. Wartung und
übergeordnete kaufmännische Aufgaben bleiben gesondert organisiert, da
diese Dienste in den meisten Fällen für mehrere Abteilungen gemeinsam
abgewickelt werden. Der größere Verantwortungsbereich schafft zusätzliche Motivation für die Mitarbeiter, da jetzt auch eine Weiterentwicklung innerhalb des Rechenzentrums aufgezeigt werden kann (Bild 3).

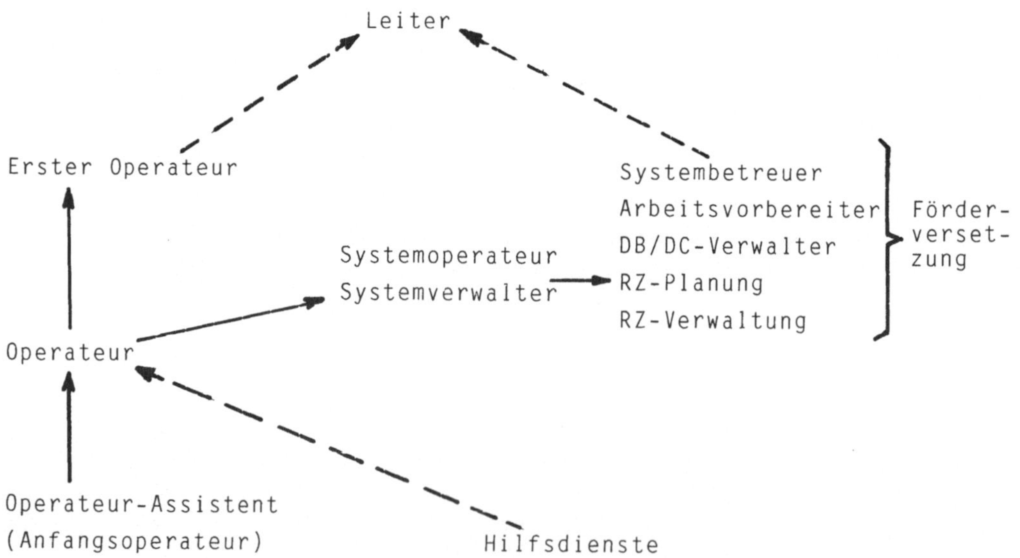

Bild 3: Die Arbeitsplätze im Rechenzentrum

Wir haben festgestellt, daß mit steigender Verweilzeit im Rechenzentrum
auch die Verweilzeit in der Systembedienung steigt. Die höhere Qualifikation des Operateurs führt ihn näher zum Systemverwalter, wir finden
hier auch die Bezeichnung Systemoperateur. Personalstatistiken zeigen,
daß der Anteil der Operateure an der gesamten RZ-Belegschaft in den
letzten 5 Jahren kleiner geworden ist (7). Eine unserer Personalstatisti
ken weist für 1974 noch einen Anteil von 74 %, gegenüber 66 % im Jahr
1979 aus. Dieser Trend wird sich, zugunsten der qualifizierteren Tätigkeiten, fortsetzen.
Die RZ-Belegschaft wird mehr und mehr zum Team. Weniger anspruchsvolle
Tätigkeiten (Peripherieoperateur, Papiernachbearbeitung, Archiv) werden
von der Systembedienung getrennt. Wir bezeichnen sie als Hilfsdienste.
Diese Trennung betont die Aufwertung der RZ-Tätigkeit und wirkt möglichen Problemen bei der gehaltlichen Einstufung entgegen.
Den Mitarbeitern muß die Entwicklungsmöglichkeit nicht nur erläutert
werden, sie muß vor allem demonstriert werden. Das Vorhandensein eines
Ausbildungsplanes ist eine Grundvoraussetzung. Viele Rechenzentren
haben für diese Aufgaben zu wenig Zeit.
Die Entwicklungsmöglichkeit im Rechenzentrum wirkt der Fluktuation
(auch in der Systembedienung) entgegen, sie verlagert das Fluktuations-
problem aber auch in eine andere Ebene (Bild 4).

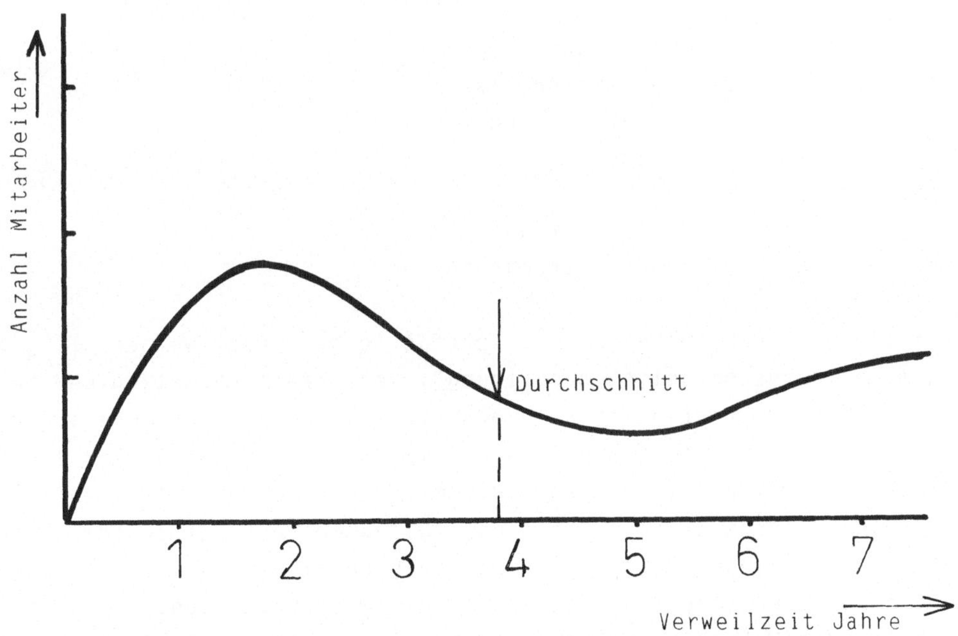

Bild 4 : Verteilung der Verweilzeit bei versetzten Mitarbeitern

Bild 4 stellt die Verweilzeit der durch Versetzung ausgeschiedenen Mitarbeiter dar. Der Werdegang der Mitarbeiter im Rechenzentrum läßt sich durch folgende Interpretation erkennen, bzw. steuern:
Mitarbeiter, die zum Zeitpunkt der Einstellung bereits Grundkenntnisse der Datenverarbeitung haben (z.B. Studienabbrecher, Assistenzkräfte), betrachten die Tätigkeit des Operateurs als Praktikum mit nicht ganz zwei Jahren Dauer.
Der Anteil dieser Mitarbeitergruppe darf nicht zu groß sein, da im Rechenzentrum nur eine begrenzte Anzahl von weiterführenden Arbeitsplätzen zur Verfügung steht. Die Verweilzeit der Mitarbeiter im Rechenzentrum läßt sich also schon durch eine Selektion bei den Einstellungen steuern. Erst nach Verweilzeiten > 7 Jahre nehmen die Versetzungen wieder zu; eine Entwicklung, die gefördert werden muß.

Der qualifizierte Mitarbeiter aus dem Rechenzentrum

Während noch vor einigen Jahren der Operateur das Rechenzentrum verließ, um Karriere zu machen, finden wir heute an dieser Stelle einen Mitarbeiter mit wesentlich höheren Qualifikationen. Sie ergeben sich aus folgenden, durch die Tätigkeiten im Rechenzentrum bedingten Ausbildungsabschnitten:

- o Operateurgrundausbildung
- o Vertiefung der Systemkenntnisse
- o Hard- und Softwareabhängigkeiten
- o DB/DC Administration
- o Migrationsprobleme
- o Dokumentation der Erfahrungen
- o Beratung der Rechenzentrumsbenutzer

Die Ausbildung der Mitarbeiter muß sorgfältig gesteuert werden. Es gibt keinen Ausbildungsabschnitt "Ausbildung". Rechenzentren setzen den neuen Mitarbeiter vom ersten Tag an produktiv ein. Die Lernmethode ist das Training, die theoretische Schulung erfolgt nur begleitend. Hier liegt ein Risiko: Vor allem Mitarbeiter, die mit niedrigem Ausbildungsniveau in das Rechenzentrum eingetreten sind, müssen gezielt auf systematische Arbeitsmethoden hingeführt werden. Dazu eignen sich folgende Aufgaben: Rechenzentrumsdokumentation, Schulung neuer Mitarbeiter und die Weiterentwicklung der Methoden und Fähigkeiten im Rechenzentrum. Produktivität und Ausbildung lassen sich sinnvoll miteinander kombinieren.

Durch das höhere fachliche Niveau der Mitarbeiter kann das Rechenzentrum mehr und mehr zum Partner der Fachabteilungen werden.

Die auf diese Weise ausgebildeten Mitarbeiter, deren Verweilzeit im Rechenzentrum zwischen 5 und 10 Jahren liegt, können mit gutem Erfolg in die Fachabteilungen übernommen werden.

Die Regelung dieser sogenannten Förderversetzungen muß mit den Fachabteilungen verbindlich vereinbart werden. Allzu groß ist die Versuchung, einen aufstrebenden Rechenzentrumsmitarbeiter schon nach zwei Jahren in die Fachabteilungen zu locken. Gelingt es aber, das Interesse des Mitarbeiters für das Rechenzentrum zu wecken, so hält dieser u.U. auch gezielten Abwerbungsversuchen der Fachabteilungen stand.
Wir konnten mit dieser Methode, deren Realisierung sich über einige Jahre erstreckte, die Fluktuation im Rechenzentrum von ca. 20 % auf ca. 10 % senken. Der Anteil der Förderversetzungen betrug nur 2 %.
Zum Vergleich muß gesagt werden, daß Rechenzentren in einem EDV-Ballungsgebiet wie München zu konjunkturell günstigen Zeiten mit einer Fluktuation von ca. 25 % leben müssen.
Der qualifizierte Mitarbeiter aus dem Rechenzentrum neigt also auch dazu, im Rechenzentrum zu bleiben. Neben diesem primären Nutzen, der auch zu einem effektiveren Einsatz des teuren Betriebsmittels DVA führt, sehen wir auch einen sekundären Nutzen: Durch die verbesserte Zusammenarbeit zwischen den Fachabteilungen und dem Rechenzentrum sowie durch die Versetzung qualifizierter Mitarbeiter aus dem Rechenzentrum in die Fachabteilungen, steigt auch das Rechenzentrumsbewußtsein in diesen Abteilungen, was, wie in Bild 1 gezeigt, ebenfalls die Effizienz des Rechnereinsatzes erhöht.
Die Zusammenarbeit mit dem Rechenzentrumsbenutzer hat schließlich dann die geringsten Reibungsverluste, wenn das Rechenzentrum auf dem Gebiet des rechenzentrumspezifischen Wissens der stärkere Partner ist.

Die weitere Entwicklung

Die Rechenzentren müssen sich auf ihre neue Rolle einstellen:
Die Anforderungen in der Systembedienung und -pflege werden weiter steigen. Die Anwender werden noch leistungsfähigere, aber auch komplexere Systeme einsetzen. Dezentralisierung in Verbindung mit DB/DC-Systemen werden die Rechenzentren immer stärker fordern. Ohne den vielen Theorien über die Zukunft der DV-Berufe (3) eine neue Variante hinzufügen zu

wollen, kann man davon ausgehen, daß der Bedarf und vermutlich auch der
Mangel an qualifizierten und praxiserfahrenen Mitarbeitern in den Rechenzentren und Fachabteilungen nicht abnehmen wird. Das Ausbildungsproblem
wird auch in Zukunft gelöst werden müssen.

<u>Literaturhinweise</u>

(1)   Müller, M.:
          EDV-Ausbildung: wohin
          Industrielle Organisation 44/Nr. 9

(2)   Arvey, Richard D., Hoyle, Joseph C.:
          Evaluating Computing Personnel
          Datamation 7/73

(3)   Schmidhäusler, Fritz J.:
          Menschen in der DV, Teil 1-5
          Online-adl-Nachrichten 4-9/79

(4)   Horn, G.:
          Mit vorbeugender Ausbildung gegen Fluktuationsverluste
          Computerwoche 14.9.79

(5)   Münstermann, Jörg, Preiser Klaus:
          Forschungsbericht: Schichtarbeit in der Bundesrepublik
          Deutschland
          Bundesminister für Arbeit und Sozialordnung, Referat
          Presse- und Öffentlichkeitsarbeit

(6)   Half, Robert:
          A good (wo)man is hard to find...and keep
          Data-Management 10/78

(7)   Nagel, Kurt:
          DV Aktuell 1979
          R. Oldenbourg Verlag

<u>Massenspeichersysteme -</u>

<u>ein erster Schritt auf dem Weg zum operateurlosen Betrieb</u>

G. Rippel, E. Jasper, W. Kneip
Regionales Hochschulrechenzentrum
der Universität Bonn

Ausgangssituation

Das Regionale Hochschulrechenzentrum der Universität Bonn (RHRZ) bedient mit seiner nun zehn Jahre alten zentralen Datenverarbeitungsanlage vom Typ IBM /370-168 rund um die Uhr die Aufträge der etwa
6000 Benutzer aus den verschiedensten, über das ganze Stadtgebiet
verstreuten Fachbereichen. Die Anlage wird in den Betriebsarten Sta-
pel- und Dialogverarbeitung gefahren, wobei die Stapelverarbeitung
eindeutig überwiegt.

Täglich   werden ca. 2500 völlig unterschiedliche Jobs in Auftrag gegeben. Da sind sowohl zeitkritische Aufträge der Studenten-, Perso-
nal- und Haushaltsverwaltung mit starker Ein-/Ausgabeaktivität als
auch Produktionsläufe mit mehreren Stunden CPU-Zeit zu verarbeiten;
da werden aber auch kurze Testläufe zur Programmentwicklung gestartet und Ausbildungsveranstaltungen mit 200 - 300 Teilnehmern durchgeführt. Es ist einzusehen, daß derart vielfältige Aufgaben kaum - etwa
im Sinne einer Arbeitsvorbereitung - gesteuert werden können.

Erschwerend kommt hinzu, daß seit einer haushaltsplanmäßig notwendig
gewordenen Reduzierung der Operateurmannschaft auf 10 Mann in den
Jahren 1975/76 die Maschine lediglich in 2 Schichten bedient werden
kann. Bereits 1976 zwangen uns hohe Kapazitätsanforderungen an die
inzwischen völlig überlastete Anlage zu überlegen, wie die operateur-
lose Maschinenzeit den Benutzern zur Verfügung gestellt werden kann.
Schließlich ermöglichten organisatorische Umstellungen und Änderungen
am Betriebssystem die Einführung von bedienungslosen Nacht-, Wochen-
end- und Feiertagsschichten, die zusammen 55 % der Betriebszeit aus-
machen.

Als Folge davon kann während der Schichten, in denen keine Magnetbänder und Wechselplattenstapel aufgelegt werden können, auf den Groß-
teil der gespeicherten Massendaten nicht zugegriffen werden.

Zur Lösung des Problems boten sich mehrere Möglichkeiten an. Eine
davon, die Beschaffung weiterer Operateurstellen, ließ sich bei der
Haushaltslage des Landes Nordrhein-Westfalen nicht realisieren.

| | Plattenspeicher in MB für | | | Magnetband- |
	Benutzer-LFD	System	Gesamt	spulen
Anfang 1973	200	300	500	1 500
Ende 1980	1 800	1 400	3 200	5 000
Wachstumsfaktor	9,0	4,7	6,4	3,4
Wachstumsrate	1,3	1,2	1,3	1,2

Abb. 1: Zuwachs des Speicherplatzes in der Zeit von Anfang 1973 bis
Ende 1980 (Wachstumsrate W entsprechend: $W = \sqrt[8]{\text{Faktor}}$)

Alternativ wäre die Erhöhung der Sekundär-Speicherkapazität denkbar
gewesen. Die bisherige Entwicklung der Sekundärspeicherkapazität
zeigt die Abbildung 1. Danach hat sich seit 1973, dem Jahr, in dem
der Dialogbetrieb eingeführt worden ist, der für Benutzer zur langfristigen Datenhaltung (LFD) verfügbare Plattenspeicherplatz um das
8-fache auf 1800 MBytes erhöht. Hierin ist auch die Kapazität derjenigen Laufwerke enthalten, die für Wechselplattenstapel bereitge-
halten werden. Das vollständige Speichervolumen mit Direktzugriff
wuchs im genannten Zeitraum um das 6.4-fache auf 3200 MBytes an.

Das im Magnetbandarchiv gespeicherte Datenvolumen wird auf z.Z. 50
GByte geschätzt. Es ist unmöglich, genauere Angaben zu geben, weil
der "Füllgrad" der archivierten Magnetbänder, die teilweise außerhalb
des Rechenzentrums erstellt werden, nicht bekannt ist. Eine Analyse
des benutzten Datenvolumens würde unter günstigen Umständen mindestens

50 Arbeitstage beanspruchen. So muß in diesem Bereich die Spulenanzahl als Anhaltspunkt dienen. Diese erhöhte sich im betrachteten Zeitraum von 8 Jahren um den Faktor 3.4, wobei die Zahl der nur kurzfristig im Rechenzentrum gelagerten Rollen unberücksichtigt bleibt.

Wenn man die Wachstumsraten miteinander vergleicht, lassen sich bereits zwei wesentliche Schlüsse ziehen:

- Der Plattenspeicherbedarf ist gegenüber dem Bandspeicherbedarf schneller angewachsen. Dies wird verständlich, wenn man bedenkt, daß das Magnetband als Speichermedium umständlich in der Handhabung und darüber hinaus nur zu 45 % der Betriebszeit zugänglich ist.

- Das stärkste Wachstum im Plattenspeicherbereich verzeichnet der Anteil der langfristigen Datenhaltung für Benutzer, obwohl auch der Bedarf des Betriebssystems und der sonstigen Systemsoftware ständig stieg. Verursacht wird dieser Mehrbedarf für LFD-Dateien hauptsächlich durch den in den letzten Jahren erheblich ausgeweiteten Dialogzugriff zum Rechner. Dialogteilnehmer können aus betriebsorganisatorischen Gründen nicht direkt auf Magnetbänder zugreifen und müssen daher ihre Dateien auf Platten bereithalten.

Ein Stillstand des am Bedarf orientierten Wachstums ist bisher noch nicht abzusehen. Das Speichermedium "Platte" erwies sich somit schon wegen des Umfangs der benötigten Kapazität nicht als gangbarer Ausweg.

Massenspeichersysteme

Als möglicher Ausweg war nun der Einsatz eines Massenspeichersystems (MSS) zu prüfen.

Unter dem Begriff Massenspeicher werden hier zunächst generell Systeme verstanden, die den Zugriff zu fast allen gespeicherten Daten jederzeit ermöglichen, so daß kaum noch Bandmontierungen erforderlich werden und manuelle Eingriffe zur Bereitstellung von Bandrollen und die damit verbundenen Verzögerungen und mögliche Verwechselungen entfallen.

Datenbestands- und Datenbewegungsanalysen standen im Vordergrund von Voruntersuchungen. Dabei wurden Bestand und Benutzungshäufigkeit der Daten analysiert, die langfristig auf Magnetbändern und -platten gehalten werden. Die Eingangsdaten bildeten vom Betriebssystem erstellte Abrechnungssätze mit Angaben über Jobs, Steps, Bandmontierungen, ver-

arbeitetes Datenvolumen und weitere jobspezifische Informationen.
Alle im Auswertungszeitraum nicht angesprochenen Dateien und Bänder
konnten nicht untersucht werden, da für sie keine Abrechnungssätze
existieren.

Bei der Interpretation der Ergebnisse muß ferner berücksichtigt werden, daß jedem Benutzer höchstens 380 KByte Plattenspeicherplatz für
LFD zur Verfügung steht und den Auswertungen nur die benutzerbezoge-
nen langfristigen Dateien zugrunde liegen. Von den insgesamt ca. 5000
Magnetbandrollen wurden im Auswertungszeitraum 15 % angesprochen. Es
zeigte sich, daß

- über 50 % aller angesprochenen Dateien kleiner
  als 0,3 MB sind,

- diese kleinen Dateien nur etwa 1 % des gesamten
  Bandspeicherplatzes belegen,

- dabei aber 27 % aller Bandmontierungen verursachen.

Analog zu den Untersuchungen der Bandbenutzung sind die Analysen der
Dateistruktur für langfristige Datenhaltung (LFD) auf Magnetplatten
durchgeführt worden. Die LFD beinhaltet sowohl alle Datenträger, die
permanent montiert bleiben, als auch die sogenannten Wechselplatten,
die nach Absprache mit den Benutzern für einen gewissen Zeitraum bereitgestellt werden. Die bei Banddateien festgestellte Tendenz verstärkte sich hier noch. Es zeigte sich, daß

- nahezu 83 % aller angesprochenen Dateien kleiner
  als 0,3 MB sind,

- diese kleinen Dateien knapp 15 % des verfügbaren
  Magnetspeicherplatzes belegen und

- sehr häufig, nämlich zu 71 %, benutzt werden.

Die Ergebnisse der Untersuchung beweisen, daß die Speichermedien sehr
ungünstig genutzt werden; denn die Magnetbänder enthalten zu viele
der kleinen und sehr häufig bearbeiteten Dateien, wohingegen auf den
Magnetplatten auch Datenbestände gespeichert werden, die nur selten
angesprochen werden und einen beträchtlichen Teil des verfügbaren
Speicherplatzes blockieren.

Die Ursache für die große Anzahl der sehr häufig benutzten kleinen
Dateien auf den Magnetbändern liegt in der erwähnten Magnetspeicher-
platzbeschränkung bei den Magnetplatten für LFD. Sie hat zur Folge,
daß vielen Benutzern das Magnetband als Archivspeicher dient, wobei
sie zum Beispiel im Dialog auf Platte erstellte Datenbestände auf ein
Magnetband übernehmen.

<u>Die Simulation der Dateiverteilung</u> beim Einsatz eines Massenspeicher-
systems, die gleichzeitig mit der Speicherplatzanalyse durchgeführt
wurde, lieferte erstaunliche Ergebnisse. Für eine Dateiumverteilung
zwischen Platte, MSS und Band wurden dabei folgende Randbedingungen
vorgegeben:

- Dateien mit höchstens 300 Zugriffen im untersuchten Zeitraum von einem Monat und einer Größe bis 16 MB zählen zu
  den MSS-Kandidaten.

- Dateien, die mehr als 300 Benutzungen verzeichneten, werden
  auf Platte gespeichert.

- Alle übrigen Datenbestände werden auf Band gelagert.

Unter diesen Vorgaben errechneten wir, daß 92 % der angesprochenen
Banddateien auf das Massenspeichersystem übernommen und somit 84 %
aller Bandmontierungen eingespart würden. Dann fielen statt momentan
206 nur noch 32 Montierungen pro Tag an: eine Reduktion der Bandperipherie um fünf auf zwei Einheiten wäre möglich.

Darüber hinaus wären unter den o.g. Voraussetzungen fast alle Plattendateien auf das MSS ausgelagert. Diese Tatsache zeigt, daß durch den
Einsatz eines Massenspeichersystems auch die Plattenkapazität effek-
tiver genutzt werden könnte. Um jedoch akzeptable Antwortzeiten im
Dialog sicherzustellen, sollten bei den heute in Betracht kommenden
Geräten nicht ausnahmslos alle Dateien in das MSS verlagert werden;
denn bei erneutem Zugriff kann die "Rück-Übertragung" auf ein Platten-
laufwerk immerhin einige Sekunden dauern. Die häufiger benötigten
kleineren Dateien sollten sich auf einer Platte befinden. Zur Verwaltung solcher Plattenbereiche sollte ein Migrationsprogramm eingesetzt
werden, das Dateien unterhalb einer gewissen Benutzungshäufigkeit in
das Massenspeichersystem auslagert und bei erstmaliger Wiederbenut-
zung wieder einlagert.

In dieser Form schließt ein Massenspeichersystem die Lücke zwischen
Bändern und Platten und ermöglicht die effektive und wirtschaftliche
Nutzung seiner Speichermedien.

Angebotene Massenspeichersysteme

Die z.Z. in Frage kommenden Massenspeicher kombinieren die Platten-
speicherebene mit einem automatisch ladenden Bandspeicher und erweitern damit die online verfügbare Speicherkapazität bis in den Gigabytebereich. Wie die konventionellen Magnetbandrollen zählen sie zu
den Tertiärspeichern, weil ein spezielles Magnetbandmaterial als
Speichermedium in ihnen Verwendung findet.

Vergleich

Im Augenblick werden zwei Massenspeichersysteme zum Anschluß an eine
DV-Anlage IBM /370-168 angeboten: CDC 38500 und IBM 3850.

Die Gesamtkapazität des Massenspeichersystems stellt hinsichtlich der
zu erwartenden Speicherplatzanforderungen ein wichtiges Auswahlkri-
terium dar. Sowohl im Anfangsmodell als auch im Endausbau ist das
Speichervolumen des IBM-MSS doppelt so groß wie das des CD-Speichers,
wobei allerdings die Kapazität beim CD-System besser ausgenutzt wird.

Die als Speichermedium benutzten Magnetbandkassetten (Cartridges)
werden in einer Dichte von 6250 bpi beschrieben und verfügen über
eine Kapazität von 8 MByte für das CD-System bzw. 50 MByte für das
IBM-System. Die mittleren Zugriffszeiten des CD-MSS sind mit ca. 6
Sek. gegenüber ca. 20 Sek. beim IBM-System kurz, doch verhält sich
die durch die Montier- und Übertragungszeit bedingte Latenzzeit beider Systeme unterschiedlich. Für Dateien bis zu einer Größe von 8
MBytes benötigt das CD-System nur 8-26 Sekunden, das IBM-System hingegen ca. 30 Sekunden. Das IBM-System schneidet aber geringfügig besser ab, wenn größere Datenmengen übertragen werden; denn die geringere
Kapazität der CD-Kassetten verursacht mehr Montierungen.

Hauptmerkmal der Arbeitsweise dieser Massenspeichersysteme ist das
sogenannte "staging-Konzept". Dabei werden Teile der auf Bandkasset-
ten gespeicherten Daten im Zugriffsfall für einen gewissen Zeitraum

auf zugeordnete Plattenbereiche zwischengelagert, wodurch die Vorteile des schnelleren Zugriffs der Plattenspeicher mit den Vorteilen der
großen Speicherkapazität der Bandkassetteneinheiten verbunden werden.
Ein Anwendungsprogramm arbeitet also mit den auf dem Zwischenspeicher,
einer Magnetplatte, befindlichen Daten.

In seiner Arbeitsweise verhält sich das System CDC 38500 wie eine
Ein-/Ausgabeeinheit, so daß der notwendige Datentransport zwischen
Rollenspeicher und "staging"-Platte über den Hauptspeicher erfolgt.
In dieser Form stellt es sich als automatisches dateiorientiertes
Bandarchiv dar. Gesteuert wird dieses System durch das Programmprodukt
VDAM (Virtual Dataset Access Method) unter Verwendung einiger OS-Be-
triebssystemschnittstellen. Voraussetzung für die Benutzung ist der
Eintrag der entsprechenden Dateinamen in einem Katalog, der vom Rechen-
zentrum verwaltet werden muß. Als "staging"-Bereiche dienen mehrere
Plattendateien auf verschiedenen Platten, wobei auf diesen Platten
auch andere Dateien angelegt werden können. Das CD-System unterstützt
nicht alle Dateiorganisationsformen, insbesondere nicht ISAM und Teile
von VSAM.

Im Gegensatz dazu bildet das IBM 3850-System mit den fest zugeordneten "staging"-Platten ein eigenes Subsystem. Der Dateitransport
und die Verwaltung des gesamten Subsystems wird durch einen inte-
grierten Prozessor ohne Mithilfe des Hauptspeichers und des Zentral-
prozessors direkt zwischen dem Rollenspeicher und den "staging"-Plat-
ten durchgeführt. Dem Anwender stellt sich dieses System als ein automatisches Plattenarchiv mit Platten vom Typ 3330 dar. Somit werden
auch alle DA-Zugriffsmethoden unterstützt. Der zur Datenübertragung
erforderliche Aufwand ist erheblich, belastet aber nicht die CPU
und die Kanäle, da ihn das Subsystem autonom über die angeschlossenen
Laufwerke vornimmt.

Auswahl und Bewertung

Die Vorteile und Stärken des CDC-Massenspeichersystems liegen hauptsächlich in den Punkten:

- Hardware und Zentralrechneranschluß,
- kurze Zugriffs- und Latenzzeiten für viele Dateien,
- einfaches Ein-/Ausgabegerät,
- geringer "staging"-Platzbedarf.

Zu den Vorteilen des IBM-Massenspeichersystems zählen:

- geringerer Umstellungsaufwand für die Benutzer und für das
  Rechenzentrum,

- Kompatibilität zu bestehenden Anwendungen und zur vorhandenen Speicherplatzverwaltung,

- Unterstützung aller Dateiorganisationsformen,

- größere Kapazität.

Trotz unbestreitbarer Vorteile des CDC-Systems gaben wir dem IBM-
Massenspeichersystem den Vorzug, weil dessen Vorteile den Anforderungen unseres Rechenzentrums besser entsprachen. Das virtuelle Plat-
tenkonzept bietet eben gegenüber dem CD-System den großen Vorteil,
daß alle üblichen Dateiorganisationsformen unterstützt werden. Zudem
erweist es sich für ein Hochschulrechenzentrum als äußerst angenehm,
daß der überwiegende Teil des Konvertierungsaufwandes den Benutzern
übertragen werden kann. Ebenso können vom Rechenzentrum entwickelte
und eingesetzte Plattenspeicherverwaltungsprogramme und Organisations-
hilfen ohne Änderungsaufwand weiter verwendet werden.

Eine gewisse Restskepsis gegenüber beiden Modellen blieb bezüglich
Störungen in der Mechanik - insbesondere deswegen, weil das MSS auch
im Dialogbetrieb Verwendung finden sollte. Die dabei entstehenden
Belastungen durch Zugriffe gehen weit über das hinaus, was beim allei-
nigen Einsatz des MSS als Archivspeicher - die bislang fast ausschließlich bekannte Einsatzart - zu erwarten ist.

Personelle Auswirkungen

Die personellen Auswirkungen beim Einsatz eines Massenspeichersystems
sollen vor dem Hintergrund der Gesamtsituation im Maschinensaal er-
örtert werden.

Die "klassische Domäne" der Operateure dort sind folgende Arbeitsplätze:

- Plattenperipherie,
- Bandperipherie (Geräte und Archiv),
- Leser, Drucker, Stanzer,
- Steuerpult.

In der Hauptsache liegen manuell auszuführende Tätigkeiten vor, die
sich zur Rationalisierung und Automatisierung ganz besonders anbieten.
Für zukünftige Maschinensäle können sich dabei deutliche Veränderungen
ergeben. Von unbedeutenden Restarbeiten abgesehen werden z.B. in einigen Bereichen Aufgabengebiete sogar ersatzlos wegfallen können.

Der Trend im Bereich der online-Datenträger geht eindeutig zu den
nicht mehr austauschbaren Festkopfplatten. Mag das auch weniger technische oder sachliche Gründe haben und mehr aus marktpolitischen Er-
wägungen heraus geschehen; Tatsache bleibt, daß die heute noch in
diesem Feld von Operateuren auszuführenden Arbeiten bald nicht mehr
vorhanden sein werden.

Bei der Magnetbandbenutzung sieht es nicht ganz so eindeutig, aber
doch ähnlich aus. Hier ist nicht nur aus der Sicht der Benutzer der
Einsatz eines Massenspeichersystems von unbestreitbarem Vorteil.
Seitens des Rechenzentrums wird darüber hinaus die Vorstellung ge-
hegt, mit der Inbetriebnahme eines MSS Personal einsparen zu können
und der völligen Automatisierung des Rechenbetriebs wieder einen
großen Schritt näher gekommen zu sein. Aus den Ergebnissen unserer
Untersuchungen wird ersichtlich, daß die Zahl der Bandmontagen auf
ein Sechstel sinkt, so daß etwa 80 % der Operateure im Bandbereich
anderweitig eingesetzt werden können. Andererseits erfordert das MSS
noch einen - wenn auch geringen - zusätzlichen Aufwand in der Bedienung beim Datenträgeraustausch, bei Fehlerbedingungen und bei
seiner Beschickung mit Daten, die weit überwiegend von Bändern stammen.
Das bedeutet, daß der oft schon totgesagte Datenträger "Magnetband"
als preiswertestes Speichermedium zum Datenaustausch und als Archivspeicher zwar seltener werden, aber doch wenigstens auf absehbare
Zeit weiterbestehen wird. Damit wird das Rechenzentrum auf Bedienungs-
personal an diesem Arbeitsplatz nicht ganz verzichten können.

Zieht man in diesem Bereich Bilanz, so kann man feststellen, daß den
Einsparungen an Personal im Platten-/Bandbereich, die wir auf ca. 80 %
einschätzen, an anderer Stelle ein Mehraufwand für MSS-bedingte Bedienung u.U. für Systemunterstützung und Tuningmaßnahmen gegenüber-
steht. Ganz deutlich aber ist dabei eine Verschiebung von rein manu-
ellen zu mehr geistigen Tätigkeiten zu erkennen.

Ein dritter Schwerpunkt bei den Arbeitsplätzen im Maschinensaal liegt
bei der Ein-/Ausgabeperipherie. Mit dem enormen Anwachsen des Be-
nutzerverkehrs wurde das Verteilen erzeugter Listen und Lochkarten
ein immer größer werdendes Problem, das mit vertretbarem Aufwand
letztlich doch nur unbefriedigend lösbar blieb. Dieser sehr personal-
aufwendige Teil des Operating kann nicht wegrationalisiert werden, er
kann aber glücklicherweise bei Vorliegen entsprechender Notwendig-
keiten zu einem sehr großen Prozentsatz vom Rechenzentrum weg auf die
Benutzer übertragen werden. Das geht über lokal und entfernt aufgestellte Leser-/Stanzer-Stationen, die allerdings mit einfach zu be-
dienenden, robusten Geräten ausgestattet sein müssen. Eventuelle
Probleme des Datenschutzes sind in aller Regel technisch-organisato-
risch lösbar. Längerfristig geht mit zunehmendem Dialogangebot sicherlich auch eine Reduzierung der Papierperipherie Hand in Hand; doch
wird das in größerem Umfang nur für solche Rechenzentren zutreffen,
die in Job- und Benutzerprofil Hochschulrechenzentren sehr ähnlich
sind. Es wird zudem eine Ausrüstung vorausgesetzt, von der wir heute
noch weit entfernt sind.

Zusammenfassung: Ein völliges Aussterben des Operateurstandes ist
bei dem heutigen Stand von Betriebssystemen und Hardware nicht zu
befürchten. Wie aber in anderen Bereichen unserer Umwelt, so zeigt
sich auch im Bereich des Operating ein Zunehmen der geistigen und
entscheidungsbetonten Tätigkeiten. Gleiche Leistung eines Rechenzentrums vorausgesetzt, wird es zukünftig eine für die einzelnen
Tätigkeitsbereiche unterschiedliche,im ganzen aber sinkende Zahl von
Operateuren geben. Personal, das die Anlage und den Maschinenraum
überwacht und kontrolliert, wird nicht nur der gesetzlichen Vorschriften wegen weiterhin ständig benötigt.

<u>Ausblick</u>

Der Kauf - und nur er wäre möglich gewesen - des Massenspeichersystems
IBM 3850 wurde vom Rechenzentrum im Herbst 1978 beantragt, sein Einsatz bis etwa April 1980 vorbereitet. Wegen der Kürzung des Regional-
programms der Bundesregierung mußte die Installation zurückgestellt
werden. Das führt seit einiger Zeit - und wird es in naher Zukunft
verstärkt tun - zu großen Beeinträchtigungen im Betriebsablauf und
zu unwirtschaftlicher Anlagenauslastung. Ob jedoch auch in mittlerer

Zukunft der erzwungene Verzicht auf ein weitestgehend mit konventioneller Mechanik arbeitendes Massenspeichersystem der betrachteten Typen bedauerlich ist, bleibt nach der von mehreren Herstellern erfolgten Ankündigung von Magnetplattenspeichern im Gigabytebereich mindestens zweifelhaft. Die Lücke zwischen dem Magnetband als Archiv- und Austauschmedium kann indessen auch durch bisher bekannte Großraumplatten nicht völlig geschlossen werden, so daß weitere technische Entwicklungen in dieser Richtung vom Markt erwartet werden müssen.

Literaturverzeichnis

- CDC 38500 - Mass Storage System
  Hardware Subsystem Reference Manual
  Control Data Corp. Publ. Nr. 22291329

- Introduction to the IBM 3850 Mass
  Storage System (MSS)
  IBM Form Nr. GA 32-0028-2

- Control Data 38500 - Mass Storage System
  VDAM 1.0 - Reference Manual
  Control Data Corp. Publ. Nr. 22208300

- E. Müller-Raab: Erfahrungen mit dem Massenspeichersystem IBM 3850
  IBM Nachrichten Heft 238 (1977)

- Henry F. Sherwood: Mass Storage Systems
  SA-Verlag (1978)

- J. Worlton: Understanding Mass Storage
  Los Alamos Scientific Laboratory, Preprint
  (1979)

- Claus Schünemann: Speicherhierarchie -
  Aufbau und Wirkungsweise
  Informatik-Spektrum 1, 25-36 (1978)

<u>ABLAUFKONTROLLE UND INSTALLATIONS-MANAGEMENT</u>

<u>IN EINEM MEHRZWECKRECHENZENTRUM</u>

H. Mitschke
Freie und Hansestadt Hamburg
Finanzbehörde
Datenverarbeitungszentrale

1. <u>Einleitung</u>

Die zielgerichtete Führung einer Organisationseinheit ist nur möglich, wenn die Faktoren ausreichend transparent gemacht werden können, die die Zielerreichung bestimmen. In Mehrzweckrechenzentren mit komplexen Arbeitsabläufen und unübersichtlichen Produktionsbedingungen, die im wesentlichen auf Einflüsse des Multiprogramming, ungeplante Arbeitsabbrüche und auf die Planungsunsicherheiten bezüglich der jeweils zu verarbeitenden Datenmengen zurückzuführen sind, ergeben sich hier Probleme. Die Transparenz kann nicht mehr durch unmittelbare Wahrnehmung der Führungskräfte erreicht werden, sondern erfordert Rückkopplungsprozesse mit Sollvorgaben, Soll-Istvergleich und darauf basierenden Korrekturen. Die Installation dieser Prozesse führt zu einem Verlust an Flexibilität, erhöht u. U. die Durchlaufzeit im Rechenzentrum und verursacht zusätzliche Kosten. Bis auf die Kosten sind weder die Faktoren der Aufwands- noch der Ertragsseite dieser Prozesse zu quantifizieren. Für die zu treffenden Regelungen ist somit kein eindeutiger Maßstab gegeben, sondern sie sind in der nicht exakt bestimmbaren Spannweite der Angemessenheit zu halten. Die erforderlichen Bewertungen sind bei Änderungen der Gegebenheiten in den Rechenzentren immer wieder vorzunehmen, um die Ausgewogenheit zwischen Aufwand und Ertrag zu erhalten.

Dies sind die Rahmenbedingungen unter denen Ablaufkontrolle und Installations-Management stehen. Beide sind Rückkopplungsprozesse. Die Ablaufkontrolle ist auf die Stapelverarbeitung gerichtet, während das Schwergewicht des Installations-Management im Bereich der Datenfernverarbeitung liegt, da es insbesondere auf die Sicherung der Verfügbarkeit von Hard- und Software zielt.

In beiden Verfahren kommen einfache Organisationsregeln und -mittel
zur Anwendung. Ihre Qualität liegt nicht in ihrem materiellen Gehalt, sondern allein in der Konsequenz der Durchführung. Aus diesem
Grund kann die nachfolgende Darstellung ohne weitere Herleitung auf
die Wiedergabe des Vorgehens beschränkt werden. Zum besseren Verständnis der enthaltenen Gewichtungen wird lediglich eine kurze
Aufgabenbeschreibung des Rechenzentrums vorangestellt.

2. Aufgabenstellung des Rechenzentrums

Aufgrund der Mehrzweckfunktion des Rechenzentrums sind im Daten-
fernverarbeitungs- wie im Stapelverarbeitungsbereich vielfältige
Anforderungen zu erfüllen.

Die Datenfernverarbeitung umfaßt zwei Auskunftssysteme mit besonders
hohen Forderungen bezüglich der Verfügbarkeit, sowie Dialogverar-
beitungs- und remote-job-entry-Anwendungen.

Die Stapelverarbeitung setzt sich aus einer Vielzahl von Verfahren
zusammen, die sowohl in terminlicher Hinsicht als auch in Bezug
auf die Ablaufsorganisation sehr unterschiedlich gestaltet sind.
Tägliche Arbeiten treffen zusammen mit wöchentlich, monatlich, jährlich und unregelmäßig anfallenden Arbeiten. Datenerfassung, Datenvorbereitung (Abstimmung, Korrektur) und Endkontrolle werden zum
Teil unmittelbar von den auftraggebenden Stellen zum Teil vom Rechenzentrum durchgeführt. Der Tagesdurchschnitt der Stapelverarbeitung beträgt zur Zeit ohne Programmtests ca. 520 Jobs mit 2.500
Steps (ohne SYSIN, SYSOUT bzw. MONITOR). Darauf entfallen durchschnittlich täglich 50 ungeplante Abbrüche. Insgesamt ergibt sich
ein wenig übersichtlicher Arbeitsablauf.

Unter dem Gesichtspunkt der Kontrolle ist zusätzlich von besonderer
Bedeutung, daß personenbezogene Daten aus verschiedenen Anwendungs-
gebieten gleichzeitig im Rechenzentrum verarbeitet werden und daß
der Inhaber des Verfügungsrechts (auftraggebende Stelle) nicht mit
dem Inhaber der Verfügungsmöglichkeit (Rechenzentrum) identisch ist.

Zur Zeit sind insgesamt sechs Rechner von zwei Herstellern im Einsatz.

3. Ablaufkontrolle

3.1. Definition und Ziele der Ablaufkontrolle

Die Gestaltung der Ablaufkontrolle stützt sich auf das Ergebnis
einer Arbeitsgruppe, die das Thema Rechenzentrumskontrolle 1975
im Auftrag der Arbeitsgemeinschaft der Leiter der Datenzentralen
untersucht hat.

Zur Einordnung der Ablaufkontrolle in den Gesamtumfang der Rechenzentrumskontrolle ist zunächst zu unterscheiden zwischen externer und interner Kontrolle aus der Sicht des Rechenzentrums.
Die interne Kontrolle wiederum ist zu gliedern in prozeßunabhängige und prozeßabhängige Kontrolle.

Die prozeßunabhängige Kontrolle wird beispielsweise von der internen Revision wahrgenommen. Sie erstreckt sich wie die externe
Rechenzentrumskontrolle auf die Prüfung der Funktionsfähigkeit,
Wirtschaftlichkeit und Ordnungsmäßigkeit.

Die prozeßabhängige Kontrolle ist jeweils als Teil des Arbeitsprozesses in den Arbeitsablauf integriert. Sie ist nur auf die
Ordnungsmäßigkeit der Abläufe gerichtet, d.h. auf die Einhaltung
gesetzlicher Bestimmungen, genereller Arbeitsrichtlinien, auftragsspezifischer Arbeitsanweisungen sowie auf die Einhaltung
von Planungsvorgaben. Hierunter fallen die Ergebniskontrolle und
die Ablaufkontrolle.

Demnach wird die Ablaufkontrolle definiert als permanente prozeßabhängige Kontrolle des Arbeitsflusses durch die produktiven Organisationseinheiten des Rechenzentrums.

Die Ablaufkontrolle ist als prozeßabhängige Funktion definiert
worden, da sie nicht nur als nachgehende Kontrolle wirken soll.
Im letzteren Fall würde das Verhältnis von Aufwand zu Ergebnis
als nicht mehr angemessen zu beurteilen sein. Daraus erklären
sich die folgenden Ziele der Ablaufkontrolle. Sie soll:
- frühzeitig Informationen über Planungsabweichungen liefern, um
  Steuerungsmaßnahmen zu ermöglichen,
- die Ursachen der Abweichungen aufzeigen,
- sicherstellen, daß nur Arbeitsgänge ausgeführt werden, für die
  die erforderlichen Berechtigungen vorliegen,
- jederzeit Auskunft geben über den Stand der Arbeiten.

Die Ablaufkontrolle ist in erster Linie als Termin- und Berech-
tigungskontrolle zu verstehen. Sie hat Arbeitsergebnisse nur insofern zu behandeln, als sie unplanmäßige Abbrüche und Arbeits-
wiederholungen feststellen und die Ursachen registrieren muß.
Die Prüfung der Arbeitsergebnisse auf inhaltliche Richtigkeit
und Vollständigkeit ist Aufgabe der Ergebniskontrolle.

3.2. Institutionelle Zuordnung der Ablaufkontrolle

Bei den Überlegungen zur Institutionalisierung der Ablaufkontrolle
standen zwei unabdingbare Kriterien im Vordergrund, die sich aus
der Kontrollfunktion ergeben:
- unmittelbarer Berichtsweg zum Leiter des Rechenzentrums,
- Freistellung der kontrollierenden Stelle von produktiven Tätigkeiten.

Die Bildung einer eigenen Organisationseinheit ausschließlich für
Kontrollaufgaben wurde unter den konkreten Gegebenheiten als zu
aufwendig beurteilt. Die Einbindung in den Produktionsablauf als
permanente Kontrolle hätte einen relativ großen Personalaufwand
ausgelöst. Darüberhinaus würde die Funktionsgleichheit der Ablaufkontrolle mit der Auswertung der Ist-Ergebnisse für die Planung entweder zu Doppelarbeit oder zu Zeitverlusten bei der Produktionssteuerung führen.

Aus diesen Gründen wurden die Funktionen Termin- und Maschinen-
belegungsplanung sowie Produktionssteuerung aus der Arbeitsvorbereitung herausgelöst. Hierfür wurde eine Sachgruppe geschaffen,
der gleichzeitig die Ablaufkontrolle übertragen wurde. Sie ist
dem Rechenzentrumleiter direkt unterstellt, also auf der gleichen
organisatorischen Ebene angesiedelt wie Datenbearbeitung, Arbeitsvorbereitung und Operating. Sie wird in den folgenden Darstellungen entsprechend der offiziellen Bezeichnung im Rechenzentrum als
Planung und Steuerung bezeichnet.

Die wirtschaftlichen und funktionellen Vorteile der organisatorischen Zusammenfassung von Planung, Steuerung und Ablaufkontrolle
wurden höher gewichtet als die Nachteile dieser Lösung, die darin
zu sehen sind, daß die Planung und Steuerung selbst von keiner
unabhängigen Stelle kontrolliert wird. Diese Nachteile werden
teilweise dadurch aufgewogen, daß

- die Planung einem permanenten Überwachungsprozeß durch die
  produktiven Organisationseinheiten unterliegt,
- Planungsfehler durch den Rückkopplungseffekt ständig korrigiert werden,
- die Erhöhung der Transparenz des Arbeitsablaufs durch die Ablaufkontrolle es den vorgesetzten Stellen erleichtert, die
  Planung und Steuerung zu kontrollieren.

Es wird als ausreichend angesehen, wenn die Organisationseinheit
für Planung, Steuerung und Kontrolle gelegentlich durch die im
Rechenzentrum gegebene interne Revision überprüft wird.

3.3. Durchführung der Ablaufkontrolle

Für die Durchführung der Ablaufkontrolle ist von zentraler Bedeutung, daß die Gruppe Planung und Steuerung als Träger der
Ablaufkontrolle zwischen die Anwender als Auftraggeber für das
Rechenzentrum und den produktiven Bereich im Rechenzentrum gestellt ist. Nur die Planung und Steuerung ist berechtigt, Aufträge entgegenzunehmen und Terminvereinbarungen zu treffen.
Gleichzeitig wirkt sie gegenüber den produktiven Gruppen im Rechenzentrum als Auftraggeber. Dies ist dadurch abgesichert, daß
in der Produktion keine Arbeit ohne einen formellen Bearbeitungsauftrag ausgeführt werden darf und daß diese Bearbeitungsaufträge
grundsätzlich nur von der Planung und Steuerung zu erstellen
sind.

Damit ist verbunden, daß alle Prüfungen bezüglich der Berechtigung zur Auftragserteilung, zur Verfügung über Datenbestände
und zur Programmfreigabe zentral von der Planung und Steuerung
vorgenommen werden, so daß der produktive Bereich hiervon freigestellt ist.

Die Bearbeitungsaufträge sind als Arbeitsbegleitpapiere gestaltet.
In Abhängigkeit von den unterschiedlichen Bearbeitungs-Zeitspannen
sind zwei getrennte Abläufe organisiert worden. Der eine umfaßt
den Dateneingang, die Datenvorbereitung und -erfassung sowie den
Datenausgang, der zweite die Job-Vorbereitung und das Operating.
Der Ablauf in beiden Bereichen ist prinzipiell gleich. Deshalb
wird die Darstellung auf die etwas komplexere Situation in Job-
Vorbereitung und Operating beschränkt.

Bezugsgröße für die Bearbeitungsaufträge sind hier die sogenannten
Arbeitstakte. Sie bestehen mindestens aus einem Job, gegebenenfalls aus einer Folge von Jobs, die zwangsläufig nacheinander
ablaufen müssen. Für jeden Arbeitstakt wird ein Bearbeitungsauftrag erstellt. Er enthält neben der Bezeichnung der Arbeit den
Soll-Fertigstellungstermin und bezeichnet alle auszuführenden
Steps. Er wird zunächst an die Job-Vorbereitung gegeben. Nach
Fertigstellung der hier anfallenden Arbeiten wird der entsprechende Erledigungsvermerk mit Namenszeichen und Uhrzeit in den Bearbeitungsauftrag eingetragen. Dieser wird anschließend als Teil
der Bedienerdokumentation an das Operating weitergeleitet. Bei
planmäßiger Beendigung der Arbeit fügt das Operating einen gleich-
lautenden Erledigungsvermerk hinzu und gibt den Bearbeitungsauftrag an die Planung und Steuerung zurück. Konnte die Arbeit nicht
planmäßig beendet werden, trägt das Operating unter der Bezeichnung des abgebrochenen Steps die von ihm festgestellte, u.U. auch
nur vermutete Fehlerursache und den Verursacher in verschlüsselter
Form ein.Ist die Fehlerursache nicht sofort zu erkennen und zu
beheben, wird die Arbeit mit dem Bearbeitungsauftrag an die Job-
Vorbereitung zurückgegeben. Hier erfolgt nach Feststellung der
Fehlerursache die verbindliche Angabe des Fehler- und Verursacher-
schlüssels verbunden mit der Eintragung von Uhrzeit und Namenszeichen des ausführenden Arbeitsvorbereiters. Kann die Arbeit
fortgesetzt werden, geht der Bearbeitungsauftrag mit der Arbeit
an das Operating zurück. Muß die Arbeit neu begonnen werden, erhält die Planung und Steuerung den Bearbeitungsauftrag zurück
und stellt für die Wiederholung einen neuen Auftrag aus. Dies ist
auch der Fall, wenn die Unterlagen über den Abbruch zur Fehler-
klärung an die Programmierung zurückgegeben werden müssen. Auf
diese Weise entsteht ein aussagefähiger Beleg über den Arbeitsablauf.

Die Dokumentationsfunktion des Bearbeitungsauftrags ist von besonderer Bedeutung für den sog. Magnetbandaustausch. Darunter ist
die Übernahme bzw. Übergabe von Datenbeständen auf Magnetbändern
zu verstehen, die das Rechenzentrum mit Dritten austauscht (z.B.
Banken) oder die innerhalb des Rechenzentrums von einem Aufgaben-
gebiet in ein anderes übernommen werden müssen. Diese Datenbestände werden von der Planung und Steuerung im Bearbeitungsauftrag exakt bezeichnet. Von der Job-Vorbereitung oder dem Operating

werden die Bandrollen-Nummern hinzugefügt. Die tatsächliche
Weitergabe der Bänder bedarf einer zusätzlichen Freigabe durch
die Planung und Steuerung.

Die Ablaufkontrolle erfolgt in mehrfacher Hinsicht. Zunächst
wird von der Planung und Steuerung festgestellt, welche Bearbeitungsaufträge nicht termingemäß zurückgekommen sind. Der Ver-
bleib der Arbeiten wird überprüft. Weiterhin werden die Bearbeitungsaufträge mit den Auflistungen aller maschinellen Arbeiten
verglichen, um gegebenenfalls die Arbeiten zu ermitteln, die ohne
Bearbeitungsauftrag durchgeführt wurden. Schließlich kontrolliert
die Planung und Steuerung, ob für alle Arbeitsabbrüche und -wieder-
holungen eindeutige Ursachenerklärungen vorliegen. Bei Arbeiten
mit Magnetbandaustausch erfolgt eine besondere Prüfung bevor die
Weitergabe der Bestände freigegeben wird. Darüberhinaus ist zu
erwähnen, daß die Planung und Steuerung anhand entsprechender
täglicher Auflistungen die Programme feststellt, mit denen Re-
chenzentrumskonventionen überschritten werden.Ferner werden für
zeitkritische Anwendungen mit Tagesterminen, bei denen durch Ver-
fahrenerweiterungen ein starker Zuwachs gegeben ist, täglich die
kritischen Wege bezüglich der Job-Verweilzeiten ermittelt, um die
Entwicklung kontrollieren zu können.

Die Ergebnisse der Prüfungen werden zunächst in der täglichen
Produktionsbesprechung mit den verantwortlichen Gruppenleitern
im Rechenzentrum behandelt. Hieran nimmt auch ein Auftraggeber
mit einem besonders komplexen und zeitkritischen Anwendungsgebiet teil. Sind Arbeiten ohne Bearbeitungsauftrag festgestellt
worden, erhält der Rechenzentrumsleiter in jedem Fall einen
schriftlichen Bericht mit Stellungnahme des verantwortlichen
Gruppenleiters. Die aufgetretenen Abbrüche und Wiederholungen
werden mit Angabe der Ursachen und des Verursachers in einem
Tagesbericht für den Rechenzentrumsleiter und die Gruppenleiter
zusammengefaßt. Schließlich fließen die Fehler- und Verursacher-
angaben in die Betriebsabrechnung ein. Im Rahmen der monatlichen
Leistungsabrechnung erhält die Rechenzentrumsleitung als ein
weiteres Steuerungsintrument die durch Abbrüche und Wiederholungen verursachten Kosten je Verursacher und Fehlerart.

Die geschilderte Form der Terminkontrolle über den Rückfluß der
Bearbeitungsaufträge wurde gewählt, obgleich sie der Zielsetzung
einer frühzeitigen Information über Abweichungen wiederspricht.

Das ist darauf zurückzuführen, daß die Ablaufkontrolle nur auf diese Weise die Geschlossenheit und Zwangsläufigkeit erhält, die als unabdingbar für ihre Wirksamkeit angesehen werden. Um das erwähnte Ziel zu erreichen, wird ständig dafür Sorge getragen, insbesondere in der täglichen Produktionsbesprechung, daß die erforderlichen Informationen zwischen den zuständigen Mitarbeitern bereits im Vorwege ausgetauscht werden.

Die Voraussetzung der Geschlossenheit und Zwangsläufigkeit ist auch der Grund dafür, daß die Ablaufkontrolle nicht etwa nur umfangreiche und zeitkritische Arbeiten erfaßt, sondern ausnahmslos alle Produktionsarbeiten. Programmtests sind grundsätzlich ausgenommen, weil sichergestellt ist, daß aus dem Testbereich kein Zugriff auf Programme oder Daten des Produktionsbereichs erfolgen kann. Müssen bei einem Test Produktionsdatenbestände eingesetzt werden, erfolgt auch diese Arbeit unter der Ablaufkontrolle durch die Planung und Steuerung. Die Ablaufkontrolle wird überwiegend von erfahrenen Arbeitsvorbereitern und Operatoren durchgeführt, die auf bestimmte Aufgabengebiete spezialisiert sind.

3.4. Ergebnis der Ablaufkontrolle

Wie eingangs bereits erwähnt wurde, kann hier nur eine Bewertung aus der Sicht der Beteiligten abgegeben werden, eine Quantifizierung ist nicht möglich.

Nach nunmehr fünfjähriger praktischer Bewährung der Ablaufkontrolle läßt sich die Bewertung hinsichtlich ihrer Ergebnisse in der Feststellung zusammenfassen, daß die gesetzten Ziele erreicht wurden, d.h. die Transparenz und die Sicherheit der Abläufe haben einen sehr hohen Stand erreicht.

Aus der Darstellung unter 3.3. geht unmittelbar hervor, daß für wesentliche Bereiche des Arbeitsablaufs das "Vier-Augen-Prinzip" durchgehalten wird. Das Geschehen ist fast lückenlos protokolliert. Durch die organisierten Berichtswege hat die Rechenzentrumsleitung gute Steuerungsmöglichkeiten. Darüberhinaus steht aufgrund der umfassenden Dokumentation für gezielte Fragestellungen bzw. Nachprüfungen eine ausgezeichnete Informationsbasis zur Verfügung. Obwohl die Ablaufkontrolle vor der Gültigkeit der Datenschutzgesetzgebung entwickelt wurde, sind große Teile der hieraus resultierenden Anforderungen bereits abgedeckt.

Neben diesen unmittelbaren Wirkungen sind auch die beiden folgenden mittelbaren Effekte von Bedeutung. Das Bewußtsein, daß alle Planungsabweichungen registriert werden, hat zusammen mit den Bemühungen der Rechenzentrumsleitung um maßvolle Reaktionen einen positiven Einfluß auf die Leistungsbereitschaft der Mitarbeiter. Während früher Störungen im Ablauf nicht selten zu Auseinandersetzungen zwischen den beteiligten Stellen führten, hat heute die Anwesenheit der Planung und Steuerung als "neutralem" Partner eine positive Wirkung.

Der Aufwand für die Ablaufkontrolle kann nur geschätzt werden. Die Gruppe Planung und Steuerung umfaßt 14 Personen und verursacht ca. 4% der Rechenzentrumskosten. Faßt man den Begriff der Ablaufkontrolle so weit, daß hierzu alle Tätigkeiten von der Erstellung der Arbeitsbegleitpapiere bis hin zu den erwähnten Berichten gehören, dann entfallen darauf ca. 60% der Kosten der Planung und Steuerung. Das entspricht 2,4% der Rechenzentrumskosten.

Im Hinblick auf das gute Ergebnis wird dieser Aufwand für gerechtfertigt gehalten. Diese Einschätzung wird durch die Tatsache gestützt, daß eine nicht ausreichende Kontrolle im Rechenzentrum zu ernsten Funktionsstörungen und / oder erheblichen finanziellen Schäden im Bereich der Rechenzentrumsanwender führen kann.

4. Installations-Management

4.1. Definition und Ziele des Installations-Management

Unter Installations-Management fallen alle Bemühungen zur Sicherung der Verfügbarkeit von Hard- und Software sowie zu Einhaltung weiterer Leistungskriterien, für die Sollwerte vorgegeben sind. Es basiert darauf, daß für diese Aufgaben keine Organisationseinheit als Träger von Aktivität und Verantwortung isoliert werden kann, sondern daß Leistungen aus mehreren Organisationseinheiten zusammengeführt werden müssen. Insofern ist Installations-Management auf Institutionalisierung der erforderlichen Kommunikationsbeziehungen und auf Organisation der benötigten Informationswege gerichtet.

Die konkrete Zielsetzung ist wie folgt formuliert. Installations-
Management soll:
- die Qualität der Hard- und Software sichern,
- bei Soll- Istabweichungen dafür Sorge tragen, daß die erforderlichen Anpassungsmaßnahmen rechtzeitig und kontrolliert ablaufen,
- die Koordinierung bei Änderungen der Produktionsbedingungen sicherstellen.
Stellen sich andere Leistungswerte im Rechenzentrum als kritisch
heraus, sollen sie auch durch Installations-Management auf einen
definierten Sollwert gebracht werden.

4.2. Institutionalisierung des Installations-Management

Bei der Realisierung des Installations-Management standen folgende
Überlegungen im Vordergrund: Die Abhängigkeit der Anwender von der
Funktionsfähigkeit des Rechenzentrums ist in den letzten Jahren
nicht zuletzt durch die Datenfernverarbeitung stark angestiegen.
Daher ist den Aufgaben des Installations-Management ein sehr hoher
Stellenwert einzuräumen. Es ist mit der vollen Entscheidungskompe-
tenz und dem Sachverstand auszustatten, die zur Aufgabenerfüllung
erforderlich sind. Installations-Management soll die Entwicklung
krisenhafter Zustände von vornherein unterbinden. Es muß daher
ständig wirken. Diese Forderung führt in Verbindung mit der qualifizierten Personalausstattung zu dem Erfordernis, die Arbeitsweise
des Installations-Management mit großer Konzentration auf die
wesentlichen Faktoren zu beschränken. Im anderen Falle wäre eine
ständige Mitwirkung der erforderlichen Personen aufgrund deren
durchgehend hohen sonstigen Inanspruchnahme auf Dauer nicht möglich.
Für Installations-Management wurde ein Arbeitskreis gegründet, in
dem als ständige Mitglieder jeweils die Leitungsfunktion und die
erforderlichen Spezialisten aus den Bereichen Hardwareplanung
und Systemprogrammierung, sowie aus den Rechenzentrumsgruppen
Planung und Steuerung, Arbeitsvorbereitung und Operating vertreten
sind. Den Vorsitz hat der Rechenzentrumsleiter. Der Arbeitskreis
wird bei Bedarf erweitert. Zur Zeit nehmen die für Organisation
und Programmierung zuständigen Mitarbeiter eines Anwenders teil,
da sich das Anwendungsgebiet in einem Entwicklungs- und Verände-
rungsprozeß befindet. Obwohl die Teilnahme der EDV-Hersteller

grundsätzlich für vorteilhaft gehalten wird, ist dies nicht realisiert worden. Es wären zwei - zeitweise auch drei - verschiedene Firmen zu beteiligen gewesen. Dafür finden alle vier Wochen getrennte Hersteller-Gespräche statt, die nach dem gleichen Schema ausgerichtet sind wie der Installations-Management-Arbeitskreis.

Der Arbeitskreis tagt wöchentlich zu einem festen Termin. Die Tagungsdauer ist auf maximal eineinhalb Stunden limitiert. Die Tagesordnung ist verbindlich; sie besteht aus den Punkten Produktionsbericht, Aktivitätenliste und neue Aktivitäten. Die anstehenden Themen werden nur soweit behandelt, daß die generelle Vorgehensweise und die verantwortliche Stelle festgelegt werden können.

4.3. Durchführung des Installations-Management

Das Installations-Management stützt sich auf den Produktionsbericht und die Aktivitätenliste.

Der Produktionsbericht dient dem Soll-Istvergleich. Er wird wöchentlich erstellt. Er enthält für jede CPU und jede Datenfernverarbeitungsanwendung die Soll- und Istwerte der Verfügbarkeit, die mittlere Laufzeit zwischen zwei Ausfällen, die mittlere Ausfalldauer und die Anzahl Ausfälle mit Ursachenaufschlüsselung. Je CPU sind zusätzlich die Werte für die mittlere Techniker-Wartezeit enthalten. Die Verfügbarkeit der Datenfernverarbeitungsanwendungen bezieht sich zur Zeit nur auf das jeweilige zentrale Programmsystem. Das ist nicht ausreichend. Das entscheidene Kriterium ist die Verfügbarkeit am Datenendgerät. Diese Werte werden in Kürze in den Produktionsbericht aufgenommen. Sie werden von einer zentralen Servicestelle ermittelt, die im Rechenzentrum für die Betreuung der Datenübertragungsnetze eingerichtet wird.

Die aufgrund von Soll-Istabweichungen oder aufgrund sonstiger Vorkommnisse vereinbarten Maßnahmen werden in der Aktivitätenliste unter Angabe der federführenden und der beteiligten Stellen, des nächsten Berichtstermins sowie des Endtermins festgehalten.

Die Tagungsdauer beträgt durchschnittlich eine Stunde.

4.4. <u>Ergebnis des Installations-Management</u>

Das Rechenzentrum weist durchweg gute bis sehr gute Verfügbarkeits-
werte aus. Obwohl eine unmittelbare Zuordnung zu der Wirkung des
Installations-Management nicht möglich ist, kann mit Sicherheit
davon ausgegangen werden, daß diese Wirkung hier ihren Niederschlag
gefunden hat. Alle Beteiligten stimmen in ihrer Beurteilung dahingehend überein, daß die Erfüllung der gemeinsamen Aufgaben durch
Installations-Management erleichtert worden ist und daß die Effektivität der eigenen Arbeit zugenommen hat. Als Indiz für diese
positive Bewertung kann gelten, daß der Arbeitskreis seit Juli
1978 jede Woche ohne Ausnahme mit der erforderlichen Besetzung
getagt hat.

<u>Organisatorische und technische Maßnahmen gleitender</u>
<u>Rechnerablösung</u>

Martin Bürkle
Regionales Hochschulrechenzentrum
D-6750 Kaiserslautern

Jürgen Gottschewski
Großrechenzentrum für die Wissenschaft
D-1000 Berlin

Vorbemerkung

Die folgenden Überlegungen zur gleitenden Rechnerablösung sind der
Versuch, aus einem konkreten Migrationsfall allgemeine Schlußfolge-
rungen zu ziehen.
Die Autoren haben gemeinsam - soweit es trotz verschiedener geogra-
phischer und organisatorischer Umgebungen möglich war - an Definition
und Durchführung des Projekts MIGRATION BS3-BS2000 mitgewirkt. Dieses Projekt wird vom BMFT gefördert und zusammen mit der Siemens AG
finanziert. Es wird von den Universitäten Düsseldorf und Saarbrücken,
dem Regionalen Hochschulrechenzentrum Kaiserslautern, dem Großrechenzentrum für die Wissenschaft in Berlin und der Computergesellschaft
Konstanz durchgeführt und steht kurz vor dem Abschluß. Interessenten
an diesem Projekt seien auf die STARG-Tagung 1981 verwiesen, wo es
in einem zweitägigen Seminar am 26. und 27. März 1981 vorgestellt
werden soll. Ein Tagungsbericht soll ebenfalls herausgebracht werden.
Ziel unserer Ausführungen im Rahmen dieses Fachgespräches ist lediglich die Darstellung und Diskussion der allgemeinen Problematik
und das Herausstellen einiger uns wichtig erscheinender Maßnahmen.

Erster Teil: Organisatorische Maßnahmen

Die Überlegungen, die zur Definition des oben genannten Projektes
geführt haben, sind nur teilweise an das spezielle Migrationsvorhaben
(Ablösung eines TR 440 durch eine BS2000-Maschine) gebunden. Wohl
aber sind durch die Größe des abzulösenden Systems (Ausgangssystem),
seine organisatorische Einbettung und die Komplexität der darauf be-

arbeiteten Anwendungen Anforderungen an das Zielsystem, die Art der
Ablösung und den Umfang ergänzender organisatorischer Maßnahmen vorgegeben. Zunächst sei versucht, die typische Ausgangslage zu skizzie-
ren.

Das Ausgangssystem

- Das Ausgangssystem ist ein mittlerer bis großer Universalrechner
  mit ausgedehnter Fernverarbeitungsperipherie. Alle Anlagen sind
  vom Kunden gekauft worden.
- In mehreren Fällen ist das Ausgangssystem Baustein in einem ho-
  mogenen Rechnernetz großen Komforts. Die Kommunikation mit Rechnern anderer Hersteller ist in verschiedener Weise realisiert
  ("inhomogenes Rechnernetz") und spielt in der Organisation des
  Rechenzentrums eine große Rolle.
- Der größte Teil der Systeme wird in wissenschaftlichen Rechenzentren mit jeweils 500 bis über 1000 individuell zu verwaltenden
  Benutzern betrieben.
- Der größere Teil der eingesetzten Software wurde von den Benutzern
  weitgehend außerhalb der Einflußmöglichkeiten des RZ entwickelt.
  Das RZ ist hingegen für die Betriebssoftware und einen von Fall
  zu Fall unterschiedlichen Bestand an Grundsoftware zuständig.
- Die Benutzer haben gemeinsam mit dem Rechenzentrum eigene Geräte,
  wie Laborrechner, Fachhochschulrechner o.ä. über DFÜ mit höchst
  unterschiedlichem Komfort an das zentrale System angeschlossen.
- Auf dem Ausgangssystem existieren langlebige komplexe Anwendungen
  (z.B. Programme der Universitätsverwaltung, Retrievalsysteme,
  Methodenbanken),wie man sie sonst eher in der "kommerziellen DV"
  vermutet.

Im konkreten Fall TR 440 stand bereits seit Jahren fest, daß es zu
diesem für die Benutzer höchst attraktiven System keinen kompatiblen
Nachfolger geben würde, so daß der Übergang zu anderen, inkompatiblen Systemen für Rechenzentren und Benutzer unvermeidbar wurde. Es
galt also nicht, die Vorteile eines neuen Systems gegen den Umstellungsaufwand aufzuwiegen, sondern der Umstellungsaufwand konnte nur
Entscheidungshilfe für die Wahl des Zielsystems sein, nicht aber als
solcher in Frage gestellt werden.

Besonderheiten der Ausgangssituation

Für das skizzierte Ausgangssystem in seiner organisatorischen Umgebung gelten einige Besonderheiten, die bei der Ablösung anderer, z.B. kleiner oder spezieller Systeme nicht oder möglicherweise anders bewertet werden müssen:

- Der Übergang zu einem inkompatiblen Nachfolgesystem ist unvermeidlich und daher in jedem Falle langfristig planbar.
- Während normalerweise Migration als Herstellerproblem beim Übergang zu einer neuen Rechnergeneration oder bei der Ablösung von Konkurrenzsystemen angesehen wird, handelt es sich im vorliegenden Fall in erster Linie um ein Problem des Rechenzentrums und seiner Benutzer.
- Das DFÜ-Netz wird im allgemeinen wegen seines hohen Investitionswertes weiter betrieben werden müssen.
- Einige Peripheriegeräte (z.B. Plotter, Microfilmplotter) sollen ebenfalls am Zielrechner weiter betreibbar sein, möglichst mit den gleichen Benutzerschnittstellen.
- Eine schlagartige Ablösung des Gesamtsystems dürfte künftig kaum noch möglich sein, ohne einzelnen Anwendern schweren Schaden zuzufügen.
- Die Umstellung der Rechenzentrumsorganisation sollte möglichst vor der Umstellung der Anwendungen erfolgen, damit das Rechenzentrum während der Umstellungsarbeiten der Anwender möglichst viel Personal mit Erfahrung für die Umstellungsberatung der Benutzer verfügbar hat.

Lösungsansätze unter Verzicht auf Migration

Die meisten Lösungen zum Problem des Systemwechsels gehen von einem Modell aus, das eine Anwendung in eine Hierarchie von Schichten zerlegt.
Zum Beispiel:

```
        1.)        Organisatorische Umgebung
        2.) Anwenderprogramme │ Dateien und Datenbasen
            └──────────────────┴──────────────────┘
        3.)        Betriebssystemumgebung
        4.)        Hardware
```

Es liegt nahe, an Stelle einer Umstellung der gesamten Anwendung
eine oder mehrere der genannten Ebenen langfristig stabil zu halten.
Festhalten der Ebene 4 entspricht der üblichen Hardwareemulation.
Festhalten der Ebene 3 entspricht der üblichen Softwaresimulation
              (meistens nur Teillösungen)
Festhalten der Ebene 2 entspricht der Verwendung portabler oder auf
         vielen Systemen vorhandener Anwendersoftware.

Die ersten beiden Ansätze leiden unter dem gleichen Mangel: Es findet keine wirkliche Wandlung statt, die Vorteile des Zielsystems
bleiben weitgehend ungenutzt, die Umstellungsprobleme werden verscho-
ben und werden mit der Zeit eher schwieriger. Trotzdem haben diese
Verfahren ihre Vorzüge: Der Arbeitsaufwand für die Anwender zur Zeit
des Systemwechsels wird minimiert, es steht ein langer Umstellungs-
zeitraum zur Vefügung, der so lang ist, daß Anwendungen von mittel-
fristiger Dauer oft gar nicht mehr umgestellt werden müssen, weil sie
rechtzeitig beendet oder durch Neuentwicklungen abgelöst werden.
Von anderer Qualität ist der Versuch, die Ebene 2 (Anwendersoftware)
unabhängig vom verwendeten DV-System zu halten. In der Praxis von
1981 läuft das auf folgende Maßnahmen hinaus:

- Möglichst weitgehende Verwendung von international anerkannter und
  auf vielen Maschinentypen verbreiteter Anwendersoftware (z.B. SPSS,
  IMSL, REDUCE ...);
- Verbreitung von Softwaretools zur Erzeugung weitgehend portabler
  Programme. (Automatische Überprüfung der Einhaltung von Programmier-
  richtlinien, Verwendung von einheitlichen Programmgeneratoren,
  systemübergreifende Dokumentations- und Maintenanceverfahren);
- Schaffung von einheitlichen Schnittstellen für spezielle Systemleistungen (z.B. die kompatible Datenbankschnittstelle KDBS).

Zur Zeit sind vollständige Lösungen auf diesem Wege nicht erreichbar.
Auch langfristig sprechen wenige Indizien für den Erfolg derartiger
Maßnahmen. Eher ist anzunehmen, daß für einzelne Anwendersysteme die
flexiblere Hardwareentwicklung die Entwicklung von Spezialmaschinen
(z.B. für REDUCE !) erlauben wird, die den Universalrechnern weit
überlegen sind und dem Anwender über einen Funktionsverbund im Rechnernetz zugänglich werden.

<u>Lösungsansätze mit Migrationsverfahren</u>

Migration - die Lehre von der Wanderung - bedeutet den schrittweisen
Wandel des Ausgangssystems, bis es tatsächlich zum Zielsystem geworden ist. Offenbar kann man diesen Begriff sowohl auf DV-Systeme als
auch auf einzelne Applikationen anwenden.
Eine Migration des DV-Systems (im Sinne der "reinen Lehre") bedingt
bei jedem Migrationsschritt eine parallele Anpassung der Anwendungen
(dies ist das sattsam bekannte Problem der Einführung neuer Betriebs-
systemversionen), ist Sache des DV-Herstellers und soll hier weitgehend außer Betracht bleiben.
Bei genauerer Betrachtung der Ausgangslage stellt sich heraus, daß
nicht das gesamte DV-System, sondern lediglich eine große - meist
die größte - Komponente in einem Rechnernetz abzulösen ist und sowohl
für die einzelnen Anwendungen, als auch für spezielle Geräte ein glei-
tender Übergang zu dem angestrebten Endzustand erreicht werden muß.
Die Forderung, die Rechenzentrumsorganisation nicht gleichzeitig mit
den Anwendungen umzustellen, führt zur Planung einer längeren Koexi-
stenz von Ausgangssystem und Zielsystem, wobei das eine schrittweise
abgebaut, das andere schrittweise erweitert werden wird.
Die Forderung der Übernahme einiger Peripheriegeräte an das Zielsystem kann durch zeitweiligen off-line Betrieb dieser Geräte (aus Sicht
eines der beiden Systeme) oder durch Kopplung der Systeme und Schaffung eines speziellen Auftragstransfers erfüllt werden.
Die Forderung der DFÜ-Netz-Übernahme läßt sich nur durch Anschluß des
Zielsystems an das vorhandene DFÜ-Netz erfüllen.
Zahlreiche Anwendungen greifen auf gemeinsame Datenbestände zu. Wenn
- wie zu erwarten - diese Anwendungen nicht alle gleichzeitig umgestellt werden können, müssen entweder die Datenbestände auf beiden
Systemen (synchron !) parallel gehalten werden, oder es muß die <u>Um-
stellung der Programme von der Umstellung der Daten entkoppelt</u> werden. Dies setzt einen Rechnerverbund mit Datei- und Auftragstransfer-
funktionen einschließlich der erforderlichen Wandlungsdienste voraus.
Hiermit würden zugleich die Probleme des Zugriffs zu den zu übernehmenden Geräten von beiden Systemen in eleganter Weise gelöst.
Wir sind der Meinung, daß eine derartige Integration des Zielsystems
in das Rechnernetz die einzige tragfähige Basis für alle speziellen,
bekannten benutzernahen Umstellungshilfen darstellt. Im zweiten Teil
unserer Ausführungen wollen wir daher auf diese - mehr technischen
Aspekte - genauer eingehen. Wir sind ferner der Meinung, daß in dem

selben Maße, in dem wir unsere verschiedenen Arten von Rechnerverbund
besser verstehen und nutzen, diese Art der Systemablösung zur Selbst-
verständlichkeit, sowohl im Interesse der Rechenzentren als auch ihrer
Benutzer werden wird.
Um diese zwangsläufig eher pauschalen Überlegungen etwas zu konkretisieren, soll zum Abschluß des ersten Teils der organisatorische Ablauf einer konkreten Ablösung eines TR 440 durch eine BS2000-Maschine
skizziert werden.

Vorschlag für den organisatorischen Ablauf einer konkreten Umstellung BS3-BS2000

Der Ablauf wird als zeitliche Folge von Schritten dargestellt, die
sich in der Praxis zum Teil überlappen. Es wird ferner unterstellt,
daß die Entscheidung für das konkrete Zielsystem bereits gefallen
ist und daß die existierenden Hilfsmittel des Migrationsprojektes
bekannt sind. Es bleibt dem Leser überlassen, aus dem Beispiel eine
Nutzanwendung für andere Systemablösungen zu ziehen.

1. Planung der selbständigen Installation einer kleinen BS2000-Ma-
   schine für neue Anwendungen (keine Umstellungen vom TR 440); üb-
   liche Vorarbeiten;
2. Erweiterung und Anpassung der auf dem Ausgangsrechner vorhandenen Systeme für Benutzerverwaltung und Abrechnung derart, daß die
   neue Anlage zusätzlich verwaltet werden kann;
3. Installation der neuen Anlage;
4. Sammeln von Betriebserfahrungen, Betreuung der (neuen) Benutzer,
   weitere Schulung des RZ-Personals;
5. Kopplung der Anlagen entweder durch Standardprodukte des Herstel-
   lers ("Basisverbund") oder andere geeignete Produkte. Installation der höheren Verbundleistungen aus dem Migrationsprojekt;
6. Übernahme wichtiger Software vom Ausgangsrechner;
   z.B. Grafik: Die auf dem Ausgangssystem vorhandene Grafiksoft-
       ware wird im Zielsystem ablauffähig gemacht. Zeichnungen
       können sowohl auf den am Zielsystem vorhandenen Geräten als
       auch auf den Geräten des Ausgangssystems ausgegeben werden.
       Bei nur einmal vorhandenen Geräten des Ausgangssystems hat
       dies die implizite Benutzung des Ausgangsrechners durch neue
       Benutzer des Zielsystems zur Folge. (Erhöhung der Belastung
       des Ausgangsrechners!)

z.B. Datenträgerverwaltung: Auch dies ist erst als späterer
Schritt erforderlich, weil bei anfangs schwacher Systembe-
lastung die menschliche Überwachung ausreicht.

7. Überleitung einiger Benutzer des Ausgangssystems auf spezielle,
nur auf dem Zielsystem vorhandene Anwendungspakete, deren Vorteile offensichtlich sind (z.B. FIDAS), wobei die Daten möglicherweise weiterhin am Ausgangsrechner lagern;

8. Erschließung und Propagierung besonders nützlicher Leistungen des
Rechnerverbundes wie z.B. Zugriff auf Eingabe- und Ausgabegeräte
des jeweils anderen Systems;

9. Freigabe der Datei- und Programmumsetzer des Migrationsprojektes
für Benutzer. Freigabe der Umstellungshandbücher;

10. Umstellungsschulung der Benutzer;

11. Erweiterung des Zielsystems, falls erforderlich;

12. Betreuung der Migration spezieller Anwendungen;

13. Reduzierung des Ausgangssystems, falls möglich;

14. Übernahme der Software für Abrechnung, Benutzerverwaltung etc.
an den Zielrechner (als Vorbereitung der völligen Demontage des
Ausgangssystems);

15. Schrittweiser völliger Übergang zum Zielsystem durch mehrfache
Wiederholung der Schritte 11 bis 13.

Vergleich mit der Praxis

Im Großrechenzentrum für die Wissenschaft Berlin z.B. sind die Schritte
1 bis 8 bereits vollzogen. Einzelne große Anwendungen werden zur Zeit
gerade umgestellt. Dabei haben sich die Hilfsmittel des Migrationsprojektes als unentbehrlich erwiesen. Selbst in dem für automatische Verfahren besonders unzugänglichen Bereich der Datenbankanwendungen rechnen wir mit einer ca. 50 % Reduktion des Umstellungsaufwandes durch
das Migrationsprojekt (Softwarewerkzeuge und Handbücher). Insofern sind
wir sicher, daß der Gesamtaufwand für das Projekt (alle Partner gemeinsam ca. 70 Mannjahre) bereits durch die Ablösung von 3-4 Installationen
aus Sicht der Benutzer gerechtfertigt ist.

Zweiter Teil: Technische Maßnahmen

In dem mehr technischen Teil sollen einige Überlegungen aus der konkreten Situation eines Regionalrechenzentrums zur Versorgung mehrerer
Hochschulstandorte und -einrichtungen zur Diskussion gestellt werden.
Es sollen Anregungen gegeben werden, wie langfristige Konzepte für
die immer wieder erforderlichen Rechnerablösungen gefunden und realisiert werden können. Gleichzeitig ist es aber die Absicht, Grenzen
aufzuzeigen, die bei jedem solchen Vorhaben zwangsläufig auftreten
müssen.
Für den Kreis der angesprochenen Installationen soll keine Checkliste
für den Gesamtvorgang Rechnerablösung gegeben werden, vielmehr einige
Grundgedanken für solche Rechenzentren, die sich nicht in zunehmendem
Maße von den Herstellern ihrer Mainframes abhängig machen wollen.

Historische Rechnerablösung

Wenn hier die Rede von Rechnerablösung ist, so ist damit das mehr oder
weniger kompatible Ersetzen bzw. Hochrüsten des Zentralrechners unter
Beibehaltung des Restsystems nicht gemeint. Vielmehr geht es um die
im Wissenschaftsbereich doch recht häufige Beschaffung einer zum aktuellen Bestand inkompatiblen Rechenanlage.
Aufgrund der Finanzierungsmodalitäten handelt es sich hier meist um
Kaufanlagen mit einer Nutzungsdauer von ungefähr 10 Jahren. Rechenzentren, die eine Ablösung hinter sich haben, vollzogen meist bei dieser Gelegenheit den Übergang vom reinen Stapelbetrieb zum Mischbetrieb
unter Einschluß von Stapelfernverarbeitung und Dialogbetrieb. Dieser
Vorgang vollzog sich, wenn die räumlichen Voraussetzungen gegeben waren, in Form des disjunkten Parallelbetriebs, d.h. die neue Anlage
wurde zusätzlich zu der vorhandenen installiert. Der eigentliche
Übergang vollzog sich (unter dem Druck der Wartungskosten) zum überwiegenden Teil durch Aussterben der alten Anwendungen oder über Be-
nutzerärger wegen steigender Anfälligkeit des Veteranen.
Weitere Varianten waren scharfe Trennungen, die durch Raumknappheit
(mit mehrmonatiger Unterbrechung) oder durch gleichzeitigen Umzug in
andere Räume vollzogen wurden.
Damals war das Verhältnis von Rechenzentrum zu Benutzer gekennzeichnet
durch die monopolartige Anbietung von Rechenleistung, Benutzung von
Lochkarten, Lochstreifen und Druckerlisten, erhebliche Turnaroundzei-

ten durch den Stapelbetrieb, sowie eine starke projektbezogene Programmierung (Wegwerfprogramme). Dazu kam die latente Bereitschaft zum Systemwechsel wegen der erhöhten Rechenleistung (selbst Exklusivnutzung konnte in vielen Fällen den Bedarf nicht befriedigen).

<u>Heutige Randbedingungen</u>

Demgegenüber läßt sich die heutige Situation, die für die Rechenzentren vergleichsweise wesentlich ungünstiger ist, stichwortartig charakterisieren durch
- Verlust der Monopolstellung durch Kleinsysteme im Benutzerbesitz,
- hoher Anteil der online-Verarbeitung,
- Gewöhnung der Benutzer an reale Dialoggeräte mit ihren Spezialitäten,
- erhöhte Anforderungen an die Verfügbarkeit durch die Direktverarbeitung,
- Datenhaltung im Rechner,
- immer noch wachsender Anteil der langlebigen Anwendungen,
- Anschluß benutzereigener Geräte,
- wachsende Zahl von Amateurbenutzern, die mit möglichst wenig Aufwand ihre Ergebnisse haben wollen und kaum bereit sind, sich umzustellen, auch wenn ihr Projekt z.B. über mehrere Jahre geht,
- Zwang zur Bedienung von exotischen Geräten und Schnittstellen.

Während es im kommerziellen Bereich heute möglich und durchaus üblich ist, den eventuellen Umstellungsaufwand bei der Ausschreibung von Beschaffungen zu berücksichtigen, ist dieser Punkt bei wissenschaftlichen Institutionen heute noch nicht zum Allgemeingut geworden. Diese Aufwendungen, deren Höhe durchaus im Bereich der Hardwarekosten liegen, werden überwiegend einfach auf die Vielzahl der Benutzer verteilt.
Ein weiteres Problem für das Rechenzentrum liegt darin, daß es die ideale Anlage für den meist breit gestreuten Benutzerkreis nicht gibt. Zudem haben die verschiedenen Systeme ihre Vorteile auf durchaus unterschiedlichen Gebieten. Da sich dieser Trend eher noch verstärken wird, ist abzusehen, daß im zunehmenden Maße heterogene Systeme langfristig direkt benachbart aufgestellt werden, ohne daß man disjunkte Benutzergruppen hat.

Gemeinschaftliche Nutzung

Hier soll nicht mehr über die Standardmöglichkeiten gesprochen werden,
die der Betrieb benachbart aufgestellter, unterschiedlicher Systeme
zuläßt: Arbeitsvorbereitung, Magnetbandaustausch, Offline-Geräte
u.s.w. Vielmehr sollen hier in Anlehnung an den ersten Teil der Ausführungen die Schwerpunkte: Auftrags- und Datenaustausch, sowie der
Funktionsverbund stehen.

- Auftragstransfer:
  Diese Leistung, einen Auftrag gemäß den Konventionen des Zielsystems
  von einem Rechner zum anderen zu transportieren und die zugehörigen
  Ausgabelisten ggf. wieder zurückzusenden, ist bekannt und wird seit
  mehr als 10 Jahren praktiziert. Meist wird dabei das Zielsystem als
  Stapelstation betrieben. Dieses auf den ersten Blick recht elegante
  Verfahren zeigt erst bei intensiver Nutzung seine Schwächen. Stichwortartig soll hier hingewiesen werden auf: Begrenzung der Auftrags-
  größe, fehlende Codetransparenz, unerwünschte Umcodierung, Overhead
  durch kleine Blöcke, Leitungsblockierung durch Großaufträge und
  mangelndes Routing für Ausgabeinformation.

Alle diese Probleme haben als gemeinsame Wurzel die Entfremdung von
Protokollen zu Zwecken, für die sie nicht entworfen wurden. Weitgehend eigene Protokolle kann man dagegen einsetzen, wenn man sich an
die Sendungs- oder Teilhaberschnittstelle der Systeme hält (z.B.
Logische Leitungen beim TR 440 oder DCAM im BS2000). Es entfällt das
sonst mehr oder weniger erforderliche "Anbohren" von Systemkomponen-
ten und man hat eine ungleich leistungsfähigere Schnittstelle, die
keine der obigen Schwächen aufweisen muß. Der zu Anfang gegenüber
der gängigen Methode erhöhte Aufwand wird mit Sicherheit dadurch
ausgeglichen, daß Flickarbeiten bei neuen Systemversionen mit
größter Wahrscheinlichkeit ausgeschlossen werden können. Am Regionalen Hochschulrechenzentrum Kaiserslautern wurde bereits vor Jahren
ein solcher Auftragstransfer zwischen TR 440-Rechnern implementiert.
Die Tragfähigkeit des Konzepts hat sich in besonderer Weise dadurch
gezeigt, daß für den BS3/BS2000-Verbund auf BS3-Seite große Teile
der höheren Protokolle übernommen werden konnten.

- Datenaustausch:
Hier ist zu unterscheiden, ob der Zugriff zum anderen Rechner auf
Datei-, Block- oder Satzebene erfolgt. Während die Betriebssysteme
i.a. auf Blockebene auf die Speichermedien zugreifen, sind im Bereich der Rechnerkopplung die Verfahren des Dateitransfers und der
Zugriff auf Satzebene (remote file access) fast ausschließlich vertreten. Beide haben ihre Berechtigung für spezielle Anwendungen.
Stichworte zur Beurteilung sind: Reaktionszeit, Zugriffskoordination,
Speicherbuchung, Zugriffsberechtigung, Benutzerschnittstelle, Wandlung und Effizienz.
Im aktuellen Fall des BS3/BS2000-Verbunds war ein satzweiser Zugriff
nicht realisierbar, weil im BS3 der Overhead unvertretbare Formen
angenommen hätte. Dieses Verfahren ist wohl nur bei Systemen mit
durchgängig virtueller Speicherverwaltung realisierbar. Der Dateitransfer wurde auf den Auftragstransfer aufgesetzt. Eine sehr einfache Benutzerschnittstelle wurde als Pseudokommando realisiert und
kann im Rahmen des Auftragstransfers aufgerufen werden. In allen
sinnvollen Fällen ist die automatische Wandlung der Dateiinforma-
tion eingeschlossen. Zunächst war geplant, die Datei im Absenderech-
ner in ein sogenanntes Austauschformat umzucodieren, dieses beim
Transport zu benutzen und am Zielrechner dann gemäß der hier gülti-
gen Konvention zu wandeln. Dieses Verfahren erzwingt auf beiden Rechnern eine satzweise Bearbeitung der Gesamtdatei und führt hierdurch
zu einem sehr hohen Verwaltungsaufwand. Daher wird im konkreten Fall
im Anschluß an den notwendigen Satztransport im Ursprungsrechner direkt die Umcodierung auf das Hintergrundblockformat des Zielrechners
durchgeführt. Beim Empfänger muß dann nur noch der physikalische
Transport durchgeführt werden. Dieses Vorgehen bringt erhöhten Implementierungsaufwand, wenn mehr als 2 Rechnertypen am Verbund beteiligt sind, jedoch ist der dynamische Gewinn beträchtlich.
Auftrags- und Dateitransfer können sowohl von Stapel- als auch von
Dialogaufträgen in Anspruch genommen werden. Für beide Dienste wird
sowohl eine Synchron- als auch eine Asynchronvariante zur Verfügung
gestellt, so daß der Benutzer bei Bedarf Koordinierungen selbst vornehmen kann.

- Funktionsverbund:
Hierunter soll die Möglichkeit verstanden werden, von einem Gerät
aus alternativ beide Systeme zu adressieren. Diese Leistung wird
bei Systemen der betrachteten Größenordnung durchweg mittels Kopp-

lung der Vorrechner erreicht. Zusätzlich zu einem passenden Port-
service in jedem Vorrechner sind noch für jede Richtung Protokoll-
umsetzer auf den verschiedenen Ebenen erforderlich. Für den BS3/
BS2000-Verbund liegt hier ein für die Rechenzentren glücklicher
Sonderfall vor, weil beide Betriebssysteme den gleichen Vorrechner
unterstützen, so daß sich der zusätzliche Aufwand "nur" auf einige
Mannjahre belief. Dieser Funktionsverbund unterstützt auch die
KOMSYS-DCAM-Kopplung mittels einer HDLC-Übertragung, so daß Auftrags-
und Dateiverbund hier ein bequemes Transportmittel (eingeschränkter
Übertragungskapazität) vorfinden.

Spätestens an dieser Stelle ist auf die Frage nach dem Einsatz offe-
ner Netzkonzepte und genormter Protokolle einzugehen. Auch hier
sollen aus Zeitgründen nur einige Gedanken stichwortartig aufge-
rissen werden.
- Sie sind für Remote-Anwendungen ausreichend und zu begrüßen.
- Die Vorrechnerkopplung zum Verarbeitungsrechner wird noch lange
  systemspezifisch bleiben.
- Höhere Protokolle sind heute noch nicht standardisiert.
- Offene Netze sind häufig gegen die Interessen der Hersteller.
- Es wird noch eine Rechnergeneration dauern, bis genormte höhere
  Protokolle bis in die Verarbeitungsrechner durchgezogen sind.
- Unabhängige Hersteller sind heute schon bereit, gemeinsame Vor-
  rechner bzw. Vorrechnernetze zu realisieren einschließlich Ka-
  nalanschluß am Verarbeitungsrechner und unter Verwendung vorhan-
  dener Normen und Vorschläge.
- Neben den Standardprotokollen werden immer noch systemspezifische
  Protokolle zur Anwendung gelangen.

Als Ergebnis zeichnet sich ab, daß noch für einige Zeit keine gemeinsame Schnittstelle zwischen Benutzergeräten und den Verarbeitungsrech-
nern verschiedener Hersteller in einer Zentrale ohne spezielle Umsetzer angeboten wird.
Im Rahmen des bereits erwähnten Migrationsprojekts BS3/BS2000 hat das
Regionale Hochschulrechenzentrum Kaiserslautern eine schnelle Kopplung zwischen den beiden Betriebssystemen mit beidseitigem Kanalan-
schluß entwickelt. Die erforderlichen Protokollumsetzungen werden durch
einen leistungsfähigen Prozeßrechner erbracht. Diese Konstellation
legt es natürlich nahe, auch die Stapel- und Dialogperipherie über
einen solchen Schnittstellenrechner zu betreiben, wenn er sich als

leistungsfähig genug erwiesen hat. Voraussetzungen für einen derartigen Schnittstellenrechner sind:

- Eigenes Betriebssystem mit Datenhaltung und höheren Programmiersprachen,
- Mehrprogrammbetrieb,
- Leistungsfähiges Unterbrechungssystem,
- Hoher Datendurchsatz,
- Unterstützung verteilter Systeme,
- Vollständig zugängliche Dokumentation.

Es gibt genügend Rechenzentren, die gezeigt haben, daß ein derartiger Schnittstellenrechner für eine gegebene heterogene Rechnerausstattung große Vorteile bringt. Heute muß dieses Instrument als mächtiges Migrationswerkzeug gesehen werden, das die erforderliche Entkopplung von Endgeräten und Zentralrechnern ermöglicht. Die selbstverständliche Forderung, daß dieses Hilfsmittel seinerseits unbemerkt migrierbar sein muß, ist durch die Möglichkeit der dynamischen Leistungserweiterung und des Parallelbetriebs mehrerer Schnittstellenrechner gegeben.

Literatur

Tagungsband der Vorträge zur Benutzertagung der TR440-Rechenzentren am 26. und 27. März 1981 in der Universität Konstanz

Möglichkeiten der Produktionssteuerung in einer Datenfabrik

K. Wendler
DATEV eG Nürnberg

Zusammenfassung: Die Produktionssteuerung in einer Datenfabrik findet
auf der Anwendungsebene und auf der Ebene der Steuerungssysteme statt,
die den Datenfluß kontrollieren, die Betriebsmittel verwalten, die Auftragsabwicklung koordinieren und anderes mehr. Mit Hilfe eines allgemeinen Transaktionenmodells werden zunächst wesentliche Eigenschaften
des hier betrachteten Dienstleistungs-Systems spezifiziert. Dann wird
ein ablauforientiertes Produktionsmodell vorgestellt, welches das Zu-
sammenspiel der produktionssteuernden Teilsysteme einer Datenfabrik darstellt. Der technische Aufbau der Teilsysteme hängt vom zugrundeliegen-
den Konzept der Auftragsabwicklung ab. Drei unterschiedliche Konzepte
für die Batch-Verarbeitung werden vorgestellt und diskutiert.

1. Charakterisierung einer Datenfabrik

Der Begriff Datenfabrik wurde gewählt um anzudeuten, daß es in diesem
Beitrag um Dienstleistungsrechenzentren geht, die Daten "am laufenden
Band und in Massen" für ihre Kunden produzieren. Produktionsmittel sind
in erster Linie die Anwendungs-Programmsysteme, die in einer geeigneten
Hardware- und Softwareumgebung Daten empfangen, Daten speichern und Daten in visuell oder maschinell lesbarer Form an die Auftraggeber über-
mitteln. Die wesentliche Aufgabe der Produktionssteuerung ist das Planen
und Kontrollieren aller Produktionsmittel und des Datenflusses zwischen
ihnen zur rationellen Auftragserfüllung. Ziel der Produktionssteuerung
muß die termingerechte, sichere und wirtschaftliche Produktion der
Dienstleistungen sein.

Einige typische Wesenszüge einer Datenfabrik sind:

- Die Datenverarbeitung ist Geschäftszweck;
- Massen-Datenverarbeitung;
- Definiertes Dienstleistungsangebot für Endbenutzer (kein Verkauf von
  Rechnerkapazität wie bei Hochschulrechenzentren);
- Hohe Flexibilität der Dienstleistungen durch gestaffelten Leistungs-
  umfang und individuelle Adaptierbarkeit mittels Parametersteuerung;
- Leicht erlernbare problemorientierte Endbenutzersprache, für viele
  Anwendungen formular- bzw. maskenorientiert;
- Kurze Antwortzeiten auch für die Offline-Verarbeitung;

- Große Bedeutung von Datensicherungsverfahren;
- Hohes Maß an Automatisierung;
- Flexible Produktions-Organisation, um Kosten- und Leistungsvorteile neuer EDV-Entwicklungen rasch nutzen zu können.

2. Eigenschaften eines allgemeinen Dienstleistungs-Systems

Die Eigenschaften der Dienstleistungen hinsichtlich ihrer

- Funktion: Welche Funktionen bieten die DV-Dienste und wie sind die DV-Dienste vernetzt?
- Antwortzeit: Innerhalb welcher Zeitspanne liegen die Ergebnisse nach Auftragserteilung beim Empfänger vor?
- Benutzerschnittstelle: Nach welchen Regeln können Aufträge formuliert werden, wie können sie erfaßt und übermittelt werden und in welcher Form werden die Ergebnisse repräsentiert?

bestimmen ihre Verarbeitungserfodernisse und die Komplexität der Steuerungssoftware.

2.1 Offline- und Online-Dienste

Ein allgemeines Dienstleistungs-System bietet Online- und Offline-Dienste, die sich vor allem in folgenden Merkmalen unterscheiden:

Merkmale	Online-Dienst	Offline-Dienst
Antwortzeit	wenige Sekunden (aktives Warten auf Antwort)	Minuten/Stunden/Tage (andere Tätigkeiten, bis Antwort eintrifft)
Problemlösung	interaktive Erfassung aller relevanten Eingabedaten	alle relevanten Eingabedaten müssen vor Beginn der Verarbeitung vorliegen
Umfang einer Dateneingabe	für genau eine Transaktion	für eine Menge von Transaktionen (Auftrag)
Steuerung	Teleprocessing-Monitor für die logische Verbindung zwischen Anwendungsprogramm und Terminal	Monitor nicht notwendig; manuelle Eingriffe zur Produktionssteuerung sind möglich

Ein typischer Vertreter eines Online-Dienstes ist ein Dokumenten-Retrieval-System, das eine interaktive Recherche am Terminal ermöglicht; typisch für einen Offline-Dienst ist ein reines Buchführungssystem, da Antwortzeiten im Bereich von wenigen Tagen tolerierbar sind und da eine Benutzerführung nicht notwendig ist.

2.2 Kommunikationswege

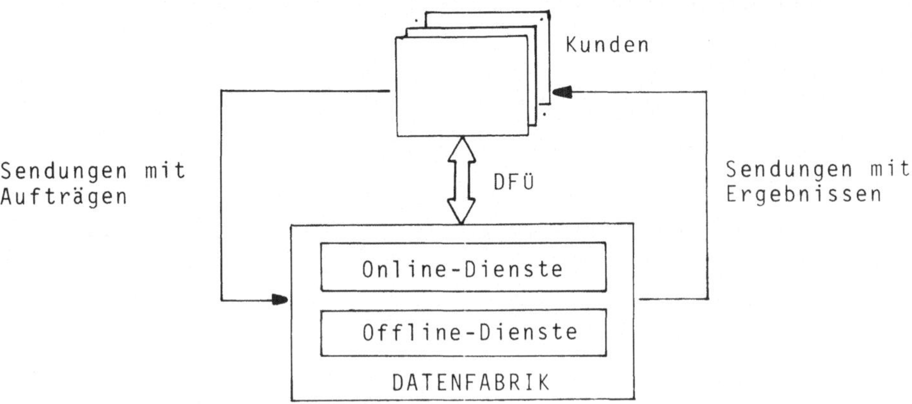

Abb. 1: Verkehrswege zwischen Kunden und Datenfabrik

In Abb. 1 sind die Verkehrswege zwischen einer Datenfabrik und ihren
Kunden dargestellt. Dieser Beitrag beschränkt sich auf die Betrachtung
eines zentralen Dienstleistungs-Systems für Kunden, die von Problemen
des Operating, der Datensicherung und der Programmpflege möglichst entlastet sein möchten. Unter diesem Aspekt besteht die Aufgabe der beim
Kunden installierten Systeme allein darin, die komfortable und problemorientierte Kommunikation mit den zentralen Offline- und/oder Online-
Diensten zu ermöglichen. Eine wirkungsvolle Unterstützung bieten hier
beispielsweise leistungsfähige Erfassungsprogramme.

Offline-Dienste

Aufträge für Offline-Dienste können   a) per Datenfernübertragung (DFÜ)
b) per maschinell lesbarem Datenträger oder   c) in nicht maschinell lesbarer Form an die Datenfabrik übermittelt werden. Auch die Erfassung von
Offline-Aufträgen mit Hilfe eines Online-Dienstes ist möglich, aber nicht
wirtschaftlich. Gewöhnlich wird der Fall c) durch eine Offline-Datener-
fassung in den Fall b) überführt. Nach dem Einlesen der Datenträger in
das zentrale DV-System, in dem auch die Daten von Fall a) eintreffen,
und nach der Konvertierung in ein gemeinsames Datenformat können die
Aufträge unabhängig von der Art der Erfassung und Übermittlung weiterverarbeitet werden.

Ergebnisse von Offline-Diensten können

- über DFÜ zurückgesandt und durch die Anlage des Kunden sichtbar gemacht und/oder lokal weiterverarbeitet werden;

- in Form von visuell lesbaren Dokumenten (Papier oder Mikrofilm) an den
  Kunden ausgehändigt werden;
- auf Datenträger geschrieben und in dieser Form an die Kunden ausgehändigt werden.

Online-Dienste

Eingabeworte (Nachrichten) für Online-Dienste werden gewöhnlich auch
online eingegeben. Wenn für eine Transaktion aber umfangreiche Eingaben
möglich sind, ist auch folgendes Verfahren sinnvoll: Der Benutzer erfaßt
Eingabeworte offline, speichert sie in seinem Endgerät und startet später
eine zugehörige Transaktion, die sich dann die Eingabeworte vom Zwischenspeicher holt. Ergebnisse können online ausgegeben oder einer internen
Instanz übergeben werden, die letztlich die Aushändigung von visuell
lesbaren Dokumenten oder maschinell lesbaren Datenträgern bewirkt.

Datenfernübertragung

Unterschiedliche Übertragungsdienste können eingesetzt werden. Bei geringem Verkehrsaufkommen sind Wählleitungen sinnvoll, bei hohem Verkehrsaufkommen zwischen Datenfabrik und weit verstreuten Terminals der Kunden
empfahl sich in der Vergangenheit der Aufbau eines privaten Netzes /1,3/,
in Zukunft wird die Benutzung öffentlicher Netze (z.B. DATEX-P) wirtschaftlich sein.

2.3 Transaktionenmodell

Es wird ein allgemeines Transaktionenmodell vorgestellt, mit dessen Hilfe
die funktionalen Eigenschaften eines Dienstleistungsspektrums formal beschrieben werden können.

2.3.1 Transaktionen und Transaktionsklassen

Unter einer Transaktion wird die Ausführung einer elementaren DV-Dienst-
leistung verstanden, die unmittelbar oder auch nur mittelbar von einem
Kunden angefordert wurde. Der auszuführende Transaktionstyp T wird durch
seinen Transaktionscode (Name des Transaktionstyps) identifiziert.

Diese Definition wurde so allgemein gefaßt, damit sie gleichermaßen für
Offline-Dienste, Online-Dienste und interne Steuerungsfunktionen trag-
fähig ist. Anlaß zur Ausführung eines Transaktionstyps können unterschiedliche Ereignisse sein:

- Aufruf einer Transaktion (Online-Dienst) am Terminal;
- Eingabedaten für Offline-Dienste stehen bereit und der verarbeitende

Batch-Job wird manuell oder automatisch gestartet;
- Zeitabhängiges Starten einer Transaktionsverarbeitung;
- Es liegen Transaktionsergebnisse vor, die von einem nachgeschalteten
  Transaktionstyp weiterverarbeitet werden sollen, usw.

Das Dienstleistungsspektrum wird durch die endliche Menge $\bar{T}$ der verfügbaren Transaktionstypen T_1, T_2, ..., T_n definiert. Transaktionstypen,
die gemeinsam eine Anwendung oder eine interne Steuerungsfunktion realisieren, bilden eine Transaktionsklasse TK.

2.3.2 Datenbasis einer Transaktionsklasse

Zu jeder Transaktionsklasse TK gehört im allgemeinen eine Datenbasis,
die für jeden Kunden K Stammdaten sd(TK,K) und Bestandsdaten bd(TK,K)
enthält. Die Menge aller Stammdaten/Bestandsdaten für TK wird mit
SD(TK)/BD(TK) bezeichnet (siehe Abb. 3).

Die Datenbasis einer Transaktionsklasse TK kann ausschließlich von
Transaktionen dieser Klasse modifiziert werden. Lesender Zugriff kann
auch Transaktionen anderer Klassen gewährt werden. Die Transaktionstypen einer Klasse TK können gemäß ihrer Wirkung auf die gemeinsame
Datenbasis eingeteilt werden in:

T^s : Transaktionen zur Veränderung der Stammdaten von TK;

T^b : Transaktionen zur Veränderung der Bestandsdaten von TK;

T^l : Transaktionen, die Auswertungen der Bestands- und/oder Stammdaten
   vornehmen, beide aber nicht modifizieren.

Entsprechend der Unterteilung /5/ in O-Funktionen (O: operation) und
V-Funktionen (V: view) bei abstrakten Datentypen /2/ kann man bei T^s
und T^b von O-Transaktionen und bei T^l von V-Transaktionen sprechen.

Anwendungssteuerung: Stammdaten dienen der kundenbezogenen Steuerung
von Transaktionstypen der Arten T^b und T^l. Durch Stammdaten und diese
Stammdaten interpretierende Transaktionstypen werden die Anwendungen
flexibel, d.h. auf die individuellen Bedürfnisse der Kunden einstellbar.
Eine extreme Form der Anwendungsflexibilität liegt vor, wenn die Stammdaten Struktur, Semantik und Verarbeitungsregeln für Bestandsdaten und
Eingabedaten der Transaktionsarten T^b und T^l beschreiben.

2.3.3 Eingabedaten und Ausgabedaten

Eingabeworte: Die Wirkung einer Transaktion des Typs $T \in TK$, die ein
Kunde $K \in \bar{K}$ ($\bar{K}$ sei die Menge aller Kunden) ausgelöst hat, wird vom Eingabewort $e(T,K)$ und im allgemeinen auch vom Zustand der gespeicherten

Daten sd(TK,K) und bd(TK,K) bestimmt. Somit gibt es für das Paar (T,K)
jeweils eine aktuelle Menge gültiger Eingabeworte, die sich durch eine
Modifikation von sd(TK,K) oder bd(TK,K) ändern kann. Im allgemeinen
muß also auf sd(TK,K) und/oder bd(TK,K) zugegriffen werden, wenn die
aktuelle Gültigkeit eines beliebigen Eingabewortes e(T,K) geprüft
werden soll.

Ein Eingabewort besteht gewöhnlich aus zwei Teilworten:

$$e(T,K) = eu(T,K) \circ et(T,K)$$, wobei et transaktionsspezifisch ist.

Die Regeln zur Bildung von Teilworten eu sind transaktionsunabhängig.
Ein Teilwort eu muß mindestens den Transaktionsnamen und die Kundenidentifikation beinhalten; weitere kundenbezogene und/oder anwendungsunabhängige Attribute sind möglich. Schon um das Problem des konkurrier-
enden Zugriffs auf Stamm- und Bestandsdaten zu entschärfen, empfiehlt es
sich, die Gültigkeit von eu(T,K) zentral und die von et(T,K) dezentral
zu prüfen.

Ausgabeworte: Für jede Transaktionsklasse TK gibt es eine Anzahl unterschiedlicher Ausgabetypen A_1, ..., A_n , die in der betrieblichen Praxis
gewöhnlich als Listen bezeichnet werden. Ein Ausgabewort a(A,K) besteht
wie ein Eingabewort aus zwei Teilworten:

$$a(A,K) = au(A,K) \circ at(A,K)$$.

Die Regeln zur Bildung von Teilworten au sind wieder transaktionsunabhängig. Ein Teilwort au muß mindestens den Namen des Ausgabetyps A
und die Kundenidentifikation K beinhalten. Über A kann etwa die Wahl
des Ausgabemediums, die Formularzuordnung und die Vorschubsteuerung
kontrolliert werden; mit K wird die richtige Zustellung und auch eine
kundenindividuelle Listenaufbereitung ermöglicht. Weitere Attribute, die
durch au nachgeschalteten Verarbeitungsinstanzen mitgeteilt werden
können, sind z.B.: gewünschte Kopienzahl und zu verwendender Zeichensatz.
Die Teilworte at können neben der auszugebenden Information noch
Steuerzeichen beinhalten, die von nachgeordneten Einheiten, z.B. Druckern
oder auch Textaufbereitungssystemen interpretiert werden.

Damit wurde bereits das Konzept einer flexiblen Ausgabesteuerung skizziert. Die Menge der in au weiterzureichenden ausgabebezogenen Attribute hängt davon ab, welche Stammdaten den ausgabebezogenen Ausgabe-
instanzen zugeordnet sind und welche Stammdaten über geeignete Transaktionstypen kundenindividuell eingestellt werden können.

Nachgeschaltete Instanzen können wieder als Transaktionstypen (Abb. 2)
oder Transaktionsklassen aufgefaßt werden, von denen die meisten dem

Kunden verborgen sind (hidden transactions).

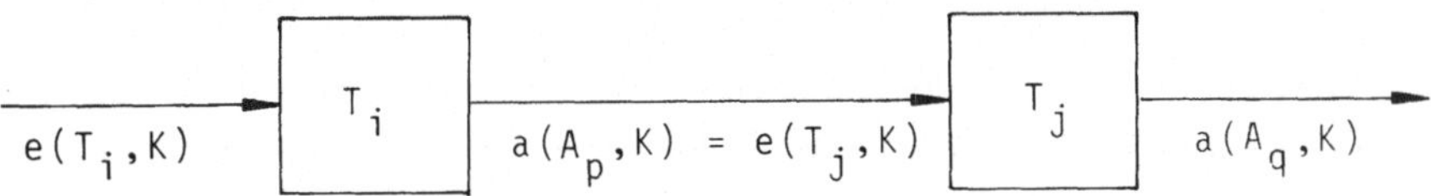

Abb. 2: Transaktionskettung

2.3.4 Schema einer Transaktionsklasse

Die Erläuterungen der Eigenschaften einer Transaktionsklasse TK werden durch Abb. 3 veranschaulicht. Es gelte:

- $TK = \{T_1, T_2, \ldots, T_{n_t}\}$;
- $\bar{K} = \{K_1, K_2, \ldots, K_m\}$;
- $E(T_i,K_k)$ ist die aktuelle Menge gültiger Eingabeworte für (T_i,K_k) ;
- $A_{i,j}(T_i,K_k)$ ist die Menge möglicher Ausgabeworte des Typs $A_{i,j}$ auf-

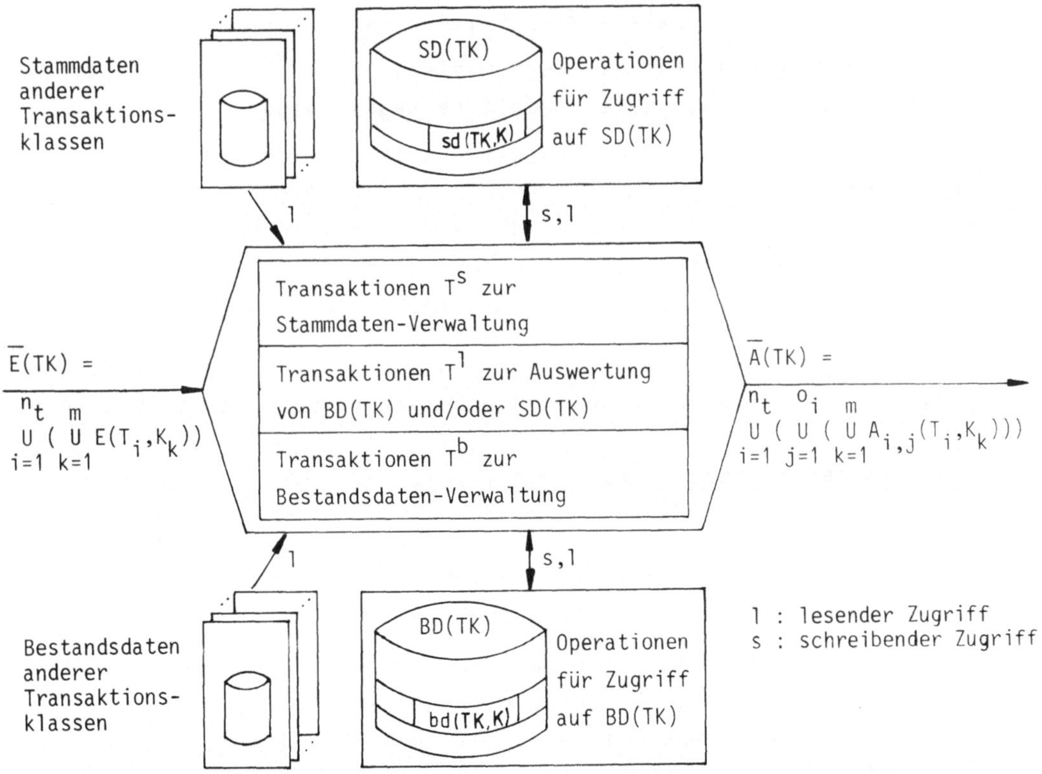

Abb. 3: Schema einer Transaktionsklasse

grund gültiger Eingabeworte für (T_i, K_k) ;

- o_i ist die Anzahl der zu T_i gehörigen unterschiedlichen Ausgabetypen.

<u>Bemerkung</u>: Stillschweigend war bisher angenommen worden, daß die gespeicherten Daten einer Datenfabrik nach dem Ordnungsbegriff 'Transaktionsklasse' zu logischen Datenbeständen zusammengefaßt werden. Eine andere Möglichkeit ist es, alle Daten eines Kunden als logische Einheit zu betrachten und diese Einheit gemäß den unterschiedlichen Transaktionsklassen zu untergliedern. Welche der beiden Alternativen günstiger ist, hängt vom Produktionsverfahren ab.

2.3.5 Aufträge für Offline-Dienste

Bei der Anforderung von Offline-Diensten können die Eingabeworte für eine Menge von Transaktionstypen zusammengefaßt und als ein Auftrag an die Datenfabrik übermittelt werden.

Im einfachsten Fall ist ein <u>Auftrag</u> O eine nichtleere Folge von Eingabeworten:

$$O = e_1 \circ e_2 \circ \ldots \circ e_p \quad \text{mit } e_i \in \bigcup_{j=1}^{n} E(T_j, K) \quad \text{für } 1 \leq i \leq p \;.$$

Zusätzliche Regeln können für die Reihenfolge, in der Transaktionstypen angefordert werden dürfen, gelten. Mögliche Regeln sind:

- Eingabeworte für verschiedene Transaktionsklassen dürfen nicht gemischt auftreten.
- Innerhalb einer Transaktionsklasse dürfen Transaktionen nur in der Reihenfolge T^s-Transaktionen, T^b-Transaktionen, T^l- Transaktionen angefordert werden.

Diese Regeln können durch die Logik der Anwendung, ihre spezielle Realisierung oder durch die Wirkungsweise der Steuerungssysteme bedingt sein.

2.4 Anwendungsübergreifende Steuerungssysteme

Im Kap. 2.3.3 wurden bereits einige mögliche Leistungen eines allgemeinen Ausgabesystems beschrieben. Weitere anwendungsunabhängige Funktionen eines allgemeinen Dienstleistungsspektrums sind:

- Gezieltes Weitergeben bestimmter Ausgabeworte einer Anwendung an eine andere Anwendung zur Weiterverarbeitung (Datenaustausch);
- Zentrale Eingabe von anwendungsübergreifenden Stammdaten;
- Zwischenspeichern von Ausgabeworten, bis diese explizit vom Kunden abgerufen werden;

- Zwischenspeichern aller Ausgabeworte eines bestimmten Typs, bis ein
  definierter Termin erreicht ist; dann kundensortierte Ausgabe auf einem Datenträger (z.B. Datenträgeraustausch mit Behörden oder Geldin-
  stituten);
- Weitergeben von bestimmten Bestandsdaten einer bekannten Teilmenge
  von Kunden in Form von Ausgabeworten; Verdichten der weitergegebenen
  Bestandsdaten nach bestimmten Regeln und Ausgabe der Ergebnisse, etwa
  auf Papier oder Magnetband (z.B. Zusammenfassung der Betriebsergeb-
  nisse aller Werkstätten einer bestimmten Automobilmarke).

Alle diese Steuerungsfunktionen lassen sich mit Hilfe zusätzlicher
Steuerungs-Transaktionsklassen innerhalb des hier vorgestellten Transaktionenmodells spezifizieren. Dies wird anhand der an erster Stelle
genannten Funktion belegt, die eine redundanzfreie Datenerfassung - eine wesentliche Forderung an ein benutzerfreundliches Dienstleistungs-
System - zum Ziele hat.

Datenaustausch zwischen Transaktionsklassen

Anwendungen TK_i und TK_j können in folgender hierarchischer Beziehung
zueinander stehen: TK_i produziert Ausgabeworte des Ausgabetyps A_{ij},
die alle Informationen beinhalten, um gültige Eingabeworte für TK_j bilden zu können. Ein Beispiel hierfür ist die Beziehung zwischen Lohnabrechnung und Finanzbuchhaltung. Ein Kunde, der beide Dienste nutzt,
soll die Ergebnisse der Lohnabrechnung nicht für die Finanzbuchhaltung
erfassen müssen.

Eines von verschiedenen möglichen Verfahren wird im folgenden diskutiert. Es wird vorausgesetzt, daß die Stammdaten von TK_i für jeden Kunden K zum Ausdruck bringen, ob er am Datenaustausch $TK_i \rightarrow TK_j$ teil-
nimmt. A_{ij} sei genau diesem Datenaustausch zugeordnet. Der produzieren-
de Transaktionstyp sei $T' \in TK_i$, der empfangende sei $T'' \in TK_j$. Sei
$a_{ij}(A_{ij},K)$ ein Ausgabewort vom Typ A_{ij} für den Kunden K.

Verfahren mit Zwischenspeicherung: Eine eigene Klasse TK_D hält für jeden Datenaustausch-Ausgabetyp A_{ij} ein Paar von Transaktionstypen bereit (Abb. 4).

- T^e_{ij} nimmt $a_{ij}(A_{ij},K)$ von T' als gültiges Eingabewort entgegen; bildet es eindeutig in ein $a'_{ij}(A^a_{ij},K)$ ab, das seinerseits ein gültiges Eingabewort von $T'' \in TK_j$ ist; speichert a'_{ij} in $bd(TK_D,K)$ ab.
- T^a_{ij} wird vom Kunden angestoßen. Von K initiiert entnimmt T^a_{ij} alle
  für K gespeicherten Worte $a'_{ij}(A^a_{ij},K)$ und reicht sie an TK_j weiter.

Bei diesem Verfahren muß der Kunde selbst für den Gleichlauf der Anwendungen sorgen, zwischen denen Daten ausgetauscht werden.

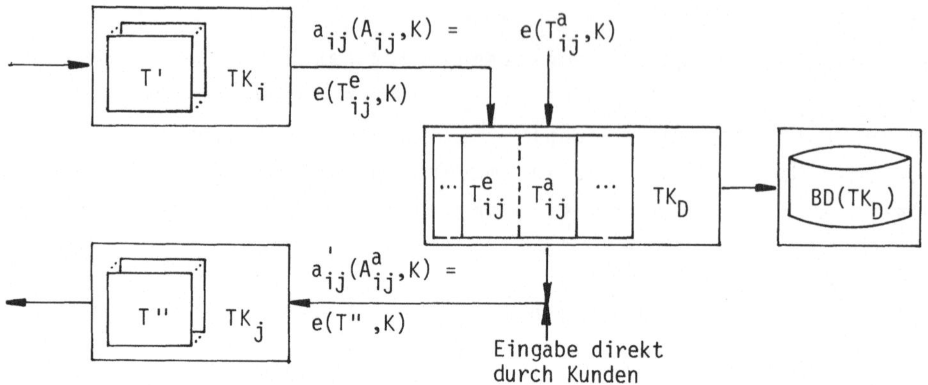

Abb. 4 Datenaustausch zwischen Anwendungen

3. Allgemeines Produktionsmodell

Abb. 6 zeigt ein einfaches ablauforientiertes Modell einer Datenfabrik. Die in Kap. 2 erläuterten Transaktionsklassen eines allgemeinen Dienstleistungsspektrums sind Komponenten der angegebenen Teilsysteme. Zwischen den Teilsystemen findet ein Transfer von Aus- bzw. Eingabeworten statt.

Einige Bemerkungen zu den Teilsystemen:

- Online-System: Es stellt alle Online-Anwendungen und ein geeignetes Datenkommunikations-System (DC-System) zur Verfügung (Abb. 5).

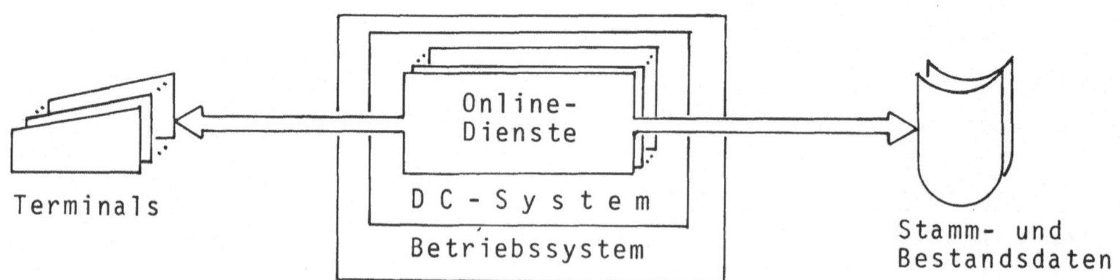

Abb. 5: Online-System

- Offline-System: Es beinhaltet alle anwendungsorientierten Offline-Dienste und eine Ablaufsteuerung für diese Dienste. Die Ablaufsteuerung realisiert das Produktionskonzept für Offline-Dienste (siehe Kap. 4)

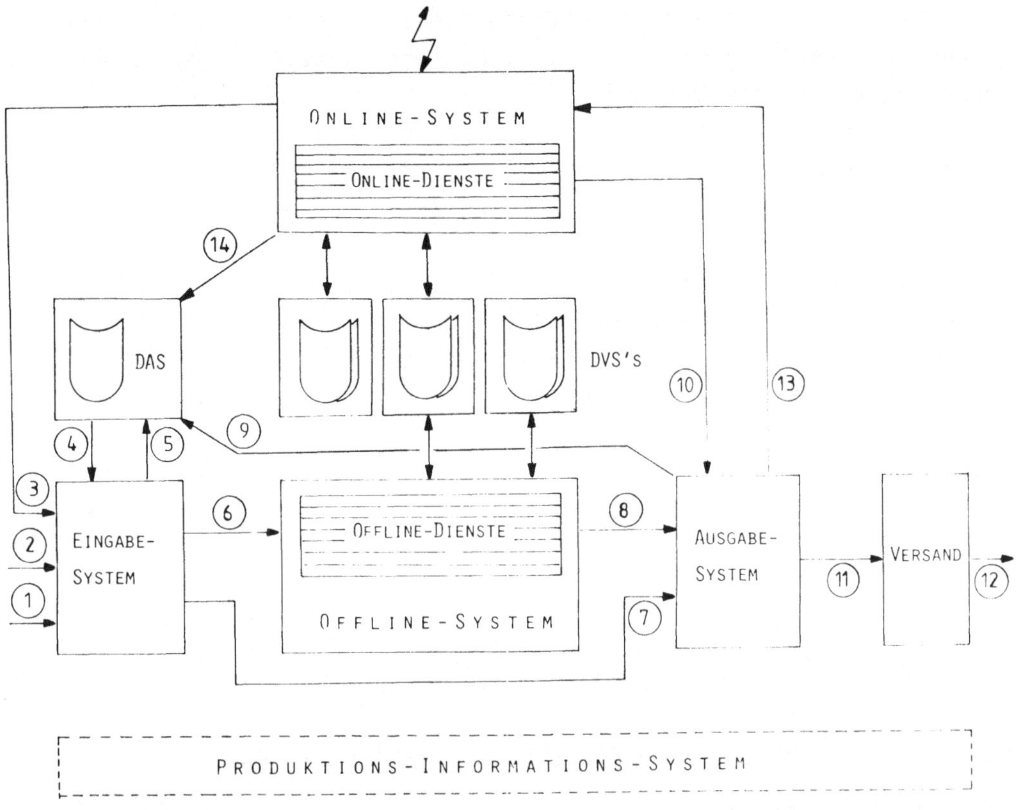

DAS: Datenaustausch-System
DVS: Datenverwaltungssystem

(1) nicht maschinell lesbare Aufträge

(2) Datenträger

(3) mit DFÜ übersandte Aufträge für Offline-Anwendungen

(4) von DAS weitergegebene Eingabeworte für Offline-Anwendungen

(5) Eingabeworte für DAS

(6) Eingabeworte für Offline-Anwendungen

(7) Eingabeworte für die Manipulation von Stammdaten im Ausgabesystem

(8) Ausgabeworte von Offline-Anwendungen

(9) Ausgabeworte, die anderen Anwendungen zugeführt werden sollen

(10) von Online-Anwendungen erzeugte Ausgabeworte, die nicht mit DFÜ übermittelt werden sollen

(11) Weitergabe von Druckausgabe, Mikrofiches und Datenträgern

(12) Sendungen an Kunden

(13) von Offline-Anwendungen erzeugte Ausgabeworte, die per DFÜ zum Kunden übertragen werden sollen

(14) von Online-Anwendungen erzeugte Ausgabeworte, die von Offline-Anwendungen weiterverarbeitet werden sollen

Abb. 6: Produktionsmodell einer Datenfabrik

- Eingabe-System: Es standardisiert, prüft und sichert die Kundenaufträge. Sie werden geeignet zu Verarbeitungseinheiten zusammengefaßt und weitergeleitet.
- Datenaustausch-System: Es realisiert das Verfahren von Abb. 4 und/oder ein anderes Verfahren.
- Ausgabe-System: Seine wesentlichen Funktionen sind in Kap. 2.3.3 und Kap. 2.4 beschrieben.
- Versand: Die verschiedenen Listen, Mikrofilme etc. werden kundenorientiert zusammengefaßt und versandt.
- Datenverwaltungssysteme: Neben einfachen Dateisystemen kommen Datenbanksysteme, letztere insbesonders bei Online-Anwendungen, zum Einsatz.
- Produktions-Informations-System: Es wird während der Produktion mit aktuellen Informationen über eingegangene Aufträge bzw. Transaktionen und über deren Betriebsmittelverbrauch versorgt. Es liefert selbst Informationen zur kurzfristigen Regelung der Produktionsprozesse und zur mittelfristigen Planung von Produktionsanlagen und Dienstleistungen.

4. Alternative Produktionskonzepte für Offline-Anwendungen

Es werden drei Alternativen für die Ablaufsteuerung von Offline-Anwendungen vorgestellt und diskutiert.

Anwendungsbezogene Batch-Verarbeitung (Abb. 7)

Jeder Offline-Anwendung TK_i wird ein Batch-Ablauf $BA(TK_i)$ zugeordnet, der aus einem oder auch aus mehreren Jobs besteht. Vom Eingabesystem werden die eintreffenden Aufträge nach Anwendungen sortiert und in getrennten Eingabe-Dateien hinterlegt. Zu bestimmten Tageszeiten oder

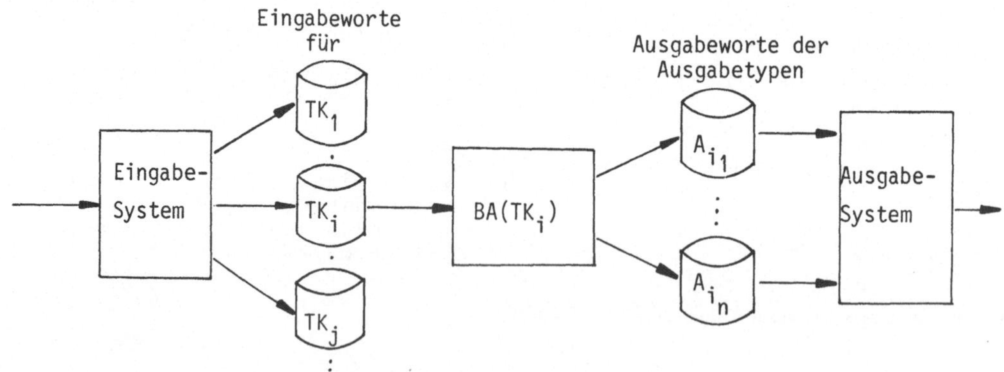

Abb. 7: Anwendungsbezogene Batchverarbeitung

wenn gewisse Schranken für eingetroffene Aufträge erreicht sind, wird
BA(TK$_i$) manuell oder automatisch gestartet. Die Ausgabeworte von TK$_i$
werden nach Ausgabetypen sortiert und in unterschiedlichen Ausgabe-Da-
teien abgespeichert. Das Ausgabesystem verarbeitet die Dateien typspe-
zifisch weiter.

Kundenbezogene Batch-Verarbeitung (Abb. 8)

In einem Batch-Ablauf BA(K$_i$) werden jeweils nur die Eingabeworte eines
Kunden K$_i$ verarbeitet. Das Eingabesystem stellt die Aufträge in eine
Warteschlange, die vom Monitor des Offline-Systems abgearbeitet wird.
Der Monitor:

- registriert die Aufträge und bringt sie gemäß einer Prioritätenrege-
  lung in eine bestimmte Ordnung;
- erzeugt mittels einer Prozedur-Bibliothek Jobkontrollanweisungen für
  die Verarbeitung der Aufträge und übergibt sie an das Betriebssystem.
  (Jeder Batchablauf verarbeitet einen Auftrag oder auch mehrere Aufträge _eines_ Kunden);
- kontrolliert die Terminierung der Batchabläufe;
- übergibt die kundenindividuellen Ausgabedateien an das Ausgabesystem.

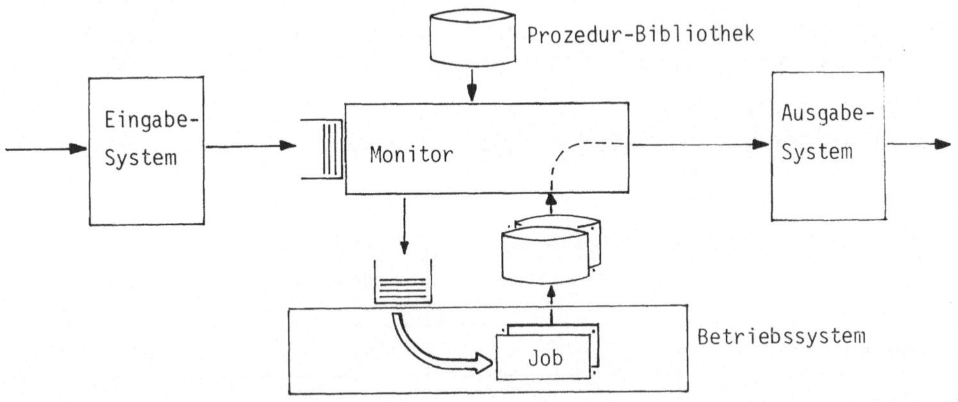

Abb. 8: Kundenbezogene Batch-Verarbeitung

Transaktionsorientierte Verarbeitung (Abb. 9)

Das Offline-System besitzt einen Monitor, der die einzelnen Transaktionstypen wie ein Online-Monitor bei Bedarf startet, sie mit Eingabeworten versorgt und Ausgabeworte weiterreicht. Das Eingabesystem zerlegt
die Aufträge in einzelne Eingabeworte und stellt sie dem Offline-Moni-
tor zur Verfügung. Im Monitor sind den einzelnen Transaktionstypen Eingabewarteschlangen zugeordnet, in die eintreffende Eingabeworte einge-
reiht werden. Gemäß Füllungsgrad der Eingabewarteschlangen und/oder

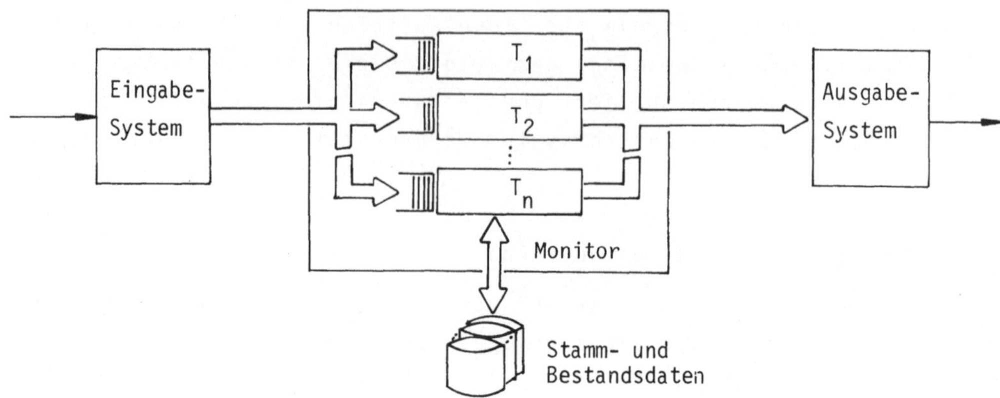

Abb. 9: Transaktionsorientierte Verarbeitung

anderer Pritoritätsregeln werden die Transaktionstypen gestartet. Die
Transaktionen geben ihre Ergebnisse mit Hilfe des Monitors in Ausgabe-
warteschlangen, die den einzelnen Ausgabetypen zugeordnet sind, an das
Ausgabesystem weiter.

Struktur und Funktion des Monitors wurden in Anlehnung an DC-Systeme
(vergl. z.B. /4/) gewählt. Eine Integration der Online- und Offline-
Anwendungen in ein einziges DC-System, das neben seinen Schnittstellen
zur DFÜ auch Schnittstellen zum Eingabe- und Ausgabe-System besitzt,
scheint möglich. Mit diesem Konzept können auch Transaktionstypen geschaffen werden, die gleichermaßen zur Realisierung eines Online-Dienstes und eines Offline-Dienstes eingesetzt werden können.

Bewertung

	Anwendungsbez. Batch-Verarb.	Kundenbez. Batch-Verarb.	Transaktionsor. Verarbeitung
Produktionskosten *1	1	≫1	≫1
Potentielle Antwort-zeiten *2	Stunden	Minuten	Sekunden
Primäre Ordnung der Stamm/Bestandsdaten nach	Anwendung	Kunde	Anwendung oder Kunde
Verträglichkeit mit Online-System	*3	*3	sehr gut

*1   Vergleichsbasis ist die anwendungsbezogene Batch-Verarbeitung.

*2   Bei Datenfernübertragung der Aufträge und Ausgabedaten.

*3   Abhängig von Eigenschaften der gemeinsam benutzten Datenverwaltungs-
Systeme/DB-Systeme und der primären Ordnung der Datenbestände im
Online-System.

5. Anwendungsbezogene Batch-Verarbeitung bei der DATEV

Die DATEV setzt die anwendungsbezogene Batch-Verarbeitung für ihre Off-line-Dienste ein. Einige Aspekte der Realisierung dieses Produktions-konzeptes bei der DATEV werden im folgenden beschrieben (Abb. 10).

Bei einer Anwendung TK_i, die von sehr vielen Kunden intensiv genutzt wird, ist es zweckmäßig, die Menge der Kunden in eine Anzahl p_i von Teilmengen

$$\overline{K} = \overline{K}_1^i \cup \overline{K}_2^i \cup \dots \cup \overline{K}_{p_i}^i$$

einzuteilen und jeder Teilmenge $\overline{K}_j^i$ einen eigenen Batchablauf $BA(TK_i, \overline{K}_j^i)$ zuzuordnen. Jeder Batchablauf wird einmal oder mehrmals pro Tag für die jeweils eingetroffenen Eingabeworte gestartet.

Für die Wahl von p_i haben sich folgende Richtwerte bei der DATEV be-währt:
- Laufzeit eines Batchablaufs: ≤ 5 Stunden
- Maximale Dateigröße: ≤ 5 Platten à 317 MByte

Die Teilmengenbildung wurde nach Wertebereichen der Kundennummer vor-genommen, wobei die Kundennummern in der Regel fortlaufend vergeben werden. Eine andere Möglichkeit ist es, solche Kunden zu einer Teil-menge zusammenzufassen, die in ein und demselben Postleitgebiet ihren Wohnsitz haben. Unter Berücksichtigung der Zugfahrpläne der Deutschen Bundesbahn ließen sich so die Transportzeiten für die Sendungen mit den Auswertungen optimieren.

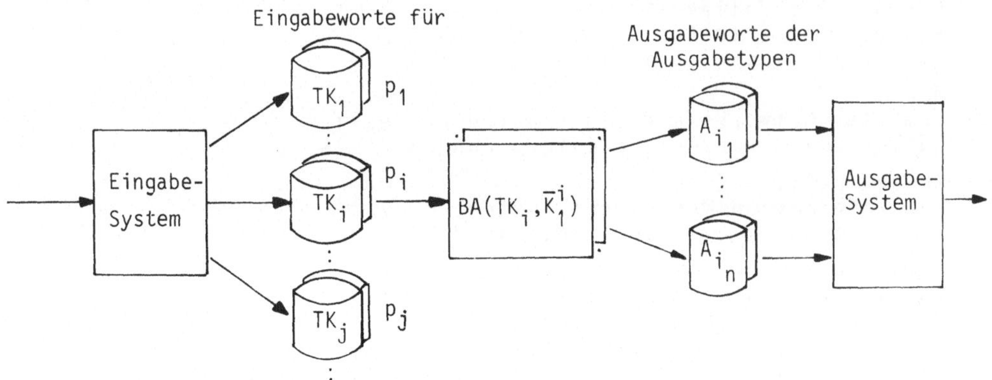

Abb. 10: Batch-Verarbeitung bei der DATEV

Zur Automatisierung der Batch-Produktion wurde von der DATEV eine
Reihe von Programmsystemen realisiert, die vor allem das Konsolopera-
ting, die Arbeitsvorbereitung und das Bandarchivsystem unterstützen
(z.B. automatische Jobfolgesteuerung, spezielles Katalogmanagement mit
automatischem Erzeugen von Rüstanweisungen, Verwaltungssystem für temporäre Dateien).

6. Ausblick

Zwischen technischem Fortschritt in der Datenverarbeitung, Dienstleistungsspektrum und Produktionssteuerung besteht ein enger Zusammenhang.
In dem Maße wie die technischen Möglichkeiten weiterentwickelt werden,
wachsen die Anforderungen an das Dienstleistungsspektrum einer Datenfabrik und damit auch die Aufgaben der Produktionssteuerung. Beispiele
aus der Vergangenheit sind: leistungsfähige Speichersysteme, Datenfernübertragung, Datenbank- und Datenkommunikations-Systeme. In der Zukunft
werden öffentliche Datennetze (z.B. DATEX-P), neue leistungsstarke Laserdrucker usw. das Dienstleistungsspektrum und die Produktionssteuerung von Datenfabriken beeinflussen. Mit Laserdruckern beispielsweise
läßt sich der Schritt zur graphischen Massendatenverarbeitung tun; sie
werden auch eine Reduzierung der Formularvielfalt und damit eine erhebliche Produktionsrationalisierung ermöglichen.

Literatur

/1/   Joergens, H.-J.:
        Die Datenfernverarbeitung bei DATEV
        DSWR, 1978, Nr. 7 und 8

/2/   Liskov, B.; Zilles, S.:
        Programming with Abstract Data Types.
        SIGPLAN Notices (April 1974), pp. 50 - 59

/3/   Martin, J.:
        Computer Networks and Distributed Processing.
        Butler Cox & Partners Limited, London, 1978

/4/   McGee, W.C.:
        The Information Management System IMS/VS.
        IBM Systems Journal, Vol. 16, No. 2, 1977

/5/   Price, W.R.:
        Implications of a Virtual Memory Mechanism for Implementing
        Protection in a Family of Operating Systems.
        Ph.D. thesis, Carnegie-Mellon University,
        Department of Computer Science (June 1973)

ZUR QUALITÄTSSICHERUNG IN RECHENZENTREN

Helmut Thoma
CIBA-GEIGY AG
Basel/Schweiz

1. Einleitung

Rechenzentren stehen in einem durch einen Interessenkonflikt erzeugten
Spannungsfeld: Dem Wunsch seiner Benutzer nach schier grenzenloser
Leistungsfähigkeit und Verfügbarkeit steht die Notwendigkeit einer mög-
lichst hohen Effizienz seiner personellen und maschinellen Mittel ent-
gegen. Diesen Konflikt entschärfen bedeutet, einen Ausgleich zwischen
Anforderungen und Aufwand zu finden und in diesem Rahmen eine hohe
Qualität der Dienstleistungen zu garantieren. Dabei beurteilen wir die
Qualität anhand der Uebereinstimmung angeforderter und geleisteter
Dienste unter der Bedingung einer gleichzeitigen Minimierung des Auf-
wandes.

Bei den hier angestellten Betrachtungen wollen wir uns auf die Sicher-
stellung funktions- und termintreuer Dienstleistungen beschränken.
Weitere wichtige Qualitätsaspekte sind die Datensicherung (Schutz vor
dem Verlust der Daten) und der Datenschutz (Schutz vor unbefugten Zugriffen und Einwirkungen auf Daten) /LM 78/. Im Interesse einer Verein-
fachung werden diese jedoch hier ausgeklammert.

Der Diskussion liegen Rechenzentren mit folgenden Merkmalen zugrunde:
Sie sind Dienstleistungs-Bereiche in einem Grossbetrieb mit starker
Arbeitsteilung und gehören zusammen mit der Systementwicklung der
gleichen organisatorischen Einheit ("EDV") an. Sie betreiben zentrale
Rechnersysteme und TP-Netze mit Batch- und Online-Applikationen. Neben
der operativen Betreuung der zentralen Rechnersysteme und der TP-Netze
und der Uebernahme und Durchführung der Produktion erfüllen sie folgende
Hilfsfunktionen: Evaluation und Beschaffung neuer bzw. zusätzlicher Betriebsmittel (Hard- und Software), Initialisierung und Pflege von Hard-
und Software, Systemtuning, Beseitigung von Betriebsstörungen, Datenbank-
administration, Erarbeiten von Standards für Dienstleistungen des Rechenzentrums (RZ-Dienstleistungen) und Verrechnung dieser Dienstleistungen.
Unter seinen Benutzern kann die Gruppe der Systementwickler, die Applikationssysteme entwickelt, von derjenigen der Anwender unterschieden
werden, die mit Hilfe der von der Systementwicklung an das Rechenzentrum

übergebenen Applikationen ihre Aufgaben bearbeiten.

Dienstleistungen optimaler Qualität - optimal innerhalb gegebener
Grenzen - zu bieten, ist sicherlich Ziel jedes Rechenzentrums. Obwohl
sehr viele Modelle zur Lösung von Teilbereichen dieses Optimierungs-
problems bisher entwickelt wurden, werden diese in der Praxis selten
angewandt. Wir werden hier diesen Optimierungsmodellen kein neues hinzufügen. Wir wollen versuchen, die Einflüsse auf die Qualität der RZ-
Dienstleistungen zu erfassen (Kapitel 2). Hierbei bedienen wir uns auch
einer formalen Beschreibungsmethode mit Hilfe von Mengen, Relationen und
Abbildungen, um die Terminologie zu präzisieren. Weiterhin diskutieren
wir einige Probleme bei der Messung der Qualität (Kapitel 3) und die
zweckmässige Festlegung der Zuständigkeiten für die Qualitätssicherung
(Kapitel 4). Die Beschreibung der Qualitätssicherung des Teleprocessing
als Beispiel für die Anwendung der generellen Ueberlegungen bildet den
Abschluss (Kapitel 5).

2. Einflüsse und Eigenschaften

2.1 Qualität

Sei QA die Menge der für RZ-Dienstleistungen relevanten n Qualitäts-
attribute QA_i: QA = { QA_i | i = 1,...,n; QA_i ist Qualitätsattribut }
Sei Q_i die Wertemenge des Qualitätsattributs QA_i. Sei Q eine über den
Wertemengen der Qualitätsattribute definierte Relation: $Q \subseteq Q_1 \times \ldots \times Q_n$.
Dann ist die Qualität q einer RZ-Dienstleistung ein Element der
Relation Q: $q = (q_1, \ldots, q_n)$; $q \in Q$, $q_i \in Q_i$ für i = 1,...,n.

Qualitätsattribute von RZ-Dienstleistungen sind Kenngrössen, in denen
die Funktionstreue und die Termintreue zum Ausdruck kommen. Die Wirtschaftlichkeit von RZ-Dienstleistungen ist dagegen kein Qualitätsattribut, sondern eine Nebenbedingung der Qualitätssicherung. Das Rechenzentrum kann die Qualität nur bezüglich derjenigen Dienste sichern, für die
es verantwortlich ist.

Die Funktionstreue ist nicht allein Ausdruck der Tätigkeit des Rechenzentrums. Die Verantwortung liegt für Betriebssoftware bei einem Hersteller, der im allgemeinen unternehmensextern ist, für Applikationssysteme bei der Systementwicklung und dem Erzeuger der Eingabedaten.
Die Verantwortlichkeit des Rechenzentrums hinsichtlich der Funktionstreue ist für Betriebssoftware auf die korrekte Implementierung, für
Applikationssysteme auf die formell korrekte Durchführung der Produk-

tion beschränkt.

Das Hauptgewicht der Qualitätssicherung im Rechenzentrum liegt im Bereich der _Termintreue_: Eine hohe Verfügbarkeit und ein bestimmtes Zeitverhalten der Systeme sind sicherzustellen. Dies bedeutet für die Batch-Produktion unter Verantwortung des Rechenzentrums, dass zum festgelegten Zeitpunkt die Ausgabedaten dem Auftraggeber zur Verfügung stehen müssen, falls die Güte der Applikation dies zulässt und Applikation und Eingabedaten am Verarbeitungstermin verfügbar sind. Für alle Aufträge, die der Benutzer in eigener Regie durchführen lässt, sind für die Termintreue die Verfügbarkeit seiner Schnittstelle zum Rechenzentrum und das Zeitverhalten seines Auftrags bezüglich dieser Schnittstelle massgebend.

2.2 RZ-System

Sei SA die Menge der an RZ-Dienstleistungen beteiligten m RZ-System-attribute SA_i: $SA = \{ SA_i | i = 1,...,m;\ SA_i$ ist RZ-Systemattribut $\}$.
Sei S_i die Wertemenge des RZ-Systemattributs SA_i. Sei S eine über den Wertemengen S_i definierte Relation: $S \subseteq S_1 \times ... \times S_m$. Dann ist das an RZ-Dienstleistungen beteiligte RZ-System s ein Element der Relation S:

$$s = (s_1,...,s_m);\quad s \in S,\ s_i \in S_i \text{ für } i = 1,...,m.$$

Das RZ-System umfasst alle Sachmittel und alle Personen, deren strukturiertes und organisiertes Zusammenwirken unter der Verantwortung der Leitung des Rechenzentrums erfolgt. Die Konfiguration der Rechnersysteme - Art und Struktur der Hard- und Software für Betriebs- oder Kontrollfunktionen - bildet eine Teilmenge der RZ-Systemattribute mit den Wertemengen Herstellername, Typ und einer Codemenge für die Struktur. Lieferant und Beschaffungsart der Sachmittel sind weitere RZ-Systemattribute mit der Wertemenge Lieferantenname resp. den Werten Miete, Leasing oder Kauf. Systemattribute des Personals sind die Aufbau- und Ablauforganisation und die Organisationseinheiten. Deren Werte müssen zur Identifizierung des Organigramms, der Arbeitsmethodik und der Anzahl und Qualifikation der Mitarbeiter führen.

2.3 Qualitätsfunktionen

Qualitätsfunktionen beschreiben die Abhängigkeit der Qualität von unterschiedlichen RZ-Systemen. Sie bilden eine Menge ϕ von Abbildungen φ_j, $j = 1,...,u$ aus der Wertemenge S der unterschiedlichen RZ-Systeme in die Wertemenge Q der Qualitäten. Für alle φ_j, $j = 1,...,u$ gilt, dass φ_j im allgemeinen nicht injektiv ist, da unterschiedliche RZ-Systeme durchaus RZ-Dienstleistungen gleicher Qualität erzeugen können. Andererseits kann ein beliebiges, aber festes RZ-System zu RZ-Dienstleistungen unterschiedlicher Qualität führen, was durch unterschiedliche Qualitätsfunktionen modelliert wird:

$$\Phi = \{\varphi_1, \ldots, \varphi_u\} := \begin{cases} (q_1, \ldots, q_n) & = \varphi_1(s_1, \ldots, s_m) \\ & \vdots \\ (q_1', \ldots, q_n') & = \varphi_u(s_1, \ldots, s_m) \end{cases}$$

$$q_i, q_i' \in Q_i; \quad i = 1, \ldots, n; \quad s_j \in S_j; \quad j = 1, \ldots, m.$$

Eine Qualitätsfunktion φ_i wird von den Eigenschaften und dem Verhalten der betrachteten RZ-Systeme bestimmt. Die Zuverlässigkeit der Hard- und Software für Betriebs- und Kontrollfunktionen, die Kapazität der Hardware und die Fähigkeit der Software, die Kapazität zu nutzen, haben direkten Einfluss auf die Termintreue von RZ-Dienstleistungen. Der Einfluss von Lieferant und Beschaffungsart von Sachmitteln kommt in der Art externen Supports zum Ausdruck. Nicht nur auf die Termintreue, auch auf die Funktionstreue im Rahmen der Verantwortlichkeit des Rechenzentrums wirken sich Leistungsfähigkeit und Leistungsbereitschaft, Qualitätsbewusstsein und soziales Verhalten des Personals aus. Eine mitarbeitergerechte Belastung und die Möglichkeit persönlicher Entfaltung als Folge arbeitsstrukturierender Massnahmen wirken in diesem Sinne positiv /Rü 76/. Technische und organisatorische Möglichkeiten, präventiv bei der Beseitigung von Engpässen und Fehlerquellen tätig zu werden, heben neben der Motivation des Personals auch direkt die Qualität der RZ-Dienstleistungen. Hierzu gehören auch die Verbesserung des Leistungsvermögens durch Systemtuning /Be 78, Fe 78/ und der Verfügbarkeit durch Strukturänderung /Di 80/ sowie die Möglichkeit, Hilfsmittel für eine wirkungsvolle Produktions- und Anlagensteuerung anzuwenden. Veränderungen bisher beschriebener Eigenschaften und beschriebenen Verhaltens bewirken RZ-Systemänderungen und führen über die Qualitätsfunktion φ_i unter Umständen zu einer Qualitätsveränderung.

Es gibt jedoch auch Einflüsse auf die Qualität von RZ-Dienstleistungen, die ausserhalb des Verantwortungsbereiches des Rechenzentrums liegen: der Umfang der Eingabedaten, die Verarbeitungshäufigkeit und die Zahl der Applikationen, die Güte der Applikationen und der Eingabedaten. Diese quantitativen und qualitativen Aspekte des Workload führen zur Auswahl der massgebenden Qualitätsfunktion. Die quantitative Entwicklung des Workload für eine Planungsperiode muss vom Rechenzentrum zusammen mit Systementwicklern und Anwendern prognostiziert werden. Die Problematik dieser Prognosen darf nicht unterschätzt werden. Zu den qualitativen Aspekten ist folgendes zu bemerken: Eingabedaten sollten

möglichst am Entstehungsort in verarbeitungsgerechte Form gebracht
werden. Die Korrektheit grosser Programme ist nicht nachweisbar /Ne 79/.
Deshalb muss die Systementwicklung die Güte der Applikationen mit Hilfe
der Definition von Konsistenzbedingungen /LM 78/, der Durchführung von
Tests und der Erstellung von Dokumentation auf allen Stufen der Entwicklung sichern. Die Modularisierung wirkt sich ebenfalls positiv auf
die Güte einer Applikation aus, ihr Einfluss auf die Motivation des
Systementwicklers wird jedoch nicht einheitlich beurteilt /Ho 79,Le 80/.

2.4 Kostenfunktion

Die Kostenfunktion ordnet unterschiedlichen RZ-Systemen deren Kosten zu.
Sie ist eine Abbildung aus der Wertemenge unterschiedlicher RZ-Systeme
in die Wertemenge der Kosten $(\psi: S \mapsto K)$. ψ ist im allgemeinen nicht injektiv, da unterschiedliche RZ-Systeme durchaus gleiche Kosten verursachen
können.

Die Kostenfunktion wird von den Preisen für Sachmittel und für externen
Support und von den Lohn-, Ausbildungs- und Sozialkosten des Rechen-
zentrum-Personals bestimmt.

2.5 Qualitäts-Kosten-Relation

Die Qualitätsfunktionen $\varphi_i \in \Phi$ und die Kostenfunktion ψ führten zu folgenden Abhängigkeiten:

$$S \subseteq S_1 \times \ldots \times S_m \overset{\psi}{\longmapsto} K,$$
$$\Phi \downarrow$$
$$Q \subseteq Q_1 \times \ldots \times Q_n .$$

Wie hängen nun die Qualität von RZ-Dienstleistungen und die Kosten des
RZ-Systems zusammen, das die RZ-Dienstleistungen zu erbringen hat?

Sei $\psi: S \to K$ die Kostenfunktion. Führe $\psi^{-1}(k)$ zur Menge der Urbilder von ψ
für alle $k = \psi(s)$. ψ^{-1} definiert dann eine Relation $\psi^{-1} \subseteq K \times S$, ist jedoch
nicht als inverse Abbildung von ψ zu verstehen (ψ ist nicht injektiv).
Damit lässt sich für eine beliebige Qualitätsfunktion φ_i und die Kostenfunktion ψ eine Qualitäts-Kosten-Relation $QKS \subseteq Q \times K \times S$ beschreiben (Fig. 1):

$$QKS: = \{ (q,k,s) \mid s \in S, \; k = \psi(s), \; q = \varphi_i \psi^{-1}(k),$$
$$\varphi_i \in \Phi, \; i \in \{1,\ldots,u\} \} .$$

Eine Qualitäts-Kosten-Relation beschreibt den für den Betrieb von
Rechenzentren sehr wichtigen Zusammenhang zwischen der Qualität von
RZ-Dienstleistungen bei einem bestimmten Workload und den Kosten des
RZ-Systems, das die RZ-Dienstleistungen zu erbringen hat. Für unter-

schiedlichen Workload ergeben sich auch unterschiedliche Qualitäts-Kosten-Relationen, da ein quantitativ höherer oder ein qualitativ

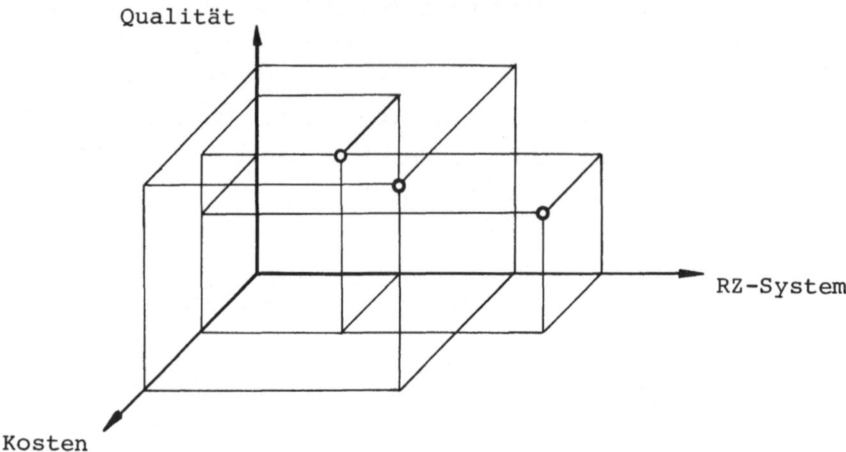

Fig. 1: Qualitäts-Kosten-Relation bei einer bestimmten Qualitätsfunktion

schlechterer Workload im allgemeinen bei gleichen Kosten des RZ-Systems eine schlechtere Qualität der RZ-Dienstleistungen bedingen (Fig. 2). Dies kann vom Rechenzentrum bestenfalls durch einen Wechsel des RZ-Systems aufgefangen werden.

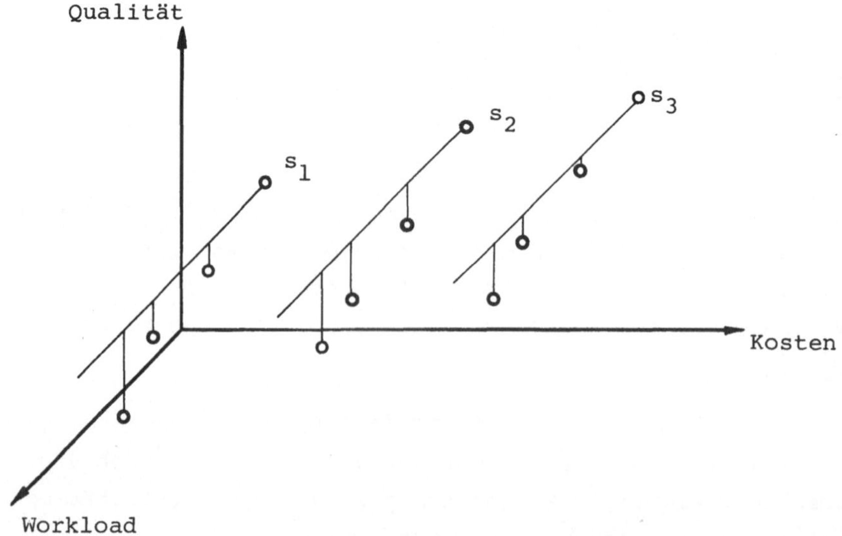

Fig. 2: Qualitäts-Kosten-Relationen bei unterschiedlichem Workload

2.6 Ziele der Rechenzentrums-Optimierung

A) <u>Kostenminimierung</u>: Die Kostenminimierung kann nur durchgeführt
werden, wenn für jedes Qualitätsattribut ein Grenzwert definiert ist.
Sei $g = (g_1,\ldots,g_n)$, $g \in Q$, $g_i \in Q_i$ für $i = 1,\ldots,n$ diese "Grenzqualität".
Dann ist eine Minimierung der Kosten Ziel der Rechenzentrums-Optimierung
mit der Nebenbedingung, dass für jedes Qualitätsattribut QA_i dessen Wert
$q_i \in Q_i$ besser oder zumindest gleich $g_i \in Q_i$ ist. Dieses Ziel ist vom Rechenzentrum nur durch den Wechsel von RZ-Systemen erreichbar.

B) <u>Qualitätsoptimierung</u>: Ziel der Qualitätsoptimierung ist es, eine
optimale Qualität mit einem RZ-System zu erreichen, dessen Kosten ein
definiertes Maximum nicht überschreiten dürfen. Sei $h \in K$ dieser Maximal-
wert. Dann ist Ziel dieser Rechenzentrums-Optimierung, ein RZ-System
$s \in S$ zu finden mit einer optimalen Qualität $q = \varphi_i$ (s), $q \in Q$, $\varphi_i \in \phi$ unter
der Nebenbedingung, dass $k \leq h$, $k = \psi$ (s). Mit dieser Art von Rechenzentrums-Optimierung ist jedoch weder eine "Grenzqualität" garantierbar
noch ist sichergestellt, dass die mit dem RZ-System erreichbare Qualität
auch tatsächlich benötigt wird.

Bei beiden Arten der Rechenzentrums-Optimierung müssen zukünftige Work-
loadänderungen berücksichtigt werden, was unter Umständen sehr problematisch sein kann.

3. Messung der Qualität

Wir quantifizieren die Qualität anhand der Werte ihrer Qualitätsattribute. Es muss deshalb bei der Definition der Qualitätsattribute darauf
geachtet werden, dass deren Werte messbar oder aus Messungen einfach
ableitbar und einer Interpretation zugänglich sind.

In /Cr 79/ ist ein anderes Qualitätsmass definiert: Kosten, die zum
Ausgleich fehlender Uebereinstimmung mit den Anforderungen entstehen.
In Rechenzentren ist dieses Mass nicht anwendbar. Hier betrifft fehlende
Uebereinstimmung meistens fehlende Termintreue und nicht funktionales
Fehlverhalten wie bei der gütererzeugenden Produktion. Ausserdem unter-
liegt die Produktion eines Rechenzentrums dem Zwang der Einzelfertigung
/Wa 78/. Deshalb kommen qualitätskorrigierende Massnahmen für das
"fehlerhafte Produkt" zu spät und haben nur Auswirkungen auf andere
"Produkte" der Zukunft. Jede Qualitätssicherung im Rechenzentrum hat
deshalb präventiven Charakter.

3.1 Funktionstreue

Da das Rechenzentrum zur Funktionstreue einer Applikation für die
formell korrekte Durchführung der produktiven Applikationen verantwortlich zeichnet, hat es hierzu folgende Mess- und Kontrollmassnahmen vorzunehmen:

- Führung von Statistiken über formell fehlerhaft durchgeführte
  und über nicht durchführbare Produktionsaufträge,
- Kontrolle zentral erfasster Eingabedaten,
- Kontrolle auf formelle Richtigkeit der Ausgabedaten, z. B. Lesbar-
  keit und Vollständigkeit der Output-Listen,
- Unterstützung der Systementwicklung bei der Suche nach Fehlerquellen.

Ziele dieser Massnahmen sind die Elimination von Abwicklungsfehlern im
Rechenzentrum und die Erhöhung zukünftiger Funktionstreue in Zusammenarbeit mit der Systementwicklung.

3.2 Termintreue

Für die Interpretation einer Leistungs- oder Verfügbarkeitsmessung sind
die zweckmässige Wahl des Masses und des Messortes keine triviale Aufgabe.

Eine Beurteilung der Termintreue aufgrund von Mittelwerten ist nicht ausreichend. Es muss immer versucht werden, von der Verteilung der Messwerte
zumindest einen Eindruck zu erhalten. Histogramme und die relative
Summenhäufigkeit definierter Werte leisten hier gute Dienste. Weiterhin
sind Stichproben für die Beurteilung der Termintreue im allgemeinen nicht
ausreichend. Wegen des Charakters der Einzelfertigung in Rechenzentren
ist der Schluss von einer Stichprobe auf die Grundgesamtheit ohne Kenntnisse der Homogenität des Workload nicht erlaubt. Obwohl also in der
Regel permanentes Messen angebracht wäre, kommt man jedoch aus Aufwands-
gründen um eine Analyse mit Stichproben nicht immer herum.

Bei der Wahl des Messortes muss der Verantwortung des Rechenzentrums
sowohl für den einzelnen Benutzer als auch für alle Benutzer zusammen
Rechnung getragen werden. Messungen an der Benutzerschnittstelle müssen
deshalb immer durch Messungen an den zentralen Rechnersystemen ergänzt
werden. Die Verfügbarkeit der an der RZ-Dienstleistung beteiligten
Systeme sollte unter Einbezug aller ihrer technischen Komponenten gemessen werden. Für das Zeitverhalten ist im Online-Betrieb die Antwortzeit massgebend: Die Zeit vom Augenblick der Freigabe der Eingabedaten
am Terminal zur Verarbeitung bis zur erfolgten Ausgabe der Ausgabedaten.

Für das Zeitverhalten von Batch-Jobs ist die Turnaround-Zeit massgebend.
Dies ist die Zeit von der Bereitstellung der Eingabedaten für die Verarbeitung bis zur Bereitstellung der Ausgabedaten für den Benutzer. Im
Closed-Shop-Betrieb sind hierbei manuelle Tätigkeiten im Rechenzentrum
mit zu berücksichtigen, während z. B. für den Remote-Job-Entry-Betrieb
die Zeitpunkte des Lesens der Eingabedaten und des Einfügens in die Aus-
gabe-Queue massgebend sind.

4. Organisatorische Zuständigkeit

Die Erfüllung der Aufgaben der Qualitätssicherung erfordert bestimmte
organisatorische Voraussetzungen. Die Verantwortung für die Qualität
von RZ-Dienstleistungen kann nicht von der Linie innerhalb des EDV-
Organigramms genommen werden. Sie muss die Qualität der Arbeit ihres
jeweiligen Bereichs einschätzen und Ursachen von Qualitätsverlusten
aufspüren. Sie trägt auch die Verantwortung für den wirtschaftlichen
Einsatz personeller und technischer Ressourcen sowie für die Vereinbarung
von Benutzeranforderungen. Gerade die starke Arbeitsteilung birgt jedoch
die Gefahr in sich, dass die lokale Verantwortung in den Vordergrund
gestellt wird und ein globales Optimum nur unter personellen Reibungs-
verlusten oder überhaupt nicht erreicht werden kann. Die Massnahmen der
Linie bedürfen also der Unterstützung einer zentralen Stelle. An sich
denkbar wäre eine Unterstützung entweder durch das systemtechnische
Revisorat ausserhalb der EDV oder durch eine spezielle Funktion für
Qualitätskontrolle innerhalb der EDV.

Die Notwendigkeit der systemtechnischen Revision der Datenverarbeitung
wird in einer Reihe von Publikationen betont /Ma 80,Ro 78,Zo 80/.
Qualität ist jedoch im allgemeinen nicht Objekt der Revision. Gegen die
Eignung der Revision für eine linienunterstützende Qualitätskontrolle
in Rechenzentren sprechen hauptsächlich zwei Gesichtspunkte: Die Kosten
zur Fehlerlokalisierung nehmen mit fortschreitenden Phasen der Programmentwicklung überproportional zu /So 79/. Zudem sind 60 % der Software-
fehler Definitions- und Entwurfsfehler, lediglich 40 % sind Codierungs-
und Implementierungsfehler /We 79/. Deshalb ist die Kontrolle der Funktionstreue nach Abschluss einer Systementwicklung viel zu spät, ein
früheres Einschalten der Revision birgt jedoch die Gefahr des Verlustes
ihrer Unabhängigkeit in sich. Zur Sicherung der Termintreue ist eine
Integration der Qualitätskontrolle in die Ablauforganisation wegen des
Vorliegens der Einzelfertigung notwendig, eine stichprobenartige Revision
ist völlig unzureichend.

Zur Unterstützung der Qualitätssicherung sollte sowohl der Leitung des
Rechenzentrums als auch derjenigen der Systementwicklung eine spezielle
Funktion für die Qualitätskontrolle zugeordnet werden. Diese ist für
die Entwicklung von Kontrollkonzepten und für deren Einsatz an der
Schnittstelle zum Benutzer zuständig. Zusätzlich unterstützt sie die
Linie bei allfälligen Untersuchungen, z. B. bei der Suche nach Schwach-
stellen in der Organisation, bei der Suche nach Leistungsengpässen oder
mit der Messung der Benutzerzufriedenheit /PB 80/.

Obwohl für die Funktionstreue von Applikationssystemen hauptsächlich
die Systementwicklung zuständig ist, sollte das Rechenzentrum zur
Wahrung seiner Interessen für die formell korrekte Durchführbarkeit
der späteren Produktion frühzeitig beigezogen werden. Hierbei schlägt
sich nieder, dass der DV-Auftrag ein gemeinsames Produkt von Systementwicklung und Rechenzentrum ist.

5. Beispiel: Qualitätssicherung des Teleprocessing

Qualitätsattribute des Teleprocessing sind Verfügbarkeit der Anwendung
und Antwortzeit, beide am Terminal gemessen. Die Verfügbarkeit muss
also auf der untersten Messebene der Verfügbarkeitsmessung, der Terminal-
Ebene (Fig. 3), unter Berücksichtigung der Verfügbarkeit aller an der
Dienstleistung eines bestimmten Terminals beteiligten Komponenten (vom
Betriebssystem und der Systemdisk bis hin zum äussersten Controller)
gemessen werden. Bei deren Berechnung bilden die für die einzelnen

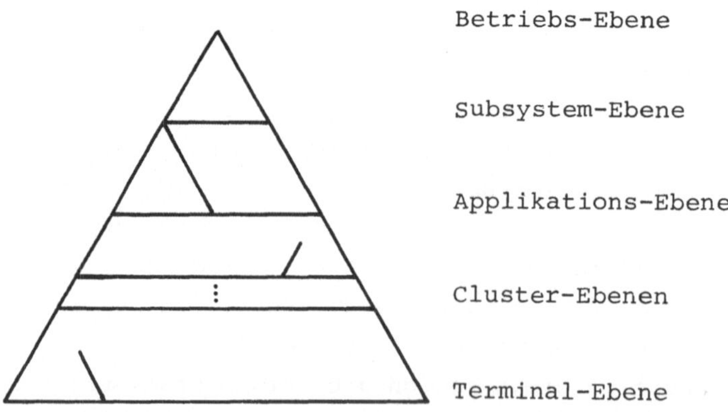

Fig. 3: Messebenen der Verfügbarkeitsmessung

Terminals garantierten Betriebszeiten die Basis. Sowohl die garantierten Betriebszeiten als auch die Zeiten der Nichtverfügbarkeit werfen
für Terminals, die an teilautonomen TP-Clustern arbeiten, Probleme auf.
Je nach Definition der Systemverfügbarkeit dürfen diese Zeiten nur mit
demjenigen Zeitanteil berücksichtigt werden, mit dem sie mit dem Zentral-
system arbeiten. Ausserdem werden mit dem Benutzer vereinbarte Wartungs-
und Reparaturzeiten nicht als Zeit der Nichtverfügbarkeit gemessen. Die
"mittlere Terminalverfügbarkeit" als Mittelwert gibt, auf eine Woche
bezogen, einen guten Ueberblick. Kritische Fälle sollten jedoch detail-
lierter untersucht werden (z. B. Einzelterminals, spezielle Beobachtungs-
zeiträume etc.). Tabelle 1 zeigt die unterschiedlichen mittleren Verfüg-
barkeiten, einmal auf Subsystem-, einmal auf Terminalebene gemessen, an
zwei ausgewählten Tagen.

Tag	Mittlere Verfügbarkeit, gemessen an	
	Subsystem-Ebene	Terminal-Ebene
10.12.80	100 %	99,6 %
16.12.80	95,2 %	93,1 %

Tabelle 1: Verfügbarkeitsmessung an unterschiedlichen Messebenen

Antwortzeiten werden üblicherweise in den Subsystemen oder Betriebssystemen gemessen. Massgebend für die Qualität des Online-Zeitverhaltens
ist jedoch die Antwortzeit am Terminal, die alle dazwischenliegenden
Betriebsschichten mit ihren Zeitverzögerungen einschliesst (Fig. 4).
Hauptsächlich für remote Terminals können die Unterschiede beträchtlich

Applikationen	
Subsysteme	
Zentr. Betriebssoft- und -hardware	
(Cluster) Controller	Communications Controller
Terminals	Uebertragungs-Einrichtung
	(Cluster) Controller
	Terminals

Fig. 4: Betriebsschichten

sein, abhängig von der effektiven Uebertragungsgeschwindigkeit der

Uebertragungs-Einrichtung und von der Nachrichtenlänge. Aus Aufwands-
gründen ist jedoch die permanente Messung der Terminalantwortzeit nur
bei sehr kritischen Fällen vertretbar. Stichproben während kurzer Zeit-
intervalle in Spitzenzeiten des Betriebs können durchaus nützliche Hinweise auf Problemfälle geben. Auf die permanente Messung von mittleren
Antwortzeiten in der Subsystem- oder Betriebssystem-Schicht sollte jedoch auf keinen Fall verzichtet werden. Ihre Analyse gibt einen Eindruck
der Belastung des Zentralsystems durch den Online-Betrieb. Fig. 5 zeigt
beispielsweise die Verbesserung des Antwortzeitverhaltens für Time-
Sharing-Benutzer durch Systemtuning. Neben der Verteilung der täglichen
Mittelwerte sollte man auch eine Analyse der Verteilung der Antwortzeiten während eines Tages zumindest sporadisch vornehmen.

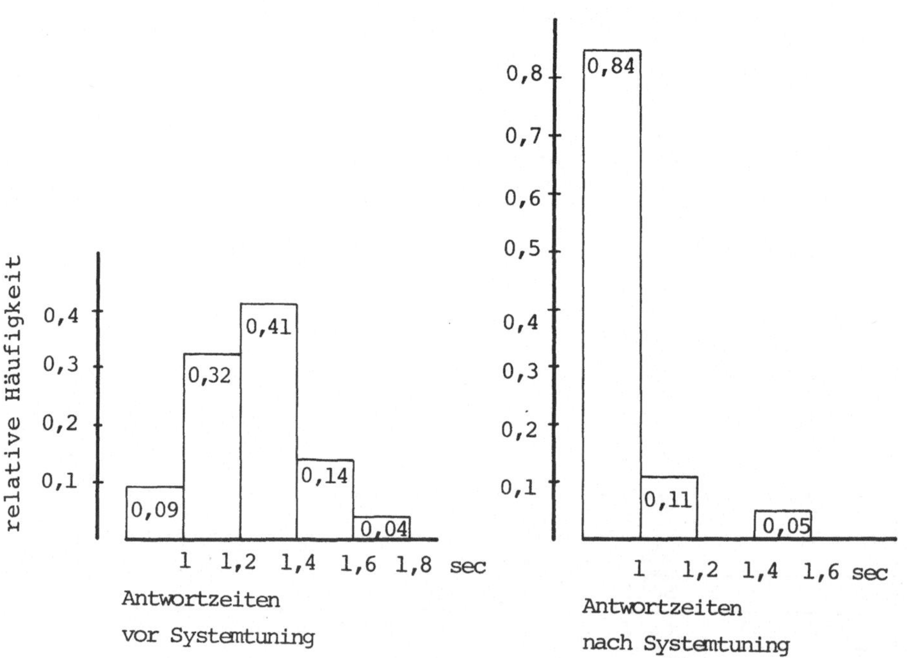

Fig. 5: Tagesmittelwerte der Antwortzeiten eines Subsystems

Um eine wirkungsvolle Qualitätssicherung für das Teleprocessing durchführen zu können, müssen im RZ-System neben Konzepten für das Messen
auch solche für die Fehlerkorrektur und für präventive Massnahmen

realisiert werden. Fehlerkorrigierende Massnahmen sind in /Kö 80/ ausführlich beschrieben. Gerade auf die Analyse und die Simulation des
Linienprotokolles kann bei einer rationellen Fehlerlokalisierung nicht
verzichtet werden. Als Präventivmassnahme für Leistung und Verfügbarkeit
eines TP-Netzes ist die Ueberwachung der Linien auf Uebertragungswieder-
holungen, Uebertragungszeiten, Nachrichtenlängen und -anzahl, Timeouts
etc. zumindest stichprobenartig unerlässlich. Die Kosten hierfür können
unter Umständen durch eine kostengünstigere TP-Netzkonfiguration aufgefangen werden.

Auch im Teleprocessing ist die unterstützende Tätigkeit einer speziellen
Funktion für die Qualitätskontrolle von Vorteil. Diese ist für die Entwicklung der Kontrollkonzepte und für die Evaluation der Kontrollmittel
zuständig, während die Linie die notwendigen Mess-, Ueberwachungs- und
Korrekturmassnahmen durchführt und hierbei von der Qualitätskontrolle
unterstützt wird.

6. Schlussbemerkungen

Der vorliegende Bericht gibt einen Einblick in die Zusammenhänge der
Qualitätssicherung in Rechenzentren. Er soll hauptsächlich zur Diskussion anregen, denn es wird kaum ein Rechenzentrum geben, in dem
alles Notwendige realisiert ist und das nicht noch zusätzliche Wünsche
hätte.

Für wertvolle Hinweise und Diskussionen sei an dieser Stelle Herrn
Dr. H. J. Rieche bestens gedankt.

L i t e r a t u r

Be 78   Beretvas, T.: Performance tuning in OS/VS2 MVS.
        IBM Systems Journal, 17 (3), 1978, 290 - 313.

Cr 79   Crosby, P. B.: Quality is free. McGraw-Hill, 1979.

Di 80   Dirlewanger, W.: Verfügbarkeit von DV-Systemen. Das Rechen-
        zentrum, 3 (2), 1980, 80 - 87; 3 (3), 1980, 152 - 164.

Fe 78   Ferrari, D.: Computer Systems Performance Evaluation.
        Prentice-Hall, 1978.

Ho 79   Hossfeld, F.: Hidden Costs - Dilemma oder Alibi des DV-Manage-
        ments? In: Böhling, K. H.; Spies, P. P. (Hrsg.): GI-9. Jahres-
        tagung. Informatik Fachberichte 19. Springer, 1979, 609 - 617.

Kö 80   Königs, H.-P.: Fehleranalyse im Datennetz des Schweizerischen
        Bankvereins. Online-adi-nachrichten. (11), 1980, 921 - 922,
        925 - 926, 928, 930.

Le 80   Le Duc Jr., A. L.: Motivation of Programmers. Data Base (ACM-
         SIGBDP), 11 (4), 1980, 4 - 12.

LM 78   Lockemann, P. C.; Mayr, H. C.: Rechnergestützte Informations-
         systeme. Springer, 1978.

Ma 80   Mastromano, F. M.: The Changing Nature of the EDP Audit.
         Management Accounting, 62 (July), 1980, 27 - 30, 34.

Ne 79   Nehmer, J.: Elemente einer Softwaretechnologie für zuverlässige
         Betriebssoftware. In: Görke, W. (Hrsg.): Zuverlässigkeit von
         Rechensystemen. Oldenbourg, 1979, 303 - 312.

PB 80   Pearson, S. W.; Bailey, J. E.: Measurement of Computer User
         Satisfaction. Performance Evaluation Review (ACM-SIGMETRICS),
         9 (1), 1980, 59 - 68.

Ro 78   Rohrbach, G.: Revision der EDV - auch ein Führungsinstrument!
         Management-Zeitschrift io, 47 (10), 1978, 455 - 458.

Rü 76   Rühl, G.: Arbeitsstrukturierung heute und morgen. Sonderdruck
         aus den Mitteilungen "Leistung und Lohn Nr. 66/69". Heider, 1976.

So 79   Sorkowitz, A. R.: Certification Testing: A Procedure to Improve
         the Quality of Software Testing. Computer, (August), 1979, 20-24.

Wa 78   Wall, D.: Organisatorische Merkmale des Produktionsbetriebes
         Rechenzentrum. In: Wall, D. (Hrsg.): Organisation von Rechen-
         zentren. Informatik Fachberichte 15. Springer, 1978, 3 - 10.

We 79   Weigel, P.: Qualität und Zuverlässigkeit von EDV-Software. In:
         Görke, W. (Hrsg.): Zuverlässigkeit von Rechensystemen.
         Oldenbourg, 1979, 283 - 301.

Zo 80   Zopik, W.: Revision im Rechenzentrum. Das Rechenzentrum, 3 (2),
         1980, 113 - 121.

<u>ANSCHRIFTEN DER VERFASSER</u>

Bachbauer, G., Universität Erlangen-Nürnberg, Institut für Infor-
            matik VIII,
            Martensstr. 3, 8520 Erlangen

Bauknecht, K., Universität Zürich, Institut für Informatik,
            Sumatrastr. 30, CH-8035 Zürich, Schweiz

Bodendorf, F., Universität Erlangen-Nürnberg, Institut für Infor-
            matik VIII,
            Martensstr. 3, 8520 Erlangen

Bürkle, M.,   Regionales Hochschulrechenzentrum der Universität
            Kaiserslautern,
            Postfach 3049, 6750 Kaiserslautern

Dirlewanger, W., Hochschulrechenzentrum der Gesamthochschule Kassel,
            Mönchebergstr. 19, 3500 Kassel

Felsch, H.,   Rechenzentrum der Universität Bielefeld,
            Postfach 8640, 4800 Bielefeld 1

Gaffal, F.,   Bayerisches Staatsministerium für Unterricht und Kultus,
            Salvatorstr. 2, 8000 München

Gottschewski, J., Großrechenzentrum für die Wissenschaft in Berlin,
            Heilbronner-Str. 10, 1000 Berlin 31

Grund, E.,   Siemens AG, Abt. D OD 3,
            Otto-Hahn-Ring 6, 8000 München 83

Hahn, R.,   Rechenzentrum der Universität Bielefeld,
            Postfach 8640, 4800 Bielefeld 1

Henke, H.,   Regionales Rechenzentrum der Universität Erlangen-
            Nürnberg,
            Martensstr. 1, 8520 Erlangen

Jasper, E.,   Hochschulrechenzentrum der Universität Bonn,
            Wegelerstr. 6, 5300 Bonn 1

Kiel, D.,   Niedersächsischer Landesrechnungshof,
            Carlo-Mierendorff-Str. 25, 3200 Hildesheim

Knauer, B.,   Rechenzentrum der Universität Regensburg,
            Universitätsstr. 31, 8500 Regensburg

Kneip, W.,   Regionales Hochschulrechenzentrum der Universität Bonn,
            Wegelerstr. 6, 5300 Bonn 1

Lortz, B.,   Rechenzentrum der Universität Karlsruhe,
            Postfach 6380, 7500 Karlsruhe

Mickel, K.-P., Ernst-Klett-Verlag,
            Rotebühlstr. 77, 7000 Stuttgart 1

Mitschke, H.,   Finanzbehörde, Datenverarbeitungszentrale,
            Beim Strohhause 31, 2000 Hamburg 1

Pralle, H.,   Regionales Rechenzentrum der Universität Hannover,
                Wunstorfer Str. 14/18, 3000 Hannover

Rippel, G.,   Hochschulrechenzentrum der Universität Bonn,
                Wegelerstr. 6, 5300 Bonn 1

Schliffer, W., Rechenzentrum der Universität Würzburg,
                Am Hubland, 8700 Würzburg

Schriefer, D., Kernforschungszentrum Karlsruhe GmbH,
                Postfach 3640, 7500 Karlsruhe 1

Schwab, J.,   Siemens AG,
                Werner-von-Siemens-Str. 6, 8900 Augsburg

Sova, O.,   Kaufring e.G.,
                Kieshecker Weg 100, 4000 Düsseldorf

Thoma, H.,   CIBA-GEIGY AG, Management Services,
                R-1055.2.73, CH-4002 Basel, Schweiz

Wendler, K.,   DATEV e.G. Nürnberg,
                Paumgartnerstr. 6, 8500 Nürnberg